文獻研究叢書・圖書文獻學叢刊

《古今圖書集成・經籍典》徵引文獻考論

陳惠美　著

目次

第一章
緒論

第一節　類書的特點與作用

　　「類書」，是在體式上將文獻資料條分件繫、依類纂輯的圖書，這種體制的圖書淵源甚早，《爾雅》「明分部類，據物標目」[1]，《呂氏春秋》「撣取往說，區分臚列」[2]，《淮南內外篇》「采諸子之精粹，納之部類」[3]，漢世賦家的「鋪采摛文，體物寫志」[4]，書抄、要集的刪

1　張舜徽（1911-1992）〈玉函山房文集五卷續集五卷提要〉云：「類書之起，昉於明分部類，據物標目，蓋必推《爾雅》為最先。」《清人文集別錄》（臺北：明文書局，1982年），頁424。

2　〔清〕汪中（1745-1794）〈呂氏春秋序〉云：「司馬遷謂不韋使其客人人著其所聞，以為備天地萬物古今之事。然則是書之成，不出一人之手，故不明一家之學，而為後世《修文御覽》、《華林徧略》之所託始。」《汪中集》（臺北：中央研究院中國文哲研究所，2000年），卷4，頁194。又張滌華（1909-1992）《類書流別》云：「雜家始於《呂覽》，其書大抵撣取往說，區分臚列，而古今鉅細之事，靡不綜貫。相其體制，益近類事家言。」（臺北：大立出版社，1985年），〈緣起第二〉，頁10。

3　〔宋〕黃震（1213-1281）《黃氏日鈔》云：「《淮南鴻烈》者，淮南王劉安以文辯致天下方術之士，會粹諸子，旁搜異聞以成之。凡陰陽造化，天文地理，四夷百蠻之遠，昆蟲草木之細，瓌奇詭異，足以駭人耳目者，無不森然羅列其間。蓋天下類書之博者也。」（臺北：臺灣商務印書館《景印文淵閣四庫全書》本，1983年），卷55，頁34。又張滌華《類書流別》云：「及《淮南內外篇》繼作，采諸子之精粹，納之部類，始純以聚博為工。後世之類書，實造耑於此。」〈緣起第二〉，頁10。

4　〔清〕袁枚（1716-1797）〈歷代賦話序〉云：「古無志書，又無類書，是以〈三都〉、〈兩京〉，欲敘風土物產之美，山則某某，水則某某，草木鳥獸則某某，必加窮搜博訪，精心致思之功。是以三年乃成，十年乃成。而一成之後，傳播遐邇，至於紙貴洛陽。蓋不徒震其才藻之華，且藏之巾笥，作志書、類書讀故也。」載

繁就簡、鉤玄提要[5]，都在概念和方法上影響了後世類書的編纂。而直接促成類書產生的原因，應該和漢魏時期，文學之士馳騁華辭，用事采言[6]，關係最為密切。

自古以來，文人從事創作時，除了考校文字，陶鍊詞句之外，還要援引各種成語、典故，以便使作品更加深沉渾厚，含蓄宛轉，韻味悠長。例如王粲（177-217）〈登樓賦〉中「懼匏瓜之徒懸兮，畏井渫之莫食」二句，分別引用了《論語‧陽貨》「子曰……吾豈匏瓜也哉？焉能繫而不食」，以及《易經‧井卦‧九三》「井渫不食，為我心惻」的典故，意思是說連聖人都擔憂像葫蘆瓜般徒然懸掛在棚架上而不讓人食用，害怕像已經淘洗乾淨的水井卻不被人汲取。而如今自己

〔清〕浦銑輯：《歷代賦話》（上海：上海古籍出版社《續修四庫全書》影印清乾隆五十八年刻本，1995年），卷首，頁1。又許結〈論漢賦類書說及其文學史意義〉亦云：「『賦代類書』的說法，從狹義的賦學觀來看，是一種誤解。如果就廣義的文學觀而言，又有一定的道理。因為漢賦作家的比類意識落實在創作上，充分體現於對物態的描繪，和賦體自身的修辭法則，這不僅使漢賦的文類特徵影響到後世類書的編纂，而且具有中國文學從『文言』到『文類』的歷史轉捩的意義，這一點又與漢人的『知類』精神與思維方式切切相關。」載《社會科學研究》，2008年第5期，頁168。

5 裴芹〈古今圖書集成與古代類書發展〉云：「（類書）將加工工作深入到圖書文獻的內部，以涉及到事物的文獻內容為單元，加以選擇、刪節、提煉，重新加以組織編排，形成一種新形式的文獻，新瓶舊酒。有些人從類書的組織方法上，追溯其遠祖到《呂氏春秋》、《爾雅》，似是不無道理，但《呂氏春秋》雖為雜家，依然是一家之言，並非諸家雜彙。從文獻加工的發展軌迹看，類書與漢代開始的『書抄』、『要』、『要集』、『略』、『削繁』等血緣關係更近。……《隋書‧經籍志‧史部‧雜史》著錄有《史要》十卷，注云：『漢淮陽太守衛颯撰，約《史記》要言，以類相從。』這種約要言以類相從的加工領域擴大，成為約群書要言以類相從時，類書便呱呱墜地了。」《古今圖書集成研究》（北京：北京圖書館出版社，2001年），頁2。

6 黃季剛（1886-1935）《文心雕龍札記》云：「漢魏以下，文士撰述，必本舊言，始則資於訓詁，繼則引錄成言，終則綜輯故事。爰至齊梁，而後聲律對偶之文大興，用事采言，尤關能事。」（上海：上海古籍出版社，2000年），〈事類第三十八〉，頁188。

雖脩潔自好，卻不獲見用，心中的激憤與悲苦，又能向誰去訴說？相較於孟浩然（689-740）〈歲暮歸南山〉詩：「北闕休上書，南山歸敝廬。不才明主棄，多病故人疏。」一腔幽憤，自「北闕休上書」五字即已傾吐而出，全失詩歌應有的含蓄蘊藉，其典雅矜重，與王粲〈登樓賦〉相比，也就不可同日而語。然而運用典故要想得心應手，必須才力宏富，學問淵博。倘若天賦偏枯，學養狹隘，即使有美好的構想，也難以獲得顯著的功效。為了避免孤陋寡聞的弊病，於是薈萃成言，裒次故實，以作為撰文伙助的工具書，便應運而生。這類工具書係從各種書籍中採集資料，然後按其性質內容，分類編排，因此稱之為「類書」。

魏文帝（187-226）時，王象等人編纂的《皇覽》一書，被公認是類書的濫觴。[7]由於類書兼具了「資料彙編」與「百科全書」的特質[8]，因此成為歷代君王推闡文教，文士采摭華藻，童蒙記覽習誦重

7　張滌華認為，類書所以濫觴於魏世，其原因在於：「繇漢至魏，文體丕變，單行寖廢，排偶大興，文勝而質漸以漓。其時操觚之士，馳騁華辭，而用事采言，益趨精密。於是記問之事，緣以見重。其或彊記不足，誦覽未周者，則乞靈鈔撮，效用覿聞，期以平時搜輯之勤，藉袪臨文繙檢之劇，故網羅欲富，組織欲工，類書之體，循流遂作。」說詳《類書流別》，〈緣起第二〉，頁16-18。

8　胡道靜（1913-2003）嘗論類書的性質說：「（類書）總是把歷史文獻上的各種資料，分類彙輯在一起。因此，類書具有『資料彙編』的性質，是很明顯的。類書輯錄的資料，一般都不是單門、單類的專題性質的，而是賅括自然界和人類社會的一切知識的，所謂『區分臚列，靡所不載』；『凡在六合之內，巨細畢舉』。所以，十分接近現代的『百科全書』。……現代百科全書的每一詞目，總是編寫成文，不是專門把有關的原材料輯錄在一處；中國古代的類書的編輯分法則一般地與此相反。因此，構成了類書性質的特點──兼『百科全書』與『資料彙編』兩者而有之。」說見〈類書的源流和作用〉，載《中國典籍十講》（上海：復旦大學出版社，2004年），頁60。又張三夕〈古典文獻的載體與類型〉亦云：「類書收羅的資料既龐雜又豐富，涉及的範圍也很廣泛，大千世界，人間萬象，天文地理，飛禽走獸，無所不包，因此，被稱為中國古代的百科全書。」《中國古典文獻學》（武漢：華中師範大學出版社，2003年），頁45。

要的參考工具，並且隨著文明的發展，類書的形態也日趨多樣。一九
三五年，鄧嗣禹（1905-1988）蒐輯燕京大學圖書館所藏類書，計三
百一十六種，按十進分類法，分為「類事」、「典故」、「博物」、「典
制」、「姓名」、「稗編」、「同異」、「鑑戒」、「蒙求」、「常識」等十門，
每門之下，復按書之多寡，內容體例之同異，另分系屬，編纂成《燕
京大學圖書館目錄初稿 —— 類書之部》（以下簡稱《類書目錄初
稿》）[9]，是迄今為止，涵蓋面最廣，最為複雜的類書目錄。[10]茲將鄧
氏是編著錄各書，逐錄如下，以見其對類書歸類之認定：

門類　　　系屬

類事門　　甲、殘闕類書之屬　　皇覽1卷，〔魏〕王象等奉敕撰

　　　　　　　　　　　　　　　聖賢群輔錄不分卷，舊題〔晉〕陶潛撰

　　　　　　　　　　　　　　　修文殿御覽殘本1卷，〔北齊〕祖珽等奉
　　　　　　　　　　　　　　　敕撰

　　　　　　　　　　　　　　　編珠附補遺4卷續編2卷，〔隋〕杜公瞻
　　　　　　　　　　　　　　　撰、〔清〕高士奇續補

　　　　　　　　　　　　　　　古類書三種寫本，殘卷

　　　　　　　　　　　　　　　稽瑞1卷，〔唐〕劉賡撰

　　　　　　　　　　　　　　　琱玉集2卷，〔唐〕佚名撰

　　　　　　　　　　　　　　　兔園策府殘卷，〔唐〕杜嗣先奉敕撰

　　　　　　　　　　　　　　　永樂大典817卷，（明）解縉等奉敕撰

　　　　　　乙、一般類書之屬　　藝文類聚100卷，〔唐〕歐陽詢等奉敕撰

　　　　　　　　　　　　　　　北堂書鈔160卷，〔唐〕虞世南撰

9　鄧嗣禹：《燕京大學圖書館目錄初稿——類書之部》（臺北：古亭書屋，1970年）。

10　張瀾：《中國古代類書的文學觀念——《事文類聚翰墨全書》與《古今圖書集成》》
　　（北京：九州出版社，2013年），第1章〈總論〉，頁9。

門類　　　系屬

初學記30卷，〔唐〕徐堅等奉敕撰

白氏六帖事類集30卷，〔唐〕白居易撰

太平御覽1000卷，〔宋〕李昉等奉敕撰

冊府元龜1000卷，〔宋〕王欽若、楊億等
奉敕撰

帝王經世圖譜16卷，〔宋〕唐仲友撰

錦繡萬花谷前集40卷、後集40卷、續集
40卷，〔宋〕佚名撰

古今事文類聚（一名事文類聚）前集60
卷、後集48卷、續集28卷、別集32卷、新
集36卷、外集15卷、遺集15卷，〔宋〕祝穆
編（前、後、續、別四集）、〔元〕富大用
編（新集、外集）、〔元〕祝淵編（遺集）

記纂淵海100卷，〔宋〕潘自牧纂集

群書考索（一名山堂考索）前集66卷後集
65卷續集56卷別集25卷，〔宋〕章俊卿編輯

古今合璧事類備要前集69卷、後集81
卷、續集51卷、別集94卷、外集66卷，
〔宋〕謝維新編

古今源流至論前集、後集、續集、別集
各10卷，〔宋〕林駉編（前、後、續三
集）、〔宋〕黃履翁編（別集）

玉海300卷附詞學指南4卷，〔宋〕王應麟
撰

群書集事淵海47卷，〔明〕佚名纂

門類　　　系屬

喻林120卷，〔明〕徐元太編輯

喻林一葉24卷，〔清〕王蘇刪纂

天中記60卷，〔明〕陳耀文纂

山堂肆考228卷補遺12卷，〔明〕彭大翼編

彙書詳註（一名彙苑詳註）36卷，〔明〕

鄒道元訂輯

唐類函200卷，〔明〕俞安期彙纂

文苑彙雋24卷，〔明〕孫丕顯纂

劉氏鴻書108卷，〔明〕劉仲達編

學海君道部240卷，〔明〕饒伸撰

圖書編127卷，〔明〕章潢撰

潛確居類書（一名潛確類書）120卷，

〔明〕陳仁錫纂輯

類書纂要33卷，〔清〕周魯輯

淵鑑類函450卷，〔清〕張英等奉敕撰

古今圖書集成10000卷，〔清〕陳夢雷撰

類腋55卷補遺1卷，〔清〕姚培謙輯、

〔清〕張隆孫補

經傳繹義50卷，〔清〕陳煒撰

碎金海錄20卷，〔清〕王恒振纂

典故門　甲、文篇

　　1.詩賦之屬

春秋經傳類對賦1冊，〔宋〕徐晉卿撰

事類賦30卷，〔宋〕吳淑撰註

廣事類賦重訂40卷，〔清〕華希閔撰註

續廣事類賦30卷，〔清〕王鳳喈撰注

門類	系屬	
		廣廣事類賦32卷，〔清〕吳世旆撰注
		事類賦統編93卷，〔清〕黃葆真增輯
		駢語雕龍4卷，〔明〕游日章撰
		詩律武庫前集15卷、後集15卷，〔宋〕呂祖謙編
		詩雋函類150卷，〔明〕俞安期纂
		茹古略集30卷，〔明〕程良孺纂
		古事苑16卷，〔清〕鄧志謨編輯
		類林新咏36卷，〔清〕姚之駰撰注
2.書翰應酬之屬		書敘指南20卷，〔宋〕任廣編
		翰苑新書前集12卷、後集7卷、續集8卷、別集2卷，〔宋〕佚名撰
		黃眉故事精選10卷，〔明〕鄧百拙生彙編
		采眉故事註釋10卷，〔明〕陳繼儒編
		行廚集18卷，〔清〕李之泐、汪建封輯
		留青采珍集24卷，〔清〕陳枚選
		留青新集30卷，〔清〕陳枚選輯
3.雜考之屬		永嘉八面峰13卷，不著撰人
		群書備考（一名重訂袁了凡註釋群書備考）8卷，〔明〕袁黃著
		二三場群書備考增訂4卷，〔明〕袁黃著、沈昌世增、徐行敏訂
		藝林彙考40卷，〔清〕沈自南輯
		考古類編12卷，〔清〕柴紹炳纂
		策學淵萃46卷，不著撰人

門類	系屬	
		策府統宗45卷，〔清〕劉昌齡等增訂
		經史新義錄（一名六藝通考）100卷，〔明〕孫璧文編
		試律大觀32卷，〔清〕竹屏居士輯
		天地人物掌故海不分卷，不著撰人
	乙、文句	
	1.群書典故之屬	史記法語8卷，〔宋〕洪邁纂
		漢雋10卷，〔宋〕林鉞撰
		兩漢雋言16卷，〔宋〕林鉞輯、〔明〕凌迪知續輯
		海錄碎事22卷，〔宋〕葉廷珪撰
		修辭指南20卷，〔明〕浦南金編
		左國腴詞8卷，〔明〕凌迪知輯
		楚騷綺語6卷，〔明〕張之象輯
		太史華句8卷，〔明〕凌迪知輯
		文選綿字21卷，〔明〕凌迪知輯
		文選課虛4卷，〔清〕杭世駿撰
		文選集腋2卷，〔清〕胥斌纂輯
		謝華啟秀4卷，〔明〕楊慎纂輯
		卓氏藻林8卷，〔明〕卓明卿纂
		事文玉屑（一名群書考索古今事文玉屑）24卷，〔明〕楊淙編
		彭氏類編雜說6卷，〔明〕彭好古編
		劉氏類山10卷，〔明〕劉胤昌纂
		詞林海錯16卷，〔明〕夏樹芳輯

門類　　系屬

麗句集6卷,〔明〕許之吉纂

分類字錦64卷,〔清〕何焯等奉敕撰

子史精華160卷,〔清〕吳襄等奉敕撰

經腴類纂2卷,〔清〕孫顏編輯

史腴（一名歷代史腴）2卷,〔清〕周金壇
纂輯

竹書紀年雋句不分卷,〔清〕王曰睿編輯

山海經腴詞不分卷,〔清〕朱銓編輯

左傳紺珠2卷,〔清〕王武沂纂輯、〔清〕
蕭士麟補輯

爾雅貫珠不分卷,〔清〕朱銓編

說文凝錦錄1卷,〔清〕萬光泰纂

五經類編28卷,〔清〕周世樟編輯

十三經注疏錦字4卷,〔清〕李調元撰

四書典制類聯音註33卷,〔清〕閻其淵編

四書五經類典集成34卷,〔清〕戴兆春纂

類纂精華30卷,〔清〕高大爵等纂

詩材類對纂要4卷,〔清〕鄭兆蜚、〔清〕
申贊皇纂

方言藻2卷,〔清〕李調元撰

駢字分箋1卷,〔清〕程際盛著

萬斛珠類編8卷,〔明〕王鳳洲原纂、
〔清〕秦錫淳校正

千金裘27卷二集26卷,〔清〕蔣義彬纂
（二集蔣義彬、徐元麟合纂）

門類　　系屬

		詩韻合璧5卷附虛字韻藪1卷，〔清〕楊文璐編
		靈檀碎金68卷附錄1卷，〔清〕郎玉銘撰
		作文類典1冊，〔民國〕楊喆編輯
	2.以韻檢者	韻府群玉20卷，〔元〕陰時夫撰
		五車韻瑞160卷，〔明〕凌稚隆撰
		均藻5卷，〔明〕楊慎編輯
		廣韻藻6卷，〔明〕夏方輯
		圓機韻學活法全書新刊校正增補14卷，〔明〕王世貞增校
		哲匠金桴5卷，〔明〕楊慎撰
		佩文韻府106卷拾遺106卷，〔清〕張廷玉等奉敕纂
		駢字類編240卷，〔清〕吳士玉等奉敕纂
	3.以數檢者	小學紺珠10卷，〔宋〕王應麟撰
		書記數略54卷，〔清〕宮夢仁纂
		奇耦典彙36卷，〔清〕梅自馨編輯
		齊名記數12卷，〔清〕王承烈編
博物門	甲、廣記	
	1.一般博物之屬	全芳備祖前集27卷、後集31卷，〔宋〕陳景沂撰
		異識資諧4卷、續識資諧4卷，〔明〕薛朝選輯著
		廣博物志50卷，〔明〕董斯張纂
		三才圖會106卷，〔明〕王圻撰

門類　　系屬

蟬史集11卷，〔明〕穆希文撰

名物類考4卷，〔明〕耿隨朝著

時物典彙2卷，〔明〕李日華輯

博物典彙20卷，〔明〕黃道周纂

古今疏15卷，〔清〕朱虛編

三才藻異33卷，〔清〕屠粹忠著

格致鏡原100卷，〔清〕陳文龍編

通俗編38卷，〔清〕翟灝編

通俗編選不分卷，〔清〕翟灝輯、李綸選
訂

月滿樓甄藻錄1卷，〔清〕顧宗泰著

小知錄12卷，〔清〕陸鳳藻輯

世守拙齋識小編10卷，〔清〕范濂輯

2.事物原始之屬　　事原1卷，〔宋〕劉孝孫撰

事物紀原10卷，〔宋〕高承撰

事物紀原補10卷，〔宋〕高承撰、〔清〕
納蘭永壽增補

物原1卷，〔明〕羅頎撰

事物考8卷，〔明〕王三聘撰

事物原會40卷，〔清〕汪汲撰

萬物權輿1卷，〔清〕李僎輯

百靈琯諱不分卷，〔清〕李僎輯

壹是紀始22卷補遺1卷，〔清〕魏崧著

咫見類考6卷，〔清〕佚名撰

乙、專記

門類	系屬	
	1.時序之屬	錦帶書1卷，舊題〔梁〕蕭統撰
		歲華紀麗4卷，舊題〔唐〕韓鄂撰
		古今類傳歲時部4卷，〔清〕董穀文、董炳文編
		月日紀古新增12卷，〔清〕蕭智漢纂
		月令粹編24卷，〔清〕秦嘉謨編
		野服考1卷，〔宋〕方鳳撰
	2.雜項	方輿類聚16卷，〔清〕福申輯
		親屬記2卷，〔清〕鄭珍撰
		玉譜類編4卷，〔清〕徐壽基編
典制門	甲、政典之屬	通典200卷，〔唐〕杜佑撰
		通志200卷，〔宋〕鄭樵撰
		文獻通考348卷，〔元〕馬端臨撰
		續文獻通考254卷，〔明〕王圻撰
		續通典150卷，〔清〕嵇璜等奉敕撰
		續通志640卷，〔清〕嵇璜等奉敕撰
		續文獻通考250卷，〔清〕嵇璜等奉敕撰
		皇朝通典100卷，〔清〕嵇璜等奉敕撰
		皇朝通志126卷，〔清〕嵇璜等奉敕撰
		皇朝文獻通考300卷，〔清〕嵇璜等奉敕撰
		皇朝續文獻通考320卷，〔清〕劉錦澡編
		正續文獻通考識大編24冊，〔元〕馬端臨著、〔明〕王圻續、〔清〕方若珽編
		文獻通考詳節24卷，〔清〕嚴虞惇節錄

門類	系屬	
		三通考詳節20冊，〔清〕平陽主人編
		三通考輯要26卷，〔清〕張羅澄編
		九通分類總纂240卷，〔清〕汪鍾霖纂
		九通通248卷，〔清〕劉可毅編
		二十四史九通政典類要合編320卷，〔清〕黃書霖編
		龍筋鳳髓判4卷，〔唐〕張鷟撰
		歷代制度詳說15卷，〔宋〕呂祖謙撰
		重廣會史100卷，〔宋〕佚名編
		西漢會要70卷，〔宋〕徐天麟撰
		東漢會要40卷，〔宋〕徐天麟撰
		三國會要22卷，〔清〕楊晨撰
		唐會要100卷，〔宋〕王溥撰
		五代會要30卷，〔宋〕王溥撰
		明會要80卷，〔清〕龍文彬纂
		皇朝掌故類編100卷，〔清〕張壽鏞等纂
		皇朝政典類纂500卷，〔清〕席裕福等纂
	乙、政論之屬	漢唐事箋前集12卷、後集8卷，〔元〕朱禮撰
		經世八編類纂（一名八編類纂）285卷，〔明〕陳仁錫撰
		經濟類編100卷，〔清〕馮琦編
		經濟類考約編2卷，〔清〕顧九錫輯
		古今好議論10卷，〔明〕呂一經編
		治平全書（一名治平略增定全書）33卷，

門類　　系屬

〔明〕朱健、朱薇纂

廣治平略36卷，〔清〕蔡方炳撰

時務通考31卷，〔清〕杞廬主人等編

論海172卷，〔清〕蔡和鏘輯

姓名門　　甲、同姓名之屬　　古今同姓名錄2卷，〔梁〕孝元皇帝撰、
（互見譜牒）　　　　　　　　　〔唐〕陸善經續、〔元〕葉森補

歷代同姓名錄23卷，〔清〕劉長華編

九史同姓名略72卷附補遺4卷，〔清〕汪
輝祖撰

遼金元三史同姓名錄（一名三史同姓名
錄）40卷，〔清〕汪輝祖輯

乙、小名別號之屬　　小名錄不分卷，〔唐〕陸龜蒙著

兒小名錄不分卷，〔唐〕韋莊纂

補侍兒小名錄1卷，〔宋〕王銍撰

續補侍兒小名錄1卷，〔宋〕溫豫撰

侍兒小名錄拾遺1卷，〔宋〕張邦幾撰

樂府侍兒小名錄1卷，〔清〕李調元編

男子雙名記1卷，〔明〕陶涵中撰

婦女雙名記1卷，〔明〕李肇亨纂

自號錄1卷，〔宋〕徐光溥撰

實賓錄1卷，闕名撰

文苑異稱1卷，〔清〕王晫編

選材錄1卷，〔清〕周春著

丙、氏族考證之屬　　元和姓纂10卷，〔唐〕林寶撰

古今姓氏書辨證40卷附姓氏書校勘記3

門類　　系屬

卷，〔宋〕鄧名世撰

姓氏急就篇2卷，〔宋〕王應麟撰

姓解3卷，〔宋〕邵思纂

姓解辨誤1卷，〔清〕段朝端撰

姓匯4卷，〔明〕陳士元撰

姓觿10卷，〔明〕陳士元著

名疑4卷，〔明〕陳士元撰

希姓錄5卷，〔明〕楊慎著

奇姓通14卷，〔明〕夏樹芳撰

姓氏譜纂7卷，舊題〔明〕李日華纂

氏族箋釋8卷，〔清〕熊峻運著

姓氏考略1卷，〔清〕陳廷煒著

遼金元姓譜1卷，〔清〕周春序

代北姓譜1卷，〔清〕周春撰

百家姓三編1卷，〔清〕丁晏編

丁、史姓人名之屬　　史姓韻編64卷，〔清〕汪輝祖編輯

萬姓統譜140卷前附歷代帝王姓系統譜6卷、氏族博考14卷，〔明〕凌迪知纂

尚友錄22卷，〔明〕廖用賢編輯

尚友錄續集22卷，〔清〕退思主人編纂

國朝尚友錄8卷，不知編者名氏

增廣尚友錄統編22卷，〔清〕應祖錫編輯

稗編門　　太平廣記500卷，〔宋〕李昉等奉敕纂

（互見小說）

清異錄2卷，〔宋〕陶穀撰

門類	系屬	
		稗編（一名荊川稗編）120卷，〔明〕唐順之撰
		事詞類奇30卷，〔明〕徐常吉輯、陸伯元編
		說略30卷，〔明〕顧起元輯
		說類62卷，〔明〕葉向高編
		表異錄20卷，〔明〕王志堅輯
		宋稗類鈔8卷，〔清〕潘永因編輯
		宋人小說類編4卷補編1卷，〔清〕餘叟編
		清稗類鈔48冊，徐珂編纂
同異門		雞肋1卷，〔宋〕趙崇絢撰
		古事比52卷，〔清〕方中德輯
		事物異名錄38卷，〔清〕厲荃原輯、關槐增纂
		同書4卷，〔清〕周亮工撰
		續同書8卷，〔清〕福申輯
		孿史48卷，〔清〕王希廉輯
鑑戒門		類林雜說增廣分門15卷，〔金〕王朋壽編
		紀聞類編4卷，〔明〕竇文照編
		巾經纂20卷，〔清〕宋宗元著
		穀玉類編50卷，〔清〕汪兆舒輯
		人鏡集54卷，〔清〕孟雲峯輯
		人壽金鑑22卷，〔清〕程得齡輯
		人鏡類纂46卷，〔清〕程之楨輯
		坊表錄16卷，〔清〕蘇宗經輯

門類　　　系屬

蒙求門

中道全書62卷，〔清〕謝維新輯

蒙求集註2卷，〔唐〕李瀚撰、〔宋〕徐子光補注

李氏蒙求補注6卷，〔清〕金三俊輯

十七史蒙求16卷總目1卷，〔宋〕王令撰

左氏蒙求注1卷，〔元〕吳化龍纂

六經蒙求不分卷，〔清〕黃本驥編

漢書蒙拾3卷，〔清〕杭世駿纂

後漢書蒙拾2卷，〔清〕杭世駿纂

國志蒙拾2卷，〔清〕郭麐纂

家塾蒙求5卷，〔清〕康基淵纂輯

萬卷讀餘5卷，〔清〕康基淵纂輯

記事珠10卷，〔清〕張以謙纂輯

讀史碎金6卷註80卷，〔清〕胡文炳編輯

對語四種4卷，〔清〕章慶輯

幼學故事瓊林5卷，〔清〕程允升撰、鄒聖脈增補

新幼學句解2卷，〔民國〕陳齊辰編

常識門

重訂致富全書4卷，舊題〔越〕陶朱公撰、江起鯤重校

萬寶全書20卷，〔明〕陳繼儒撰、〔清〕毛煥文增補

世事通考全書3卷，〔清〕徐三省編輯、戴啟達增訂

蠹存20卷，〔清〕方旭撰

門類　　系屬

> 泰西事物叢考8卷，〔比〕赫師慎等纂、
> 朱飛等譯、吳邦升編
> 廣學類編12卷，〔英〕唐蘭孟編輯、〔清〕
> 任廷旭譯
> 倫理宗教百科全書2冊，上海廣學會編譯
> 中華歷史地理大辭典12冊，章嶔編輯

　　類書的界定，向來欠缺統一的標準，如《四庫全書總目‧子部》「類書類」著錄六十五部，「類書類存目」著錄二百一十七部，劉咸炘（1896-1932）《續校讎通義》指出：

> 類書之中，體例又有數等。有兼該事文者，有以偶語隸事，文但取華藻者，有加考證者，有專錄一門者。當分為「總類」、「句隸」、「類考」、「專類」、「策括」五目。今就《提要》所收論之：《編珠》、《龍筋鳳髓》、《事類賦》、《書敘指南》、《韻府群玉》、《駢字類編》、《佩文韻府》，皆句隸也。《類聚》、《書抄》、《初學記》、《六帖》、《御覽》、《冊府元龜》、《海錄碎事》、《錦繡萬花谷》、《事文類聚》、《記纂淵海》、《古今合璧事類》、《玉海》、《翰苑新書》、《荊川稗編》、《經濟類編》、《天中記》、《圖書編》、《山堂肆考》、《廣博物志》、《淵鑒類函》、《子史精華》，皆總類也。《事物紀原》、《山堂考索》及雜家雜考中之《名義考》、《藝林彙考》，皆類考也。《四八目》、《雞肋》、《全芳備祖》、《小學紺珠》、《喻林》、《駢志》、《格致鏡原》、《讀書記數略》、《花木鳥獸集類》，皆專類也。策括者，場屋之書，具體大類繁，不純子、史者當入，如《群書會元》、《源

流至論》之類是也。其誤收者，《同姓名錄》乃史學表譜，〈隋志〉附之傳記，以無史學專門。《元和姓纂》、《古今姓氏書辨證》、《名賢氏族言行類稿》、《氏族大全》、《萬姓統譜》乃譜牒書，《提要》不列此門，故竄入此。《李氏蒙求》、《純正蒙求》，乃蒙學書。《小名錄》、《小字錄》、《賓實錄》、《姓氏急就篇》、《名疑別號錄》，宜入譜牒內姓名中。《帝王經世圖譜》，宜附制度類典要中。《職官分紀》，仍宜入職官。《歷代制度詳說》、《永嘉八面鋒》，皆當附儒家，蓋此諸書雖近類書策括，而其體自純也。《說略》、《宋稗類抄》專抄小說，《古儷府》、《分類字錦》專抄駢語，皆宜入書抄。姚之駰《元明事類抄》既入雜纂，《宋稗類抄》何反入類書邪？其存目者，以此例推，如《文選雙字》、《春秋類對賦》皆宜入書抄，與《兩漢博聞》諸書相次者也。專抄四六與詩賦者，皆宜入書抄，以其雖分類，而實專抄一門，非類隸群書也。[11]

劉氏認為，類書性質體例各有不同，可析分為「總類」、「句隸」、「類考」、「專類」、「策括」五目。另外《四庫全書總目·子部》「類書類」及「類書類存目」所著錄之類書，歸部尚有未精，如《同姓名錄》、《元和姓纂》、《李氏蒙求》、《小名錄》、《帝王經世圖譜》、《職官分紀》、《歷代制度詳說》、《說略》、《古儷府》、《文選雙字》等書，宜歸入「表譜」、「譜牒」、「小學」、「姓名」、「典要」、「職官」、「儒家」、「書抄」各門，《總目》誤收。可見劉咸炘對於類書義界的辨析，與四庫館臣略有出入。

---

11 劉咸炘：《續校讎通義》，收入《推十書（增補全本丁輯）》（上海：上海科學技術文獻出版社，2009年），下冊，〈四庫·子部〉第十二，頁82。

　　而鄧嗣禹《類書目錄初稿》中,〈典故門〉「文篇‧雜考之屬」收
錄清沈自南(1612-1666)《藝林彙考》,《四庫全書總目》歸入〈子
部‧雜家類〉;〈典故門〉「文句‧群書典故之屬」收錄宋洪邁(1123-
1202)《史記法語》,宋林鉞《漢雋》、《兩漢雋言》,明凌迪知(1529-
1900)《左國腴詞》、《太史華句》,《總目》悉歸入〈史部‧史鈔類存
目〉;〈博物門〉「專記‧時序之屬」收錄清董穀文、董炳文《古今類
傳》,《總目》歸入〈史部‧時令類存目〉;〈典制門〉「政典之屬」收
錄宋鄭樵(1104-1162)《通志》,《總目》歸入〈史部‧別史類存
目〉;明王圻(1530-1615)《續文獻通考》,《總目》歸入〈子部‧類
書類存目〉;唐杜佑(735-812)《通典》,元馬端臨(1254-1323)《文
獻通考》,清嵇璜(1711-1794)等《續通典》、《續通志》、《續文獻通
考》、《皇朝通典》、《皇朝通志》、《皇朝文獻通考》,宋徐天麟《西漢
會要》、《東漢會要》,宋王溥(922-982)《唐會要》、《五代會要》,清
龍文彬《明會要》,《總目》悉歸入〈史部‧政書類〉;〈稗編門〉收錄
宋李昉等《太平廣記》、宋陶穀(904-971)《清異錄》,《總目》歸入
〈子部‧小說家類〉;明葉向高(1559-1627)《說類》,《總目》歸入
〈子部‧雜家類存目〉;〈鑑戒門〉收錄明竇文照《紀聞類編》,《總
目》歸入〈子部‧雜家類存目〉。可見鄧嗣禹分類之法,也和四庫館
臣小有異同。

　　對於鄧氏《類書目錄初稿》的分類與著錄,劉葉秋(1917-
1988)曾批評說:「這樣分法,避免了從前歸入四部之爭,而且細別
門類,也比較清楚,正如洪業在該書敘文中所說:『分之,則流別殊
科,無使混淆;合之,則皆是類書,仍符舊目。』但分類過多,即難
於周密;取材太泛,則義界不明。像典制、姓名兩門所收的史部政書
和有關姓氏的專著,實不應算作類書;常識門所收,近於後來的百科
全書,亦不宜歸入類書範疇。至於同異、鑑戒、蒙求三門,也可與類

事、典故兩門合併，改立名目，重分子類。」[12]主張對類書的劃界，寧窄勿寬；對類書的去取，寧嚴勿濫。

近世學者對類書義界的探究，鑽礫日深，迭有發明。其中張滌華《類書流別》，闡述尤為精要。張氏說：

> 類書為工具書之一種，其性質實與近世辭典、百科全書同科，
> 與子、史之書，相去秦越。語其義界，則凡薈萃成言，袞次故
> 實，兼收眾籍，不主一家，而區以部類，條分件繫，利尋檢，
> 資采掇，以待應時取給者，皆是也。[13]

又說：

> 類事之書，林林總總。……名實玄紐，鑑別似難，然苟按其取
> 材之範圍，考其部居之方法，核其纂輯之恉意，則蒼素立辨，
> 夫何模稜之有！[14]

類書的義界雖言人人殊，但如果能根據書中取材的範圍、分類的方式、編纂的恉意做為標準，進行考察，則類書、總集、政書、叢書、稗編，與夫時令之書、職官之記、譜錄之體、牒乘之編、以及誨童蒙、益勸戒、資博物諸作的畛域與轇轕，可以廓而清之。張氏說：

> 凡博采諸家，彙輯眾體，而義在文藻，不徵實事，如《文館詞

---

12 劉葉秋：《類書簡說》（臺北：萬卷樓圖書有限公司，1993年），第1章〈類書的性質與範圍〉，頁6。

13 張滌華：《類書流別》，〈名誼第一〉，頁5。

14 張滌華：《類書流別》，〈名誼第一〉，頁6。

林》、《文苑英華》之屬，是曰總集，非類書也。品式章程，刊
列制度，而愷重數典，非徒記問，如《通典》、《會要》之屬，
是曰政書，非類書也。此外，薈蕞古書，合為一帙，如《百川
學海》、《永樂大典》之屬，是曰叢書，非類書也。記錄異聞，
備陳璅細，如《太平御覽》、《說略》之屬，是曰稗編，非類書
也。自餘時令之書（如杜臺卿《玉燭寶典》、韓鄂《歲華紀
麗》），職官之記（如楊侃《職林》、孫逢吉《職官分記》），譜
牒之體（如陶宏景《刀劍錄》、李孝美《錢譜》），牒乘之屬
（如梁元帝《同姓名錄》、陸龜蒙《小名錄》）以及誨童蒙（如
李翰《蒙求》、李伉《系蒙》），益勸戒（如于立政《類林》、田
錫《咸平御屏風》），資博物（如高承《事物紀原》、董斯張
《廣博物志》）諸作，方之類書，亦已不同，悉從沙汰，轉免
糅雜。[15]

張氏的論點影響甚鉅，有的學者認為：「此義界言簡意賅，雖已經歷
七十年，至今還是無與倫比。」[16]也有學者主張：「與其就內容方面將
總集、政書等書籍從類書的大範圍中刪汰出去，到不如在以編纂方式
界定類書性質的基礎上，再對類書進行義界範圍內的二級分類。這種
二級分類，可以依據類書的資料來源、內容範圍、編纂目的、實際用
途、編纂形式等方面的特點，便於我們對類書的體制和內容，進行更
深入的研究。」[17]

---

15 張滌華：《類書流別》，〈名誼第一〉，頁5-6。

16 戴建國：《淵鑑類函研究》（上海：東方文化出版中心，2014年），第1章〈歷代類書
　概述〉，頁33。

17 張瀾：《中國古代類書的文學觀念——《事文類聚翰墨全書》與《古今圖書集成》》，
　第1章〈總論〉，頁11。

　　類書的編纂，明、清時期達到頂峰。根據張春輝〈類書的範圍與
發展〉一文的統計，歷代類書成書總數約七百餘種，其中明代類書一
百七十六種，清代類書一百九十二種[18]，兩者合計，超過全體總數百
分之五十以上。但是就在類書蓬勃發展局面空前絕後的同時，也逐漸
產生對類書內容、功能和價值的檢討聲浪。

　　張滌華曾指出：千餘年來類書之內容，歷經三次的變改，最古類
書，大多專輯故事，如《皇覽》、《華林遍略》，稍後乃有掇拾字句
者，如《語對》、《語麗》，更後則事文兼採，如《藝文類聚》、《初學
記》。[19]類書內容的變改，與使用者的需求至為相關，「類書初興，本
以資人君乙夜之覽，故於古制舊事，最為詳悉。及其流既廣，文家漸
用之以備遺忘，詞臣漸作之以供遣用，於是采摭遂及於華藻。迨乎科
舉學盛，士子又據以為射策之資。射策則記覽之博，翰墨之華，咸所
重視，故事文兼採之體，終乃應運以起」。[20]

　　科舉考試盛行，促使大量類書相繼編纂與刊行。《四庫全書總
目》云：「宋自神宗罷詩賦，用策論取士，以博綜古今、參考典制相
尚，而又苦其浩瀚，不可猝窮，於是類事之家，往往排比聯貫，薈粹
成書，以供場屋採掇之用。」[21]宋代應試類書，「麻沙書坊刊本最多，
大抵出自鄉塾陋儒，剿襲陳因，無足取」[22]，明代類書雜駁不純，舛
錯相仍，較宋代類書更為訛濫，且學者貪於簡閱之易，甚或於原書束
而不觀，類書流播愈廣，士風愈見澆薄。明代中葉，不滿於科舉時文

18　張春輝：〈類書的範圍與發展〉，《文獻》1987年第1期，頁181-183。
19　張滌華：《類書流別》，〈體制第三〉，頁25。
20　張滌華：《類書流別》，〈體制第三〉，頁25。
21　〔清〕紀昀等撰：《四庫全書總目》（北京：中華書局，1965年），卷135，〈子部·
　　類書類一〉「源流至論提要」，頁1151。
22　〔清〕紀昀等撰：《四庫全書總目》，卷135，〈子部·類書類一〉「源流至論提要」，
　　頁1151。

導致經學日趨衰微，而對應試科舉之備的類書予以抨擊，聲浪漸起。
楊慎（1488-1559）嘗論舉業之陋說：

> 本朝以經學取人，士子自一經之外，罕所通貫。近日稍知務
> 博，以謏名苟進，而不究本原，徒事末節。五經諸子，則割取
> 其碎語而誦之，謂之蠡測；歷代諸史，則抄節其碎事而綴之，
> 謂之策套。其割取抄節之人，已不通經涉史，而章句血脈，皆
> 失其真。有以漢人為唐人，唐事為宋事者；有以一人折為二
> 人，二事合為一事者。余曾見考官程文，引制氏論樂，而以
> 「制氏」為「致仕」；又士子墨卷，引《漢書・律曆志》，「先
> 其筭命」作「先筭其命」。近日書坊刻布其書，士子珍之，以
> 為秘寶，轉相差訛，殆同無目人說詞話。噫！士習至此，卑下
> 極矣。[23]

楊慎指出，士子應試科舉，本應於各經盡皆通貫，然而當時之人，大
多誦讀的是「割取五經諸子碎語，抄節歷代諸史碎事」編纂而成的類
書，且珍之以為秘寶，士風之卑弱，可見一斑。

稍晚於楊慎的學者詹景鳳（1532-1602），也曾批評科舉之學說：

> 嘉靖中年而後，士人專以誦習時文為逕捷，不但古經傳生平目
> 未觀見，即國朝經書中傳注義訓一切抹去，止留摠語讀之，以
> 求經書速完，如業《易》，則不復辨《詩》、《書》、《春秋》、
> 《禮記》為何物，或教以誦《五經》諸名言，曰：「經語可用

---

23 〔明〕楊慎：《升菴集》（臺北：臺灣商務印書館《景印文淵閣四庫全書》本，1983
年），卷52〈舉業之陋〉，頁447-448。

者，時文中自有之。」乃不讀。[24]

詹氏此言蓋針對《四書》、《五經大全》成為科舉考試用書，士人為求簡易速成，僅割取經書碎語，或時文引用經書之文誦習之，於是經學日趨疏陋而發。

　　明代專為詞科應用而設的類書甚夥，除佚名氏《群書集事淵海》、唐順之（1507-1560）《荊川稗編》、陳耀文（1524-1605）《天中記》、章潢（1527-1608）《圖書編》、徐元太（1536-1617）《喻林》、馮琦《經濟類編》、彭大翼（1552-1643）《山堂肆考》、陳仁錫（1581-1636）《潛確居類書》等少數著作外，大多輾轉稗販，冗瑣舛訛。今人戴建國曾歸納明代類書差如人意的原因大致有二：「在編撰方法上，多剽竊餖飣，無資實用，多不考原書，不注出處，多偽托名人，濫編類書。在編撰內容上，陳陳相因普遍，科舉俗書泛濫。」[25]頗能切中明代應試類書的弊病。

　　除了對科舉俗書泛濫，導致士習卑弱，表示不滿之外，明代儒者積極從事許多文獻整理工作，如追尋經學的傳授源流，考辨經書的真偽，斠訂文字音義與名物制度，蒐集經書的佚文，企圖挽救日趨頹靡的學術風氣。其中蒐集經書佚文與斠訂音義文字，有賴於類書所載遺文舊事，以助參驗。例如楊慎作《風雅逸篇》，蒐集三百篇以外的逸詩、逸句；焦竑（1540-1620）《筆乘》有〈古逸經〉條，從各書輯出〈逸詩〉、〈逸易〉、〈逸書〉、〈逸禮〉、〈逸論語〉、〈逸孟子〉等；《筆乘續集》也有〈逸詩〉條，輯先秦、兩漢典籍中的逸句數十條。姚士粦（1559-？）、胡震亨（1569-1645）、樊維城（？-1643）等人，均輯

---

24 〔明〕詹景鳳：《詹氏性理小辨》（濟南：齊魯書社《四庫全書存目叢書》影印明萬曆刻本，1995年），卷30〈科舉之學〉，頁30。

25 戴建國：《淵鑑類函研究》，第1章〈歷代類書概述〉，頁95-96。

有《周易》古注；陳士元（1516-1597）《孟子雜記》，采錄〈孟子逸文〉數則。周應賓（1554-1625）〈九經逸語〉，輯有〈逸論語〉七條、〈逸孟子〉二十一條、〈逸書〉九十條、〈逸詩〉四十六條，合計一九○條。明末孫瑴（1585-1643）撰《古微書》，輯錄各種緯書六十九種。[26]晚明儒者講求實證的務實學風，對清代之治經史子學產生了先行的示範與引導作用，同時也將對類書的關注，從原先的備撰詩文，轉為用以校勘古籍和輯錄已散失的古籍遺文。

清代初期，在政治穩定、經濟發展、印刷發達的條件下，編書之風大為興盛。康熙皇帝（1654-1722）雅好經術，在位期間，大量編纂各類書籍及大型類書，如《淵鑑類函》四百五十卷、《佩文韻府》四百四十四卷、《佩文韻府拾遺》一百十二卷、《駢字類編》二百四十卷、《分類字錦》六十四卷、《子史精華》一百六十卷。其編纂動機，或者是為維護思想體系的統一，或者是借編書之機以剔除違礙文字，然而不可否認，這些官修類書的問世，確實對文學的藝術化與清初文化氛圍的凝聚，產生不少正面作用。

清嘉慶年間，接連發生提督仙鶴林賀表案及科場懷挾案，類書帶來的負面效應，引發朝廷嚴正的關注。《清史列傳》載：

（嘉慶）十三年閏五月，鶴林呈遞皇上慶育皇長孫賀摺，措詞謬妄。諭曰：「提督仙鶴林所奏之摺，以『誕降重熙，承華少海，玉質龍姿，前星拱極，本支百世，派衍東宮』等詞，填寫滿紙，一派狂言，謬妄已極！仙鶴林著革職鎖拏，交景安嚴行審訊。並將代擬奏摺之人，一併鎖拏質審。仙鶴林是否通曉文

---

26 林慶彰：《清初的群經辨偽學》（臺北：文津出版社，1990年），第2章〈清初辨偽風氣的興起〉，頁42-44。

義，此摺或係伊自出臆撰，抑係伊本無主見，祇倩人撰擬，均
須詳細鞫訊。俟審有大概情形，景安一面奏聞，一面將仙鶴林
及代擬奏摺之人，派員押送進京，交軍機大臣會同刑部嚴審，
定擬具奏。」六月，湖南巡撫景安奏：「查訊仙鶴林於五月內
恭聞皇上喜得皇長孫，伊係武職大員，例應具摺陳賀。因行伍
出身，素不通曉文義，先令營書郭裕昆代擬奏稿，後送交常德
府知府薛淇閱看，囑其改定。是日薛淇感冒暑熱，未及翻閱，
隨交幕友石先幾代為酌改。石先幾不諳體裁，即摘稿數句，又
摭拾類書成語數行，衍成一稿，送與繕奏。應將薛淇革職，同
仙鶴林、郭裕昆、石先幾一併解京。」七月，軍機大臣會同行
在刑部覆審屬實，仙鶴林、石先幾應比照上書詐妄不以實律，
杖一百，徒三年。鶴林係屬大員，請發往烏魯木齊效力贖罪；
郭裕昆擬杖一百，徒二年；薛淇擬杖六十，徒一年。奏入，諭
曰：「仙鶴林自行陳奏事件，並不詳加檢點，致多謬妄，其咎
較重，本應照議發遣，姑念伊前屢經帶兵打仗，身受重傷，著
有微勞，著加恩免其發往烏魯木齊，仍與石先幾一律問以滿
徒。」[27]

提督仙鶴林因賀表獲罪，鞫訊結果，係常德府僚屬不諳奏稿體裁，胡
亂摭拾類書成語，措詞謬妄，嘉慶皇帝因此震怒，將仙鶴林及擬稿之
營書郭裕昆，改擬之幕友石先幾，先後降旨褫職，治罪有差。
　　《清史列傳》又載：

　　　姚元之，安徽桐城人。嘉慶十年進士，改翰林院庶吉士。……

27　王鍾翰點校：《清史列傳》（北京：中華書局，1987年），卷29，〈大臣傳次編四〉，頁
　　2245。

十九年三月，充會試同考官。五月，提督河南學政。二十年三月，奏請嚴禁坊刻《類典》等書，論曰：「士子研經稽古，於《五經》、《三傳》自應徧讀全書，融鑄淹貫，發為文章，方足以覘學識。乃近多鈔錄類書，剽襲摭拾，冀圖詭遇，不可不嚴行飭禁。該學政隨時查禁，責令銷燬外，歲科考拔生童，有仍將此等類聯鈔錄者，即擯棄不錄，以正文風而端士習。」[28]

同樣的情形，也見於《仁宗睿皇帝聖訓》的記載：

嘉慶十九年甲戌閏二月壬申上喻：內閣御史辛從益奏請釐正文體，嚴禁懷挾一摺，所奏甚是。國家設科取士，制藝代聖賢立言，必以清真雅正為宗。六經皆載道之文，其中並無奇文僻字，凡天地民物之理，包括靡遺。近日士子罔知潛心正學，獵取詭異之詞，撏撦飣餖，以艱深文其淺陋，敝習相沿，大乖文體。況言為心聲，尤足覘人器識。士子進身之初，先由詭遇，及試以政事，其於是非邪正之辨，治亂得失之原，皆懵然不解於心，欲望其通達文體，以聖賢之學坐言起行，豈可得乎？嗣後鄉會試，考官校士衡文，務各平心持鑒，別裁偽體，簡拔真材，如有將支離怪誕之文目為新奇，妄行錄取者，經磨勘官摘參，必將原考官嚴加懲處。至策對以覘博洽，亦必貫通經史，所對與所問相比附，方稱通才。乃剽竊胥鈔，競為懷挾，以售其欺，尤屬大干功令。科場特派親信王大臣搜檢，原以禁絕弊端，近日亦頗疏懈，並著申諭遵照定例，認真搜查，以正文風

---

28 王鍾翰點校：《清史列傳》，卷42〈大臣傳續編七〉，頁3275。

而端士習。[29]

從府衙屬吏的庸闇寡識，徒據類書以摭撦餖飣，到科場之中學子的剽竊胥鈔，競為懷挾，迫使朝廷不得不嚴令查禁，並規定歲科考拔生童，如有鈔錄類書，剿襲摭拾者，即擯棄不錄。在此氛圍之下，「類書之購求日少，纂輯日希，而前人所著，流傳亦寖以不廣」。[30]

關於類書的特點、功用與流弊，四庫館臣與近世學者張滌華，均有透闢而深刻的見解。《四庫全書總目‧子部》「類書類」小序說：

> 類事之書，兼收四部，而非經、非史、非子、非集。……此體一興，而操觚者易於檢尋，注書者利於剽竊，轉輾稗販，實學頗荒。然古籍散亡，十不存一，遺文舊事，往往托以得存。《藝文類聚》、《初學記》、《太平御覽》諸編，殘璣斷璧，至捃拾不窮，要不可謂之無補也。[31]

張滌華《類書流別》云：

> 嘗試論之，類事之書，其始文人用以自誌，利害尚輕，其極遍行於場屋，影響遂大。其書既以摭撦為工，餖飣為富，淺人得之，適投所好，於是相率視為捷徑。弊之所至，遂令浮藻陳套，縈繞筆端，真氣雅言，轉以沉晦。甚或原書束而不觀，誦習唯在乎是，則其害更有不可勝言者矣。類書盛行之日，往往

---

29 趙之恒等主編，王偉等標點：《仁宗皇帝聖訓》，收入《大清十朝聖訓》（北京：北京燕山出版社，1998年），卷16，頁5140。

30 張滌華：《類書流別》，〈盛衰第四〉，頁37。

31 〔清〕紀昀等纂：《四庫全書總目》，卷135，〈子部‧類書類〉小序，頁1141。

文格益卑，空疏彌甚，此昔賢所為迭有糾彈之論也。然古今墳
典，浩如煙海，決非一人之力所能盡藏，所能盡讀。流覽類
書，可以周知箸作之大凡，可以略識原書之梗概，其為用誠
便。儻更循是以求本書，則展轉踪跡，無容不得，較之犖治一
問題而茫乎不知何書可供檢索者，其難易固甚彰較。然則，知
類通方，此其踶步，未可厚非矣。且類書之佳者，如《初學
記》、《玉海》之類，或簡而能賅，或博而得要，亦未可以末流
之濫而竝薄之。國人治學，向重記誦，初不知編製工具之書，
以為執簡御繁之道，通才所由難得，未始非其一因。此後倘能
多撰類書，使盡其用，則昔之魁儒碩學，窮年莫殫者，今則雖
中才，亦可從容坐收於袵席之間，則其有助於學術發展，寧有
涯乎？[32]

四庫館臣與張氏不約而同指出，類書的功用原在於便省覽、利尋檢、
供采擷，而其弊害，則容易造成士習澆薄，荒廢實學。有鑑於此，四
庫館臣轉而強調類書的特殊功能——校勘古籍和輯錄已散失的古籍佚
文，張氏則一仍舊貫，指出國人治學，向重記誦，但古今墳典浩如煙
海，非一人之力所能盡讀，類書正可做為執簡御繁的工具，有助於學
術發展。

近世以來，學者談及類書的作用，大抵呼應四庫館臣的觀點，如
戚志芬（1919-2013）便認為：

編纂類書為一般檢查用的，如《藝文類聚》、《太平御覽》；為
詩文取材的，如《白氏六帖》；有專為科舉考試用的，如《玉

海》；有供啟蒙用的，如《兔園策府》、《初學記》；還有備家常
日用的，如《萬用正宗不求人》。這些類書，當時的確起了作
用，但時過境遷，那些用途已是「明日黃花」，成了過眼雲
煙。但是，類書兼有「資料彙編」性質，所以它們對後世以至
今天，還能在學習和學術研究工作中起相當重要的作用。不
過，它們並非以其原來的用途發生作用，乃是以編纂者始料所
不及的用途而起作用。[33]

戚氏所謂「編纂者始料所不及的用途」有二：一是古類書可用來校勘
古籍、校補史籍和輯錄已散失的古籍遺文，一是查考史實和蒐集參考
文獻。而前者的功用與實際獲得的成效，又遠遠大於後者。

　　類書的功用既變，而後世評價前代類書，也大抵以此為衡量標
準。例如乾、嘉之際，當學界嚴厲批評「箸作衰而有文集，典故窮而
有類書，學者貪於簡閱之易，而不知實學之衰，狃於易成之名，而不
知大道之散」[34]，且「種學績文之士，群視類書為鄙陋，咸不之貴」[35]
的同時，以惠棟（1697-1758）、余蕭客（1729-1777）為首的吳派經
學諸大師，正以「經之義存乎訓，識字審音，乃知其義，是故古訓不
可改也，經師不可廢也」[36]為標榜，利用類書、古注蒐討散亡，以期
上承漢代學術之宗風。《清史列傳》載：

　　　　余蕭客，字仲林，江蘇長洲人。初撰《注雅別鈔》八卷，就正

---

33 戚志芬：《中國的類書政書與叢》（臺北：臺灣商務印書館，1994年），頁13-14。
34 〔清〕章學誠（1738-1801）撰，葉瑛校注：《文史通義校注》（北京：中華書局，
　　1985年），卷3，〈內篇三·文集〉，頁297。
35 張滌華：《類書流別》，〈盛衰第四〉，頁37。
36 〔清〕惠棟：〈九經古義序〉，《松崖文鈔》（上海：上海古籍出版社《續修四庫全
　　書》影印光緒劉氏刻《聚學軒叢書》本，2002年），卷1，頁4。

於棟，棟曰：「子書專攻陸佃、蔡卞、羅願。佃、卞乃安石新
學，願非有宋大儒，不必辨，當務其大者。」蕭客矍然。自是
徧覽四部書，撰《古經解鉤沉》三十卷，凡唐以前舊說，自諸
家經解所引，旁及史傳類書，片語單詞，悉著其目。自宋以
來，訓詁之傳日就散亡。沿及明人說經者，遂憑臆談。我朝經
學昌明，著述之家爭及於古。蕭客是書，其一也。[37]

據江藩（1761-1831）〈余古農先生傳〉[38]，余蕭客《古經解鉤沉》，本
欲盡采漢、晉、唐三代經注之亡者，但因乾隆二十七年（1762）罹患
虛損症，危若朝露，急欲成書，只能取舊稿錄成付梓，因此書中頗有
鉤而未沉者，有沉而未鉤者。但當時著名學者如王鳴盛（1711-
1797）、戴震（1724-1777）諸人，仍對此書抱持肯定的態度。王鳴盛
〈古經解鉤沉序〉云：

學莫貴乎有本，而功莫大乎存古，吾嘗持此以求之今世之士，
而廛廛乎得余子焉。……余子憂古訓之漸滅也，既已徧讀《注
疏》，識其崖嶽，又復瀏覽羣書，左右采獲，斷自唐以前，掇
拾亡失，為《古經解鉤沉》若干卷。每條具注所出數典而舉其
祖，按籍稽之，可覆視也。其學可謂有本，而其存古，亦可謂
有功矣。後人欲求傳注訓詁之學者，合《注疏》及是書求之足
矣。[39]

37 王鍾翰點校：《清史列傳》，〈儒林傳下一〉，頁5469。
38 〔清〕江藩（1761-1831）：《漢學師承記》（北京：三聯書店，1998年），卷2〈余古
農先生傳〉，頁40。
39 〔清〕王鳴盛：〈古經解鉤沉序〉，《王西莊先生詩文集》（清刻本），卷15，頁5。

戴震〈古經解鉤沉序〉亦云：

> 士生千載後，求道於典章制度，而遺文垂絕，今古縣隔，時之
> 相去，殆無異地之相遠；僅賴夫經師故訓乃通，無異譯言以為
> 之傳導也者。又況古人之小學亡，而後有故訓；故訓之法亡，
> 流而為鑿空。數百年以降，說經之弊，善鑿空而已矣。雖然，
> 經自漢經師所授受，已差違失次，其所訓釋，復各持異解。余
> 嘗欲搜考異文以為訂經之助，又廣摯漢儒箋注之存者以為綜考
> 故訓之助，顧力不暇及。以語族弟時甫，方事於此，書未稿
> 就，而吾友朱君文游以其友余仲林之《古經解鉤沉》若干卷，
> 千里馳寄。……吾以仲林之為是書，好古而有師法，然吾因
> 之，重有感也。……仲林得稽古之學於其鄉惠君定宇，惠君與
> 余相善，蓋嘗深疾乎鑿空以為經也。二三好古之儒，知此學之
> 不僅在故訓，則以志乎聞道也，或庶幾焉。[40]

《古經解鉤沉》作為清代輯佚之嚆矢[41]，雖采錄的內容尚多疏漏，較
後世輯本相去甚遠，但在輯佚態度、方法及材料的運用上，仍具有起
例發凡的地位。胡應麟（1551-1602）《少室山房類稿》云：

> 宋初輯三大類書，《御覽》之龐雜、《文苑》之蕪冗、《廣記》
> 之怪誕，皆藝林所厭薄，而不知其有助於載籍者不鮮也。非

40 〔清〕戴震：〈古經解鉤沉序〉，《東原文集》，收入張岱年主編：《戴震全書》（合肥：黃山書社，1995年），卷10，頁377-378。

41 梁啟超云：「惠棟弟子余仲林蕭客，用其師法，輯《古經解鉤沉》三十卷，所收益富。此實輯佚之嚆矢，然未嘗別標所輯原書名，體例仍近自著。」《中國近三百年學術史》，收入朱維錚（1936-2012）校注：《梁啟超論清學史二種》（上海：復旦大學出版社，1985年），〈清代學者整理舊學之總成績（二）——輯佚書〉，頁395。

《御覽》，西京以迄六代諸史乘煨燼矣；非《英華》，典午以迄
三唐諸文賦烟埃矣；非《廣記》，汲冢以迄五朝諸小說烏有
矣。[42]

清代漢學家承繼宋、明以來學者大量利用類書做為輯佚依據的成果和
經驗[43]，並在輯佚方法和輯佚書的編排體例上迭有創新，不僅使輯佚
成為專門事業[44]，更令類書的功用獲得極大的發揮。

此外，從後世學者對於《永樂大典》、《古今圖書集成》兩部類書
的評價，也能夠清楚覺察出，對類書所保存古籍文獻資料的重視，更
甚於對類書體例是否完善、檢索是否便利的要求。

清康熙時陳夢雷（1650-1741）編修的《古今圖書集成》，與明永
樂初年解縉（1369-1415）、姚廣孝（1335-1419）奉敕纂修的《永樂
大典》，向被視為類書編纂史上最具代表性的兩大鉅著。《古今圖書集
成》體例，以編統典，以典統部，凡彙編六、三十二典、六千一百零
九部，每部之中，又析分「彙考」、「總論」、「圖」、「表」、「列傳」、
「藝文」、「選句」、「紀事」、「雜錄」、「外編」等緯目，分類詳密，結

---

42 〔明〕胡應麟：《少室山房類稿》（臺北：新文豐出版公司《叢書集成續編》影印
   《續金華叢書》本，1989年），卷104，〈讀太平御覽三書〉，頁1。

43 張舜徽〈論兩宋諸儒實為清代樸學之先驅〉云：「有清一代學術，無不賴宋賢開其
   先，乾嘉諸師，特承其遺緒而恢宏之耳。……搜輯漢人舊注，自王應麟始，此清代
   經學出於宋也。」《廣校讎略》，收入楊家駱主編：《校讎學系編》（臺北：鼎文書
   局，1977年），卷5，頁123。

44 〔清〕皮錫瑞（1850-1908）著《經學歷史》，在總結清代經學研究成果之後，以為
   「國朝經師有功於後學者有三事：一曰輯佚書，一曰精校勘，一曰通小學。」說見
   皮錫瑞撰，周予同注：《經學歷史》（臺北：藝文印書館，1987年），〈經學復盛時
   代〉，頁363-365。又梁啟超云：「吾輩尤有一事當感謝清儒者，曰輯佚。……
   使〈漢志〉諸書，〈隋〉、〈唐志〉久稱已佚者，今乃累累現於吾輩之藏書目錄中，
   雖復片麟碎羽，而受賜則既多矣。」《清代學術概論》，收入朱維錚校注：《梁啟超
   論清學史二種》，頁50。

構謹嚴；《大典》則「用韻以統字，用字以繫事」，「或以一字一句分韻，或析取一篇，以篇名分韻，或全錄一書，以書名分韻」[45]，參差無緒，漫無條理，遠不如《古今圖書集成》之美善。

　　然而《大典》成書早於《古今圖書集成》三百餘年[46]，當時編修諸臣所採宋元古本舊槧尚多。此後數百年間，文獻之大敵，除去水火蟲害不論，李自成攻陷北京，於書籍之焚掠，為禍最烈。錢謙益（1852-1664）〈黃氏千頃樓藏書記〉載當時情狀，有云：

　　　　自有宋迄今，五百餘載，館閣祕書存亡聚散之迹，可按而數也。自金、元之破汴，三館之書，載而之北。建炎中興，書之聚臨安者，不減東都。伯顏南下，試朱清、張瑄海運之議，又載而之北。大將軍中山王之北伐也，盡收奎章內府圖籍，徙而之南。北平之鼎既定，則又輦而之北。以二祖之聖學，宣、仁之右文，訪求遺書，申命史館，歲積代累，二百有餘載。一旦突如焚如，消沉于闖賊之一炬。然內閣之書盡矣，而內府祕殿之藏如故也。煨燼之餘，繼以狼籍。舉凡珠囊玉笈，丹書綠字，綈几之橫陳，乙夜之進御者，用以汗牛馬、罥駱駝、蹈泥沙、藉糞土，求其化為飛塵，蕩為烈焰而不可得。自有喪亂以

45　〔清〕紀昀等纂：《四庫全書總目》，卷137，〈子部‧類書類存目一〉「永樂大典提要」，頁1165。

46　《大典》一書，成於明成祖永樂五年（1407）。《古今圖書集成》，初步成於清聖祖康熙四十五年（1706），五十五年（1716）進呈，並開館修訂。世宗雍正元年（1723），以刷印校對之工尚未完成，特派蔣廷錫為總裁，陳邦彥為副總裁，重行校刊。重修工作，成於雍正三年（1725）。二書編纂之經過，詳見郭伯恭（1905-1951）：《永樂大典考》（臺北：臺灣商務印書館，1967年），第2章，〈永樂大典之纂定〉，頁5-15；裴芹：〈古今圖書集成編纂考〉，《古今圖書集成研究》（北京：北京圖書館出版社，2001年），頁27-42。

來，載籍之厄，未之有也。[47]

文獻經此燌焚，澌滅幾盡，《大典》成了少數保存前代流傳舊書，堪
稱齊備的學術淵藪。[48]清代明而興，《大典》一度深藏於重闥之中[49]，
鮮少識其美者。[50]雍正十一年（1733），全祖望（1705-1755）憑藉與
李紱（1673-1750）的關係，得以借觀《大典》，並「鈔其所欲見而不
可得者」[51]；乾隆三十七年（1772），安徽學政朱筠（1729-1781）提
出「擇取《大典》中古書完者若干部，分別繕寫，各自為書，以備著
錄」[52]的建議，為高宗所採納，敕令開設「四庫全書館」，辦理《大

---

47 錢謙益撰，錢曾箋注，錢仲聯標校：《牧齋有學集》（上海：上海古籍出版社，1996
　　年），卷26，頁995。

48 成祖詔修《大典》之初，即以窮搜「凡書契以來經史子集百家之書，至於天文、地
　　志、陰陽、醫卜、僧道、技藝之言，備輯為一書」（《明太宗實錄》〔南港：中央研
　　究院歷史語言研究所，1966年〕，卷21，「永樂元年七月丙子」條，頁9），庶使「開
　　卷而古今之事，一覽可見」（〈永樂大典凡例〉，《重編影印永樂大典八百四十卷》
　　〔臺北：大化書局，影印明嘉隆間內府重抄本，1985年〕，卷首，頁1）為宗旨。館
　　臣奉詔，歷采先秦至明初文獻近七、八千種，或整篇整段鈔錄，甚至全書逐寫，不
　　遺一字，因此篇帙多達二萬二千八百七十七卷，凡例並目錄六十卷，規模宏富，有
　　「包括宇宙之廣大，統會古今之異同」（成祖御製：〈永樂大典序〉，《明太宗實
　　錄》，卷73，「永樂五年十一月乙丑」條，頁3）之概。

49 參閱郭伯恭：《永樂大典考》，第6章，〈永樂大典之厄運〉，頁121-125。

50 康熙時，刑部尚書徐乾學奉命校勘閣中書籍，有「請命儒臣，重加討論，以其祕
　　本，刊錄頒布，用表前哲之遺墜於萬一」之議（徐乾學：〈補刻編珠序〉，《憺園集》
　　〔濟南：齊魯書社《四庫全書存目叢書》影印清康熙間冠山堂刻本，1997年〕，卷
　　19，頁23）。其後查慎行以翰林院編修入武英殿預纂《佩文韻府》，曾擬奏請繙閱
　　《永樂大典》，以資參考。惜未引起朝廷的注意。

51 全氏輯鈔《永樂大典》始末，見〈鈔永樂大典記〉，《鮚埼亭集外編》，收入朱鑄禹
　　彙校集注：《全祖望集彙校集注》，卷17，頁1071-1072。

52 〔清〕朱筠：〈謹陳管見開館校書摺子〉，《笥河文集》（上海：上海古籍出版社《續
　　修四庫全書》影印嘉慶二十年椒華吟舫刻本，2002年），卷1，頁4。

典》內散篇輯校工作。[53]自此以後，迄於今日，私家陸續有從《大典》輯出佚書之舉，總數計達六、七十種之多。[54]相較之下，《古今圖書集成》只零星見引於秦蕙田（1702-1764）《五禮通考》、張廷玉（1672-1755）《詞林典故》、沈家本（1840-1913）《歷代刑法考》、文廷式（1856-1904）《純常子枝語》、吳其濬（1789-1847）《植物名實圖考》、孔廣陶（1832-1890）《北堂書鈔》、嵇璜《續文獻通考》、張金吾（1787-1829）《金文最》等書，其受學界重視的程度，顯然不及《永樂大典》。

　　《古今圖書集成》不及《永樂大典》受重視，大致有數點原因：

　　其一、雍正朝《古今圖書集成》印行以後，除少部分為乾隆皇帝用以頒賜編纂《四庫全書》有功大臣或獻書最多的藏書家，如舒赫德（1710-1777）、于敏中（1714-1779）、劉墉（1719-1805）、鮑士恭、范懋柱（1721-1780）、汪啟淑（1728-1799）、馬裕各一部外[55]，其餘

---

53 四庫館辦理《大典》內散篇輯校工作，始於乾隆三十八年（1773），至四十六年（1781）十二月完竣，前後八載，共輯得亡書五百一十六種，其中收入《四庫全書》者三百八十八種，列於存目者一百二十八種。參閱拙著：《清代輯佚學》（臺北：中國文化大學中國文學研究所博士論文，2005年），附錄一「四庫內大典輯本表」，頁305-321。

54 參閱曹書杰：《中國古籍輯佚學論稿》（長春：東北師範大學出版社，1998年），附錄一「古今私家據《大典》輯出之書目」，頁396。

55 乾隆三十九年五月十四日大學士于敏中奏：「蒙發下《古今圖書集成》十一部，交臣擬備各省行宮陳設外，其餘擬賞各省交送遺書最多之家。臣恭擬各省行宮七處，陳設各一部，餘四部擬賞進書五百種以上之鮑士恭等四家各一部，俾得寶貴尊藏。」奉旨：「今閱進到各家書目，其最多者，如浙江之鮑士恭、范懋柱、汪啟淑、兩淮之馬裕四家，為數至五、六、七百種，皆其累世弆藏，子孫克守其業，甚可嘉尚。因思內府所有《古今圖書集成》，為書城鉅觀，人間罕覯，此等世守陳編之家，宜俾尊藏勿失，以永留貽。鮑士恭、范懋柱、汪啟淑、馬裕四家，著賞《古今圖書集成》各一部，以為好古之勸。」見中國第一歷史檔案館編：《纂修四庫全書檔案》（上海：上海古籍出版社，1997年），頁210乾隆三十九年五月十四日「大學士于敏中奏擬賞鮑士恭等《古今圖書集成》周厚堉等《佩文韻府》摺」條；及頁

大多貯之高閣[56]，未能廣為流通。

其二、《古今圖書集成》的編纂，最初僅陳夢雷一人獨肩其任，至康熙四十年（1701）十月，始得誠親王胤祉（1677-1732）資助，雇人謄錄繕寫，並頒發協一堂藏書供其校閱。協一堂藏書雖豐，但合諸陳夢雷自家所藏，也不過一萬五千餘卷。[57]康熙五十五年（1716）設立「古今圖書集成館」，陸續補入當時官編圖書如《大清會典》、《朱子全書》、《萬壽盛典》、《康熙字典》及大量方志、皇帝諭文，並私家撰著如顧炎武（1613-1682）《日知錄》、朱彝尊（1629-1709）《經義考》等文獻。總合前後數度增補，《古今圖書集成》引書總數雖然也在三、五千種之間[58]，然而規模尚不如《永樂大典》之繁鉅，所收圖籍更不如《永樂大典》那樣的罕見希覯。後世學者貴古賤今，由是對《古今圖書集成》不甚措意。

其三、讀者對類書的要求，已從原先的便觀覽、利尋檢、供採摭，漸漸移轉到存遺佚、資考證的功能面。最明顯的例子，是乾隆皇帝在稱許「《圖書集成》，兼收並錄，極方策之大觀」之餘，接著便指出《古今圖書集成》的不足，在於「引用諸編，率屬因類取裁，勢不

211乾隆三十九年五月十四日「諭內閣賞鮑士恭等《古今圖書集成》周厚堉等《佩文韻府》各一部」條。

56 其中揚州大觀堂之文匯閣、鎮江金山寺之文宗閣、杭州聖因寺內文瀾閣，所貯《古今圖書集成》並《四庫全書》，特准江、浙士子就近觀摩謄錄。見《纂修四庫全書檔案》，頁1589乾隆四十七年七月初八日「諭內閣著交四庫館再繕寫全書三分安置揚州文匯閣等處」條。

57 見陳夢雷：〈進彙編啟〉，《松鶴山房文集》（上海：上海古籍出版社《續修四庫全書》影印北京圖書館藏清康熙銅活字本，1997年），卷2，頁38-39。

58 《古今圖書集成》引用書目，至今仍乏人統計。施廷鏞《中國古籍版本概要》云三千四百八十八種，裴芹以為當在五、六千種之間。說見裴氏：〈古今圖書集成與古代類書發展〉，《古今圖書集成研究》，頁9-10。

能悉載全文，使閱者沿流溯源，一一徵其來處」。[59]此外清代學者法式善（1758-1813），也曾對《永樂大典》與《古今圖書集成》、《四庫全書》有過簡要的比較，肯定《大典》保存文獻之功，批評其書「依韻排類，終傷雅道」，而盛贊《古今圖書集成》、《四庫全書》「薈萃古今載籍，或分或合，盡善盡美，發凡起例，綱舉目張，猗歟盛矣」。[60]裴芹認為法氏此語「有偏猗溢美之嫌」[61]，其說甚確。法氏本人，實際從事過《大典》內佚書的採輯工作[62]，其〈校永樂大典記〉曾說：「（《大典》）發凡起例，寔未美善，而宋元以後之書，固已搜羅大備，世間未見之鴻文祕笈，賴此而存。惜隋唐以前書，仍寥寥耳。然余披檢唐人之文，如張燕公、陳子昂、陸宣公、顏魯公、權載之、獨孤至之、韓昌黎、柳柳州、白樂天、歐陽行周、劉賓客、李義山、杜牧之、羅昭諫，行世本外，各有增益者數十篇，少者亦五六篇，其不習見於世之人，蓋往往而有之也。當此之時，苟欲考宋元兩朝制度文章，蓋有取之不盡，用之不竭者焉。若徒便其按韻索覽，是固當時編

---

59 見中國第一歷史檔案館編：《纂修四庫全書檔案》，乾隆三十七年正月初四日「諭內閣著直省督撫學政購訪遺書」條，頁1。

60 法式善：《陶廬雜錄》（北京：中華書局，1997年），卷4，頁111。

61 裴芹：〈規模宏大，分類細密，縱橫交錯，次序井然——談《古今圖書集成》的結構體例〉，《古今圖書集成研究》，頁44。

62 法式善《陶廬雜錄》云：「余纂唐文，於《永樂大典》暨各州縣志內採錄，皆世所未見之篇。唐賢各集，實未補入。如王勃、楊炯、盧照鄰、駱賓王、陳子昂、張說、張九齡、李邕、李白、杜甫、、王維、高適、元結、顏真卿、吳筠、劉長卿、獨孤及、蕭穎士、韋應物、李華、顧況、陸贄、權德輿、韓愈、柳宗元、劉禹錫、錢起、呂溫、張籍、皇甫湜、李翱、歐陽詹、李觀、沈亞之、李紳、李德裕、元稹、白居易、杜牧、李商隱、劉蛻、李頻、李群玉、孫樵、王棨、皮日休、陸龜蒙、司空圖、韓偓、吳融、徐寅、黃滔、羅隱、韋莊、杜光庭，凡五十五家，《全書》皆已著錄，而原集漏略，今一一補載。其李百藥、長孫無忌、魏徵、蘇頲、孫逖、常袞、梁肅、令狐楚、符載九家，《全書》未著錄，見於內府《全唐文》原本。今采各書補載，亦復不少，余別錄為書。乃知元明以來，古籍銷燬於兵火播遷者，大可慨嘆也。」卷3，頁63-64。

緝一隅之見也。」[63]對法氏而言,《永樂大典》保存許多世間未見的鴻篇鉅製,當清乾嘉之際,如果要想考證宋元兩朝制度文章,非藉助《永樂大典》不可。至於發凡起例未能盡美,不過是大醇小疵。而按韻索覽之便與不便,更非法氏關心的問題。

　　法式善從類書的兩大作用——「分別部居,裁以類例,使如錢就貫,一一秩然」,與「囊括古今,包羅鉅細,使遺文舊事,託以得存」,將《永樂大典》、《古今圖書集成》和《四庫全書》三者比列合觀,卻忽略了類書、叢書體例根本有別。法氏的觀點,並非出自個人私見,而是反映了當時學者普遍共同的看法。[64]即使清末民初之交,學者關注焦點仍舊在於《永樂大典》[65],遠遠勝過《古今圖書集成》。例如梁啟超在《中國近三百年學術史》一書中,譏諷《永樂大典》為「古今最拙劣之類書」,卻仍然肯定其保存稀見古書之功。[66]

---

63 法式善:〈校永樂大典記〉,《存素堂文集續集》(上海:上海古籍出版社《續修四庫全書》影印清嘉慶十二年程邦瑞揚州刻增修本,1997年),卷2,頁754。

64 清末學者葉德輝(1864-1927)嘗云:「有其書似叢書而非叢書,似總集而非總集。……《永樂大典》依韻編收,《圖書集成》分類纂錄,並皆冊逾萬帙,囊括百家,斯誠薄錄以來之奇聞,道、釋兩藏所卻步。宜乎殘膏剩馥,沾漑後人,斷簡零編,流傳四裔,唐哉皇哉!古今修撰之宏,未有比於斯二者。」可見葉氏也特別留意到類書「叢書化」、「總集化」的傾向。葉說見:〈似叢書非叢書似總集非總集之書〉,《書林清話》(北京:北京燕山出版社,1999年),卷8,頁220。

65 相關研究論著,可參閱張昇:《永樂大典研究資料輯刊》(北京:北京圖書館出版社,2005年);另外中國國家圖書館編:《永樂大典編纂六百周年國際研討會論文集》(北京:北京圖書館出版社,2003年7月),是近日研究《永樂大典》最新成果的結撰,亦可參看。

66 梁氏云:「《永樂大典》者,古今最拙劣之類書也。其書以洪武韻目按字分編,每一字下往往將古書中凡用該字作書名之頭一字者全部錄入,例如一東韻下之『東』字門,則將當時所存之《東觀漢記》全部錄入,而各書之一部分,亦常分隸人名、地名等各字之下。其體例固極蕪雜可笑,然稀見之古書,賴以保存者頗不少。」《中國近三百年學術史》,〈清代學者整理舊學之總成績(二)——輯佚書〉,頁395-396。

近世以來，對類書作用的思考稍有轉變，內容宏富，便於檢索，重新成為衡量類書功能的準則。正如張滌華《類書流別》所說：

> 蓋類書之興，本以供檢索之用，分類愈精，則檢索愈便，效用亦愈大。若條例不清，區分不明，每考一事，往往可彼可此，猝不易得其部分，則又何貴有類書乎？今後儻有更撰類書者，是亦所宜留意之一嵩矣。[67]

劉葉秋《類書流別》也說：

> 唐人編類書，除去分門別類之外，每類復加子目，每一子目下先錄經史百家之言，後附詩文，又依時代先後排列。以後類書，大都沿用這種形式，沒有多少變化。缺點是分類分目，往往不能周密、恰當，有時顧此失彼，以致檢查不便。而且所有的類書引用古籍，都不免割裂原文，斷章取義。《永樂大典》引書，完全照抄原文，一字不改，是很大的優點。但「用韻以統字，用字以繫事」的體例，仍然存在一定的缺陷。直到《古今圖書集成》出現，類書的體例，才算有了較大的改進。……中國類書的形式，亦由此面目一新。[68]

時至今日，《永樂大典》屢遭浩劫，十不一存，而《古今圖書集成》則因多次翻印與電子資料庫的建置，得以化身千百，成為當代最受矚目的古代類書。這一方面，固然由於《古今圖書集成》部帙最大，搜羅

---

67 張滌華：《類書流別》，〈體制第三〉，頁26-27。
68 劉葉秋：《類書簡說》，頁21。

最廣，體例最精，另一方面，或許是當人們拋去對類書乞靈鈔撮，效用謏聞的狹隘認知觀點後，反而更能以寬廣的眼光，重新檢視類書。

第二節　古籍數位化與類書的發展

一　古籍數位化的優勢

　　從事中國傳統文史哲學研究，其學術的根柢，在於掌握閱讀古籍的技能，進而讀通古書。以往國內各大學普遍開設有治學方法、讀書指導等課程，目的便是為指引初學者讀書之門徑，充分掌握學術訊息。除此之外，諸如中國古代史籍校讀法、中國文獻學等類的專著，也能提供初學者瞭解古代典籍中應留心何種疏忽、牴牾和錯誤，以及校讀古書必須具備哪些相關知識與方法。但隨著學術內涵的漸次擴張、學習方法的推陳出新及資料形態的趨於多樣，千餘年來前賢所積累而得，有關古籍衍、脫、訛、倒的規則，和校讀古書的基本知識如校勘、輯佚、辨偽等，都需要在前人的成就基礎上，加以若干調整更新，方能更有效率、更真確地取得學術資料，讀通古書。

　　例如工具書的使用，像是類書原為博采舊文、藉便觀覽而設，讀者按類索驥，足以廣異聞而資多識。但類書的編排方式，或以類分，或以字分。以字分者，有齊句首字與齊句尾字之異，以類分者，又有專收一類與兼該眾類之書。若非對於各書體例精熟，檢索時往往猝不易得其部分。如果現存所有類書，都能改以電子數位化的形式，存放於網路空間之中，不僅可以便利讀者隨時查詢，更重要是能打破類書各有不同門類的藩籬。檢索愈便，類書的使用率自然能夠提高，效用也就愈大。

　　除了查檢文獻資料之外，電子資料庫對於辨明句讀、校勘異同、

辨正疑偽、蒐討遺佚也有莫大幫助，茲引數例說明：

（一）有助於辨明句讀

　　一般古代典籍，除鄉塾所用啟蒙讀物外，大多沒有圈點和句讀。不能句讀古書，或者將古書句讀標錯，都不能真確地理解古書。如《四庫全書總目》卷八十三〈史部・政書類存目一〉「元典章前集」提要云：

> 《元典章前集》六十卷，附《新集》，無卷數，內府藏本。不著撰人名氏。《前集》載世祖即位，至延祐七年英宗初政。其綱凡十，……其目凡三百七十有三。每目之中，又各分條格。《新集》體例，略倣《前集》，皆續載英宗至治元二年事，不分卷數，似猶未竟之本也。此書始末，《元史》不載。惟載至治二年金帶御史李端言「世祖以來所定制度，宜著為令，使吏不得為姦，治獄有所遵守」，英宗從之。書成，名曰《大元通制》，頒行天下，凡二千五百三十九條。[69]

查歷朝史書，從來未有「金帶御史」的稱號。而據《元史》卷二十八〈英宗本紀〉，載「戊申，太陰掩井。岷州旱、疫，賑之。賜戍北邊萬戶、千戶等官金帶」，其下方才接云「御史李端言『朝廷雖設起居注，所錄皆臣下聞奏事目，上之言動，宜悉書之，以付史館。世祖以來所定制度，宜著為令，使吏不得為奸，治獄者有所遵守』，並從之」。《四庫全書總目》作「金帶御史李端」，顯然是將「金帶」二字

69　〔清〕紀昀等纂：《四庫全書總目》，卷83，〈史部・政書類存目一〉「元典章前集提要」，頁713。

誤屬下讀。四庫館臣的這一疏謬，原因出在沒能覆核《元史》本書。《總目》卷帙龐雜，偶然有一二則考證未臻精密，不致影響其學術價值。如今藉由古籍數位化資訊，覆核原書並非難事，閱讀古書遇有疑難無法遽下判斷的句讀問題，將會變得容易許多。

（二）有助於校勘異同

古書迭經傳寫翻刻，文句訛誤脫落，勢所難免。脫誤嚴重的，必然影響對文義的解讀。張舜徽曾根據《資治通鑑》原書，參考章鈺（1864-1934）《胡刻通鑑正文校宋記》一書所載，將《通鑑》中文句脫落在十字以上者，分舉實例，加以臚列，發現甚至有一處脫落了五十五字之多。[70]

文字的脫誤，有時不容易察覺，尤其是在沒有版本可資對校的情況下，往往容易忽略。如劉壽曾（1838-1882）《傳雅堂文集》卷二〈黃帝內經素問斠義序〉，依刻本原式，逐字點讀，似乎也文從字順，不覺中有脫誤。但若將各段文字稍作排比，脫漏的痕跡則至為明顯：

> 1.「食飲有節，起居有常，不妄作勞」，全元起注本云「飲食有常節，起居有常度，不妄不作」，君謂「作」與「詐」同。〈月令〉「毋或做為淫巧」，鄭《注》：「今〈月令〉『作為』為『詐偽』。」「不妄」與「不作」，相對為文。作，古讀若胙。上與「者」、「數」、「度」為韻，下與「俱」、「去」為韻。王氏改「不妄不作」為「不勞作勞」，是誤讀「作」為「作為」之「作」，而以「作勞」連文，殊不成義。
>
> 2.又「不知持滿，不時御神」，君謂「時」，善也。「不時御

---

70 張舜徽：《中國古代史籍校讀法》（臺北：里仁書局，1988年），頁115-121。

神」，謂不善御神也。〈小雅・頍弁〉篇「爾肴既特」，《毛傳》：「時，善也。」

3. 又「夫上古聖人之教下也，皆謂之」，全元起注本云「上古聖人之教也，下皆為之」，言下皆化之也。《書・梓材》「厥亂為民」，《論衡・效力》篇引作「厥率化民」，是「為」即「化」也。作「謂」者，「為」之借字。王氏誤以為「告謂」之「謂」，乃升「下」字於上句「也」字之上，失其恉矣。

4. 又「唯聖從之，故身無奇病」，**君謂**「奇」當為「苛」，字形相似而誤。苛亦病也，古人自有複語。字本作「痾」。《說文》：「痾，病也。」

5. 又「道者，聖人行之，愚者佩之」，**君謂**「佩」讀為「倍」。《說文》：「倍，反也。」聖人行之，愚者倍之，謂聖人行道，愚者倍道也。《荀子・大略》篇「一佩易之」，《注》：「佩，或為倍。」是古通用之證。

以上所錄五段文字，是劉氏稱譽胡澍（1825-1872）所撰《黃帝內經素問斠義》考證精細，勝於唐王冰舊注的例證。從文句形式及語氣觀察，各句皆先引全元起注本原文（筆者按：全注本已佚，此王冰注本所引，但非全注本之舊），「君謂」以下，即胡氏《斠義》新說。唯獨第三則「上古聖人之教也，下皆為之」句下，沒有「君謂」二字，可見此處當有脫文。又第四則「字本作痾」下，立即接引全元起注本「道者，聖人行之，愚者佩之」，況且云「字本作痾」，語義未完，可知此處應當也有脫文。

今考清光緒癸未年（9年，1883）蛟川二仁堂刊本《黃帝內經素問斠義》，卷首載有劉壽曾光緒辛巳年（7年，1881）所作序文，篇中文句略無脫漏，可以訂補《傳雅堂文集》的缺誤。茲迻錄並覈校如下：

1. 「飲食有節，起居有常，不妄作勞」，全元起注本云「飲食有常節，起居有常度，不妄不作」，君謂「作」與「詐」同。〈月令〉「毋或做為淫巧」，鄭《注》曰：「今〈月令〉『作為』為『詐偽』。」「不妄」與「不作」，相對為文。作，古讀若胙。上與「者」、「數」、「度」為韻，下與「俱」、「去」為韻。王氏改「不妄不作」為「不妄作勞」，是誤讀「作」為「作為」之「作」，而以「作勞」連文，殊不成義。

2. 又「不知持滿，不時御神」，君謂「時」，善也。「不時御神」，謂不善御神也。〈小雅‧頍弁〉篇「爾肴既時」，《毛傳》：「時，善也。」

3. 又「夫上古聖人之教下也，皆謂之」，全元起注本云「上古聖人之教也，下皆為之」，君謂「下皆為之」，言下皆化之也。《書‧梓材》「厥亂為民」，《論衡‧效力》篇引作「厥率化民」，是「為」即「化」也。作「謂」者，「為」之借字。王氏誤以「謂」為「告謂」之「謂」，乃升「下」字於上句「也」字之上，失其恉矣。

4. 又「唯聖人從之，故身無奇病」，君謂「奇」當為「苛」，字形相似而誤。苛亦病也，古人自有複語。字本作「疴」。《說文》：「疴，病也。」下文「逆之則災害生，從之則苛疾不起，是謂得道」，上承此文而言，則「奇病」之當作「苛病」明矣。「苛疾」與「災害」對舉，則苛亦為病明矣。

5. 又「道者，聖人行之，愚者佩之」，君謂「佩」讀為「倍」。《說文》：「倍，反也。」聖人行之，愚者佩之，謂聖人行道，愚者倍道也。《荀子‧大略》篇「一佩易之」，《注》：「佩，或為倍。」是古通用之證。

　　根據文句形式及語氣判斷，是校勘方法中「理校」的範疇，至於「對校」（以本書之祖本或別本對讀）、「本校」（以本書前後互證）、「他校」（以他書校本書），電子資料庫可以提供甚多的便利。且後世學者所以指摘類書不可盡信，主要原因在於許多類書是因襲前代類書資料增訂而成，前代類書有誤，後代類書也跟著錯誤。這類情形，透過電子資料庫的比對，或許可以考察類書採錄資料的來源，並判斷其版本系統。

　　例如《古今圖書集成・博物彙編・禽蟲典・魚部》「雜錄」、〈藝術典・漁部〉「雜錄」兩引《呂氏春秋・仲春紀・功名》「善釣者，出魚乎十仞之下，餌香也」（頁2）一節，與明萬曆雲間宋邦乂刊本《呂氏春秋》相同。而前代類書如《藝文類聚・人部一・舌》引作「善釣者，引魚于千仞之下，餌香也」，《太平御覽・資產部十四・釣》引作「善釣者，出魚乎千仞之下，餌香也」，同書〈鱗介部七・魚上〉引作「善釣者，出魚于十仞之下，餌香也」，文字則略有出入。

　　又宋邦乂本〈孟春紀・貴公〉篇：

　　　　荊人有遺弓者，而不肯索，曰：「荊人遺之，荊人得之，又何索焉？」孔子聞之曰：「去其『荊』而可矣。」老聃聞之曰：「去其『人』而可矣。」故老聃則至公矣。

《北堂書鈔・政術部十一・公正》引作：

　　　　荊人有遺弓，不肯索，曰：「荊人遺弓，荊人得之，何索焉？」孔子聞之曰：「去其『荊』而可矣。」老聃聞之曰：「去其『人』而可矣。」老聃則至公矣。

《藝文類聚‧人部六‧公平》引作：

> 荊人有遺弓者，弗肯索，曰：「荊人遺之，荊人得之，又何求焉？」孔子聞之曰：「去其『荊』而可矣。」老聃聞之曰：「去其『人』而可矣。」故老聃則至公得矣。

《太平御覽‧人事部七十‧公平》引作：

> 荊人有遺弓者，弗肯索，曰：「荊人遺之，荊人得之，又何求焉？」孔子聞之曰：「去其『荊』而可矣。」老聃聞之曰：「去其『人』而可矣。」故老聃則至公得矣。

《古今圖書集成‧理學彙編‧經籍典‧老子部》「總論」引作：

> 荊人有遺弓者，而不肯索，曰：「荊人遺之，荊人得之，又何索焉？」孔子聞之曰：「去其『荊』而可矣。」老聃聞之曰：「去其『人』而可矣。」故老聃則至公矣。

《古今圖書集成》引述，與宋邦乂本悉同。根據以上兩個例子，可以推測《古今圖書集成》是根據宋邦乂本鈔錄，而非轉引自唐代類書。

（三）有助於辨正疑偽

古書訛誤，除了文字間彼此歧異以外，尚有兩書同載一事，而彼此牴牾的情況。例如樊文深《七經義綱》，見於類書所引，計有三則：「珠母者，大珠在中，小珠環之」條，見《初學記》卷二十七、贊寧《物類相感志》卷十。「車上五兵：戈、殳、車戟、酋矛、牟

夷。步卒五兵：戈、殳、車戟、酋矛、矢」條，見《太平御覽》。「孔子稱天子之德，感天地，洞八方。是以化合神者稱皇，德合天地者稱帝，仁義合者稱王」條，見《初學記》卷九、《藝文類聚》卷十一「總載帝王」，而《藝文類聚》所引，云出於《帝王世紀》，可見兩者必有一誤。

同樣的例證，如《淮南子‧原道訓》「昔者夏鯀作三仞之城，諸侯背之，海外有狡心」，今本高誘注云：「八尺曰仞。」清末學者陶方琦（1845-1884）說，考〈覽冥訓〉高誘注，云：「百仞，七百尺也。」〈說林訓〉高誘注亦云：「七尺曰仞。」其他如注《呂氏春秋‧功名》、〈適威〉等篇，皆云「七尺曰仞」，與〈原道訓〉一仞八尺的訓解不合。為《淮南子》作注，除高誘外，尚有東漢許慎。許書久佚，但不少文句羼入高誘注中。況且許慎撰《說文解字》，對於「仞」字的解釋「伸臂一尋八尺」，可證所謂「八尺曰仞」，當是許注，而非高誘注。

（四）有助於蒐討遺佚

書籍散亡，於是乎有輯佚之業。清代二百餘年，輯佚最為興盛，凡周秦諸子、漢人經注、魏晉六朝逸史逸集，苟有片語留存，無不勤加綴輯，對後人研讀先儒學說，考核古學淵流，多有助益。

然而清人輯佚書中，謬誤寔多，劉咸炘《輯佚書糾謬》嘗糾舉其中四大弊病：第一曰漏。第二曰濫，凡有二端：一曰肊斷附會，二曰本非書文。第三曰誤，凡有二端：一曰不審時代，二曰據誤本、俗本。第四曰陋，凡有三端：一曰不審體例，二曰不考源流，三曰肊定次序。[71]以上弊病，主要原因其實在於缺乏文獻資料可供反覆覈校勘

---

71 劉咸炘：《目錄學》，收入楊家駱主編：《校讎學系編》（臺北：鼎文書局，1977年），〈存佚〉，頁18-22。

定。現今學者藉由電子資料庫的運用，多可補清代學者之不足。

例如王謨（1731-1817）輯雷次宗（366-448）《五經要義》，其〈敘錄〉云：「鈔出《後漢書注》一條、《北史》一條、〈隋志〉一條、《世說新語注》一條、《文選注》二條、《類聚》六條、《初學記》七條、《書鈔》二條、《通典》一條、《御覽》三條。」經查電子資料庫，尚有數則佚文，為王氏所失收：

1.《北堂書鈔》卷八十七：

今人謂社神為公社，位上公，非地祇也。

2.同書卷一百一：

籨以竹為之，六孔，有底。

3.同書卷一百二十八：

笏者，臣見於君，以書思對命。

4.《通典》卷四十六：

先農立壇於田所，祠之，其制度如社之壇。

5.同書卷五十六：

冠，嘉禮也。冠，首服也。首服既加，而後人道備，故君子重之，以為禮之始矣。孔子曰：「正其衣冠，尊其瞻視，儼然人望而畏之。」又曰：「不莊以蒞之，則民不敬。」此人君早冠之義也。王教之本，不可以童子之道理焉。

即此一例，可知若能善加利用古籍電子資料庫，對於搜輯亡佚之書，定然大有裨益。

二 古籍數位化的侷限

以往學者對於古籍全文資料庫的信賴程度較低，原因是擔心古籍

資料資料文字訛脫、斷句錯誤，或繁簡體轉換會影響檢索的準確性。另外，古籍數位化也可能失去原有紙本的版式、行款、字體等訊息，而這些訊息對於古籍版本研究至為重要，因此不認為電子資料庫能夠取代紙本檢索工具。[72]近日資料庫檢索介面已大有改善，資料庫與紙本能夠直接在介面上進行對照查覈，足以確保檢索時的精確度。當今必須留意的課題，應該轉移到在資料庫文字完全無誤的前提下，以關鍵字詞為主要搜尋方式的設計，能否順利檢索到讀者所要的資料？如果不能，應當如何改進？

　　黃沛榮〈古籍文獻資訊化之現況與檢討〉、何志華〈古籍校讎機讀模式初探──兼論中國文化研究所「漢達文庫」的另類功能〉，分別從檢索與校讎兩個方向，對史語所「二十五史資料庫」及中國文化研究所「漢達文庫」進行檢驗。黃文指出：

> 一般使用者如果想要在「史記資料庫」中檢索有關「英布」的資料，以目前的情況來說，是很難查得周備的。因為「英布」在《史記》中又稱「黥布」、「當陽君」、「九江王黥布」、「九江王布」、「九江王」、「淮南王黥布」、「淮南王英布」、「淮南王布」、「淮南王」、「武王布」、「英氏」之故。[73]

---

72 吳明德、黃文琪、陳世娟〈人文學者使用中文古籍全文資料庫之研究〉一文指出：「人文學者在研究及教學時都會使用古籍全文資料庫，雖然普遍同意資料庫檢索的便利性及完整性，但也指出中文古籍全文資料庫無論是收錄範圍、內容品質、檢索介面都有可以改進之處。他們不認為古籍全文資料庫對於文史領域的研究議題有太大的改變，也不同意古籍全文資料可以取代紙本古籍的說法。」（《圖書資訊學刊》第4卷第1、2期合刊，2006年，頁1-15）

73 黃沛榮：〈古籍文獻資訊化之現況與檢討〉，《國家圖書館館刊》86年第1期，1997年6月，頁75。

何文指出：

> 陳垣昔日所謂四校法，其中的「對校」、「他校」、「本校」三種
> 方法，今人若運用電腦得宜，可以機讀模式取代部分人手程
> 序；唯獨「理校」之法，電腦難以具備學者通過經年研讀所得
> 之領會，因而未能取代人手。[74]

黃、何兩位學者的意見，切中古籍全文資料庫在使用上的兩大難解問
題——文獻本身缺謬及對文字的理解判斷。也就是說，在資料庫能絲
毫無誤的將紙本數位化的前提下，使用者還是無可避免、必須面對文
獻本身缺謬及對文字的理解判斷這兩大侷限。而截至目前為止，所有
資料庫還未能發展到足以處理這些問題的地步。

　　以輯佚為例：在從事輯佚文獻整理過程中，假若想借助資料庫的
輔助，對於文獻本身缺謬及文字的理解判斷，使用者必須要有更深入
的瞭解。因為輯佚的根柢，首要在於廣徵博引，務求全備。要從眾多
不同體式的文獻中鉤取資料，就必須先要弄清文獻的真偽、版本等問
題。再者，佚文輯出之後，還需要進行覈校佚文異同、增字補缺、推
斷佚文歸屬、編次佚文次第等細膩的處理，稍一不慎，便可能犯了
「漏」、「濫」、「誤」、「陋」等弊病。簡單的說，要使電子資料庫達到
全面查找佚文的作用，必須先對文獻本身缺謬及文字的理解判斷進行
有效的處理；要對文獻本身缺謬及文字的理解判斷進行有效的處理，
必須先對文獻本身的缺謬進行考察，然後才有可能發展輯佚或校讎專
用之人工智能系統。人工智能系統，非筆者專業領域，這裡只就文獻
本身的缺謬，提出若干分析。

---

74 何志華：〈古籍校讎機讀模式初探——兼論中國文化研究所「漢達文庫」的另類功
　　能〉，《語言·文學與資訊》（新竹：國立清華大學出版社，2004年），頁401-421。

　　所謂輯佚，是指古代已有成書，後世散佚，或殘缺不完，其佚文經由他書徵引錄出，並經過適當的編次排比，力求反映古書的面貌，即為「輯佚書」，如馬國翰（1794-1857）之《玉函山房輯佚書》、黃奭（1809-1853）《黃氏佚書考》。輯佚的資料來源，既然出自各種古注、類書、典制史，那麼存在於這些古注、類書、典制史自身的版本、校讎問題，在輯佚過程中就無法忽視。古書自身的版本、校讎問題，影響輯本優劣最重要的幾個關鍵為訛誤過多、體例不完善。茲分述如下：

（一）古書訛誤過多，影響輯佚的真確性

　　清儒從事校勘、輯佚，察知古書當中所存謬誤極多，彼此扞格牴牾，難以徵實。如黃奭輯蕭景暢《晉史草》，據《太平御覽》卷三百五十九採得「姚略時，有賀僧者，不知何人。自云遊歷五郡，時人號為賀五郡。齋戒奉道，為百姓說吉凶。略死，泓立，僧謂泓曰：宜潔掃一馬廄，開屋設大柳，有異馬其大非常，自遠來，天所送矣」一條，而湯球（1804-1881）輯《九家晉書》，以此文屬之蕭子雲《晉書》。按：《太平御覽》卷三百五十九原作「蕭子雲《晉史草》」。據《南史》卷四十二〈齊高帝諸子上〉：「子雲字景喬，年十二，齊建武四年，封新浦縣侯。自製拜章，便有文采。梁天監初，降爵為子。及長，勤學有文藻，弱冠撰《晉書》，至年二十六，書成百餘卷，表奏之，詔付祕閣。」又〈隋志〉載：「《晉書》十一卷，本一百二卷，梁有，今殘缺。蕭子雲撰。」則子雲嘗撰《晉書》，當屬無誤。〈齊高帝諸子上〉記子顯生平曰：「子顯字景陽，子範弟也。幼聰慧，嶷偏愛之。……好學，工屬文。嘗著〈鴻序賦〉，尚書令沈約見而稱曰：『可謂明道之高致，蓋幽通之流也。』」……子顯所著《後漢書》一百卷，《齊書》六十卷，《普通北伐記》五卷，《貴儉傳》三卷，文集二十

卷。……弟子雲。」未見晉史相關著述，惟新、舊〈唐志〉載「蕭景暢《晉史草》三十卷」。[75]即〈唐志〉所載無誤，則子顯所著名曰《晉史草》，子雲所撰曰《晉書》，而《太平御覽》作「蕭子雲《晉史草》」，書名、作者必有一誤。

又盧文弨（1717-1796）〈與丁小雅杰進士論校正方言書〉，曾列舉戴震《方言疏證》據古注誤改《方言》正文的錯謬說：

> 大凡昔人援引古書，不盡皆如本文。故校正群籍，自當先從本書相傳舊本為定。況未有彫板以前，一書而所傳各異者，殆不可以徧舉。今或但據注書家所引之文，便以為是，疑未可也。如卷一內「延，長也」，又云「延、永，長也。凡施於年者謂之延，施於眾長謂之永」。案：「延，長也」已見於上，似可不必復出，蓋此自為下文，各見其義，故先竝舉之於上，揆以文法，斷當如是，考之宋本，亦無不同。今或但據李善《注》、嵇康〈養生論〉引作「延，年長也」，便謂此書作「延、永，長也」為誤。夫善此注，特隱括施於年者謂之延意耳，《爾雅疏》始誤以為即《方言》本文，此不可以「稺，年小也」相比例。夫使云「延，年長也」，下即當云「永，眾長也」而後可。不然，兩句復沓，於文義殊未安。[76]

古書既有的缺誤往往難以判斷，因此清人在輯佚時，只能採取如王謨所說「割棄不錄」；或於某書佚文之外，另立為附錄；或直接將此佚

---

75 〔清〕章宗源《隋書經籍志考證》曰：「子顯字景陽，暢乃陽之訛。」載《二十五史補編》（上海：開明書局，1936年），頁8。

76 〔清〕盧文弨：〈與丁小雅杰進士論校正方言書〉，《抱經堂文集》（臺北：新文豐出版公司《叢書集成新編》，1985年），卷20，頁178。

文分屬於兩家三家而不作分判。電子資料庫對於古書文字的缺謬如果無法妥善處理，則使用時所檢得的佚文資料，勢必有誤。

（二）古人引書沒有統一的規範，影響佚文的歸屬和排次

上文提到，佚文經由他書徵引錄出，只是輯佚的初步，還必須經過適當的編次排比，才能夠比較完整呈現佚書的面貌。但是如何判定佚文的歸屬和排次，受限於古注、類書在著錄引文時，是否確實、完備。而熟悉古籍體例的人文學者都知道，古人引書並沒有統一的規範。

古人引書，有正例、有變例。正例即依照原書文句，忠實徵引，無所刪節，不可改易。變例有三種情況：

一　節引古書文句

如《左傳》成公二年「〈大誓〉所謂『商兆民離，周十人同』者，眾也」，〈太誓〉原文是「受有億兆夷人，離心離德；予有亂臣十人，同心同德」，《左傳》減省二十字為八字。

二　引用書文之義而不明言出處

如《左傳》襄公三十一年子產答子皮曰「子於鄭國，棟也。棟折榱崩，僑將厭焉」，援引《周易》「棟橈凶」之義，而不明言《易》。

三　引申書文之義而後兼引書文

如《左傳》成公十二年郤至聘楚，辭享云：「百官承事，朝而不夕，此公侯所以干城其民也，故《詩》曰：『赳赳武夫，公侯干城。』及其亂也，諸侯貪冒，侵欲不已，爭尋常以盡其民，略其武夫以為己腹心，故《詩》曰：『赳赳武夫，公侯腹心。』」此先言《詩》意，而後引《詩》辭。

正例部分，電子資料庫可以迅速檢得，不致訛漏；變例部分，在沒有進一步改良電子資料庫的檢索功能以前，似乎無法真確無誤的查詢。

除此之外，古注、類書在標示徵引圖書之作者及援引古書篇章之方式，均有詳略的不同，也嚴重影響輯佚的成效。

一　佚文歸屬之真確與否，取決於古注、類書標示所援引古書之作者是否明確

古注、類書標示所援引古書作者之方式，大致有以下幾種情況：

1.有作者及書名並引者

如《禮記・聘義》「子貢問於孔子曰：敢問君子貴玉而賤碈者，何也？為玉之寡而碈之多與？」《正義》曰：「案呂諶《字林》云：碈，美石，以其石之美者，故云似玉也。」

2.有引作者姓名不引書名者

如《禮記・月令》「其祀中霤，祭先心」，鄭《注》：「古者複穴，是以名室為霤云。」孔穎達《疏》引：「庾蔚之云：複謂地上累土，謂之穴則穿地也。複穴皆開其上取明，故雨霤霤之，是以後因名室為中霤也。」

3.有引作者姓氏不引書名者

如《禮記・曲禮上》「敖不可長，欲不可從，志不可滿，樂不可極」，鄭《注》：「四者慢遊之道，桀紂所以自禍。」孔穎達《疏》引：「皇氏云：斲朝涉之脛，剖賢人之心，是長敖也。糟丘酒池之等，是從欲也。玉杯象箸之等，是志滿也。靡靡之樂，是樂極也。」

4.有引作者字者

如《禮記・檀弓下》「弔於葬者必執引，若從柩，及壙，皆執紼」，鄭《注》：「示助之以力，車曰引，棺曰紼，從柩贏者。」孔穎達《疏》引：「何東山曰：天子千人，諸侯五百人，大夫三百人，士五十人，贏數外也。」

5.有引作者號者

如《禮記・喪服小記》「庶子不為長子斬，不繼祖與禰故也」，

孔穎達《疏》引：「馬季長注〈喪服〉云：此為五世之適父，乃為之斬也。」

　　6.有數家之說同而連引並稱者

　　如《詩・齊風・載驅》「齊子豈弟」，《正義》引舍人、李巡、孫炎、郭璞皆云：「闓，明。發，行。」

　　7.有數書徵引而相互牴牾者

　　如《論語・先進》「莫春者，春服既成，冠者五六人，童子六七人，浴乎沂，風乎舞雩，詠而歸」，何晏《論語集解》引包咸曰：「莫春者，季春三月也。春服既成者，衣單袷之時也。我欲得冠者五六人，童子六七人，浴於沂水之上，風涼於舞雩之下，歌詠先王之道，歸夫子之門也。」而《史記・仲尼弟子列傳》裴駰《集解》、韓愈（768-824）《論語筆解》均作「孔曰」。

　　古注、類書標示所援引古書之作者及其著作越明確，對推斷佚文歸屬的助益越大，可是古人在引文的觀念上從來沒有形成一套標準或規範，更嚴重的是編書時往往不辨真偽，胡亂抄寫，以致於發生同一則佚文，甲書著錄作某，乙書著錄卻做某的紛歧狀況。像是《論語・雍也》「文質彬彬，然後君子」，何晏（190-249）《集解》引包咸（前6-65）曰：「彬彬，文質相半之也。」而《文選》陸機（261-303）〈文賦〉「遊文章之林府，嘉議藻之彬彬」下，李善（630-689）《注》則著錄作「孔安國注」。如此一來，「彬彬，文質相半之也」這段佚文，究竟出自於《論語包氏章句》，或是《論語孔氏訓解》，無從判斷。

　　二　編次佚文之真確與否，取決於前人標示所援引古書之篇章是否明確

　　古注、類書標示所援引古書篇章之方式，大致有以下幾種情況：

　　1.有書名篇名並引者

　　如《禮記‧王制》「司徒論選士之秀者，而升之學，曰俊士」，孔
穎達《疏》引：「《尚書‧周傳》云：王子公卿大夫元士之適子，十五
入小學，二十入大學。」

　　2.有引書名不引篇名者

　　如《文選》潘安仁〈藉田賦〉「襲春服之萋萋兮，接游車之轔
轔。」，李善《注》引「《薛君韓詩章句》曰：萋萋，盛也。」

　　3.有引篇名不引書名者

　　如《魏書‧劉芳傳》「〈孟夏令〉云『其數七』，又云『迎夏於南
郊』。盧植云：『南郊，七里郊也。』」

　　4.有節引書名者

　　如《北堂書鈔》卷一百五十引「《五行傳》曰：北辰謂之曜
魄。」

　　5.有本文注文並引者

　　如《禮記‧王制》「諸侯之於天子也，比年一小聘，三年一大
聘，五年一朝」，孔穎達《疏》引：「《尚書‧堯典》云『五載一巡
守』，鄭《注》云：『巡守之年，諸侯朝於方岳之下，其間四年，四方
諸侯分來朝於京師歲徧。』」

　　6.有引注文不引本文者

　　如《禮記‧月令》「命婦官染采」，孔穎達《疏》引：「鄭《注》
〈皋陶謨〉曰：采施曰色。未用謂之采，已用謂之色。」

　　古注、類書標示所援引古書之書名、篇名越明確，對判定佚文編
次的助益越大，可是古人在著錄時也沒有任何的規範或標準，以致於
發生同一則佚文，甲輯本編排在前，乙輯本卻編排在後的紛歧狀況。
像是《文選》左太沖〈吳都賦〉「樹以青槐，亘以綠水。玄蔭眈眈，
青流亹亹」下，李善《注》引《韓詩》曰：「亹，水流進貌。」臧庸
（1767-1811）輯《韓詩遺說》，將此文次於〈大雅‧鳧鷖篇〉「鳧鷖

在罶」下。[77]陳喬樅（1809-1869）《韓詩遺說考》謂臧氏歸屬有誤，改次於〈大雅・文王篇〉「亹亹文王」下。[78]

　　上述的例子，顯示古籍全文資料庫無論如何改進，仍然有著難以克服的侷限，而這些侷限，正是來自於古籍自身的不完備，與使用者對古籍相關知識的不瞭解。

（三）類書數位化的查檢與利用

　　類書的作用，最初是為了臨事取給用便檢索，與儲材待用備文章之助，而後隨著政治、學術及社會制度諸方面的改變，類書成為輯錄佚書、校勘古籍的重要參考工具。清代樸學大興，學者從事校勘、輯佚，無不參酌類書，引為考據之資糧。有時過度信賴類書，反而容易導致訛誤，崔述（1740-1816）《考信錄提要》就曾指出類書記事之訛誤云：

> 凡人多所見則少所誤，少所見則多所誤。……好德不如好色，許允事也，而近世類書以為許渾。韓魏公在揚州與客賞金帶圍，王珪與陳旭、王安石也，而近世類書以為王曾。晉、宋之事，且猶不免傳訛，況乎三代以上，固當有十倍於此者。[79]

馬敘倫（1885-1970）《讀書續記》亦嘗糾舉《太平御覽》及李善《文選注》引書的錯謬說：

77　〔清〕臧庸：《韓詩遺說》（臺北：新文豐出版公司《叢書集成新編》影印《靈鶼閣叢書》本，1985年），卷下，頁44。

78　〔清〕陳喬樅：《韓詩遺說考》（上海：上海古籍出版社《續修四庫全書》影印《左海續集》本，1995年），卷4之2，頁5。

79　〔清〕崔述：《考信錄提要》（臺北：藝文印書館《百部叢書集成》影印清光緒定州王氏謙德堂刊本，1966年），卷上，〈釋例〉，頁4。

《太平御覽》三十四卷引《白虎通》一條，後次以「又曰」者
兩條。其一曰「至人神矣，入大澤不濡，焚而不能熱也」，其
一曰「喝者反凍乎冷風」。余案：前一條為《莊子・齊物論》
文，後一條為《莊子・則陽》文。又二十九卷引《莊子》曰
「春月飲酒茹蔥，以通五藏」，又曰「乃有雞子，五薰鍊形」，
此與同卷別葉所引《莊子》曰「有掛雞於戶，懸葦炭於其上，
樹桃其旁，而鬼畏之」，並不見今三十三篇中，或郭象所削，
又陸玄朗《音義・序錄》所謂「或似《山海經》，或似占夢
書」者也；或並《莊子》逸文。而此下有「又曰：《元中記》
曰：今人正朝作兩桃人立門旁，以雄雞毛置索中，蓋遺像也」
一條，豈有《莊子》而引《元中記》者耶？其非《莊子》文明
甚。又八百九十九引《管子》後有「又曰：或聘於莊子」云
云，此誤《莊子》為《管子》。以此推之，古人輒於《御覽》
中輯古人逸文，或非逸文而因誤以入選；或是逸文，而因誤以
不入選者，蓋必多矣。[80]

王念孫（1744-1832）、王引之（1766-1834）父子校理群經，大量引
用類書及古注資料，成就斐然，卻也遭受許多批評。如朱一新
（1846-1894）《無邪堂答問》云：

　　高郵王氏父子之於經，精審無匹，顧往往據類書以改本書，則
　　通人之蔽。若《北堂書鈔》、《太平御覽》之類，世無善本，又
　　其書初非為經訓而作，事出眾手，其來歷已不可恃。而以改數
　　千年諸儒斷斷考定之本，不亦慎乎！然王氏猶必據有數證而後

---

80 馬敘倫：《讀書續記》（北京：中國書店，1986年），卷4，頁45。

敢改，不失慎重之意。若徒求異前人，單文孤證，務為穿鑿，則經學之蠹矣。[81]

又姚永概（1866-1923）〈書經義述聞讀書雜誌後〉云：

高郵王氏父子以小學名於乾隆、嘉慶之際，海內推為碩儒。余嘗讀其《經義述聞》、《讀書雜誌》二書，能抉發千載之滯鬱，使讀古書者變絀曲為大通，豁然若疾病之釋體，洵乎弗可及也。然非生當太平極盛之時，父子繼業，居高明之地，而竭畢生精神，不能若是之宏且當。顧余猶有疑事三焉：王氏著書之例，采唐人說寥寥矣，宋以後則絕不之及，然其說「旡祇悔」之「祇」訓「多」，先庚後庚，先甲後甲，謂古人吉事，喜用庚甲日干，則《朱子語類》皆已詳言之。他與項安世、吳澄輩，亦時有相犯者，貶而絕之，顧不能不雷同於其說，抑又何也？其可疑者一也。古者訛脫至不可讀，好古者搜采他本或類書、注語之引及者，讎校而增訂之，於是書誠有功矣。若其書本自可通，雖他書所引間有異同，安知誤不在彼，能定其孰為是非哉？王氏信本書之文，不及其信《太平御覽》、《初學記》、《白帖》、《孔帖》、《北堂書鈔》之深，斯乃好異之弊，其可疑者二也。古人屬辭，意偶而辭不必偶，往往有一字而偶二三字者，王氏每以句法參差不齊為疑，據類書以改古本。不知類書多唐以後人，其時排偶之文，務尚工整，故其援引，隨手更乙，使之比和。況古人引書，但取大義，文句之多寡，字體

81 〔清〕朱一新：《無邪堂答問》（上海：上海古籍出版社《續修四庫全書》影印清光緒二十一年廣雅書局刻本，1997年），卷2，頁34。

之同異，絕不計焉。從王氏之說，是反以今律古，失之遠矣。
此可疑者三也。余非好毀先儒也，大抵其書可取者七，而待定
者三焉，讀焉者慎之而已。[82]

劉文典（1889-1958）《三餘札記》亦云：

清代諸師校勘古籍，多好取證類書，高郵王氏尤甚。然類書引
文，實不可盡恃，往往有數書所引文句相同，猶未可據以訂正
者。蓋最初一書有誤，後代諸書亦隨之而誤也。如宋之《太平
御覽》，實以前代《修文御覽》、《藝文類聚》、《文思博要》諸
書，參詳條次，修纂而成。其引用書名，特因前代類書之舊，
非宋初尚有其書，陳振孫言之詳矣。若《四民月令》一書，唐
人避太宗諱，改「民」為「人」，《御覽》亦竟仍而不改。書名
如此，引文可知。故雖隋、唐、宋諸類書引文並同者，亦未可
盡恃。講校勘者，不可不察也。[83]

　　劉兆祐先生根據諸家對王氏父子的批評，歸結類書所載文獻不可
盡信的原因有三：（1）類書係由多人編纂而成，自然容易有體例不
一，引文增省等疏失。（2）徵引文獻時隨意更改原文。（3）很多類書
是因襲前代類書資料增訂而成，前代類書有誤，後代類書也跟著錯
誤，即使幾種類書引文相同，也不可輕易信從。[84]
　　至於類書的查檢，劉葉秋認為，首先要熟悉類書的編次體例和所

82　〔清〕姚永概：〈書經義述聞讀書雜志後〉，《慎宜軒文集》（上海：上海古籍出版社
　　《清代詩文集彙編》影印民國排印本，2010年），卷1，頁331。

83　劉文典：《三餘札記》（合肥：黃山書社，1990年），卷1，〈類書〉，頁6。

84　劉兆祐：《文獻學》（臺北：三民書局，2007年），第2章第2節，頁53-54。

分部類，其次要了解類書的弊病：

> 總起來說，類書中的錯誤、刪節、訛脫，都有不少。因此在使
> 用它的引證時，凡見於今本古籍的，最好以今本和類書所引參
> 校異同，決定取捨。凡屬佚文，無書可校的，不妨查查其他類
> 書有無這段文字或類似的內容、相關的材料，用來研究、分析
> 一下，要是用類書的引文來校勘今本古書的文字，更應該極端
> 慎重，若無旁證，最好不輕作改動。因為究竟是類書錯誤還是
> 今本古書錯，並不一定，不可只因為類書的時代早就相信它。[85]

隨著電子資料庫的多方建置，廣求輔本，參校眾本已非難事。然而校
讀古書，還是要能建立正確使用輔助工具或學術資源的概念。任何的
輔助工具或學術資料庫，其作用只是在便於查檢、利於核校、提供最
新的學術訊息，決不能將電子數位化資料當作學習的全部。只有對所
從事的研究學科認識愈深，對古代典籍闕脫亡佚、偽造仿冒、依託附
會、刪改填補等情況瞭解愈熟，並且對電子數位化資料的侷限多加留
心，才算是真正掌握校讀古代典籍的基本條件。

　　《古今圖書集成》為現存卷帙最繁，保存最為完整的類書。自雍
正初年刊成以來，大多貯之高閣，未能廣為流通。直至光緒十年
（1884），英人 Emest Major、Federic major 在上海集資設立「圖書集
成印書局」，歷經四年，方始竣工，共計刊印一千五百部，《集成》自
此流傳日廣。一九九八年，北京超星電子科技公司首先將中華版《古
今圖書集成》以掃描方式製成光碟，使用時可根據《集成》彙編、
典、部標題中任一字詞進行查索。自此以後，類似的電子資料庫、數

---

85 劉葉秋：《類書簡說》，頁89。

據庫，乃相應而生[86]，相關研究篇章也大量出現。然而多數論文，論述重點集中於陳夢雷纂輯《古今圖書集成》的經過，或《古今圖書集成》與其他類書性質、架構之異同[87]，鮮少能就《古今圖書集成》徵引文獻的狀況、所引文獻資料的價值，及利用《古今圖書集成》文獻資料時所應注意的事項做深入探討。

在可預見的未來，古籍文獻數位化勢必改變文獻資料檢索的習慣與方法。本文嘗試將此二者結合，以《古今圖書集成‧經籍典》徵引文獻為例，進行考察。期能彰顯陳夢雷當日纂輯此書的苦心，並做為日後探討《古今圖書集成》學術價值的基礎。

---

86 有關《古今圖書集成》各種電子資料庫介紹，可參看詹惠媛：《古今圖書集成‧經籍典體制研究》（新北：花木蘭文化工作坊，2009年），頁34-36。

87 近代《古今圖書集成》的相關研究，可參閱裴芹：〈古今圖書集成研究論著目錄〉，《古今圖書集成研究》，頁156-161。

第二章
《古今圖書集成》引論

第一節　《古今圖書集成》的纂修

徐珂（1869-1928）《清稗類鈔・文學類》曾記載這樣一則軼事：

康、雍、乾間，翰苑諸人，恃文傲物。袁子才雖雍容風雅，亦
卒不能免此。一日，有客不告姓名，力請見，袁令閽人三拒
之。已而大疑，因語閽者曰：「客如明日至，可詰其故，並請
其書之於紙。」閽者諾。明日，果又至。閽者詰之，不答，
曰：「非汝輩所知也。」奉以筆，請書示。客從容袖出一冊，
授僕曰：「盡於是矣，希達汝主，予三日後來取。」袁急視
之，不覺悚然。蓋冊上分詢百二十事，盡僻典，十之八九皆生
平所未寓目者。徘徊堦下，苦思良久，僅得二十條。乃奔告座
師尹文端，君亦不能增一字。因折柬盡招詞林諸子，會於督
署，萃眾人所得，尚僅五十條。分檢《圖書集成》，得百條。
餘二十條，無覓處矣。屆期，客至，索卷閱之，笑曰：「袞袞
諸公，技亦止此耳！」索筆按條補之，須臾而就。字法蒼勁秀
古，不類時家。袁大駭，以呈文端，文端歎賞。因向閽人究客
之情狀，閽具對，並曰：「聆其言，乃操山左語者。」遂遍訪
山左同僚，始悉為孔林遺脈，《圖書集成》寓目七遍矣。一時

翰苑鋒稜，為之大斂。[1]

這段文字，夸誕之中，雜以諧謔，未必真有其事。但不免令人好奇，孔某熟讀《古今圖書集成》七遍，學問識見就能技壓當世才子袁枚及翰苑袞袞諸公，那麼《古今圖書集成》究竟是一部什麼樣的書，又是何人所編？其編纂動機和纂輯經過又是如何？要能清楚瞭解這些基本問題，纔能進一步探討《古今圖書集成》的價值。

《古今圖書集成》的編者陳夢雷，字則震，又字省齋，福建侯官人。生於清順治七年（1650）。康熙九年（1670）成進士，授翰林院編修。十二年（1673）回鄉省親，適逢耿精忠（1644-1682）起兵叛亂。在耿賊的威逼之下，不得不虛意應付，暗地裡則與同僚李光地（1642-1718）共謀，將逆賊動向一一寫明，密封於蠟丸之中，並派人送呈清廷。當賊亂平定後，李光地受獎升官，陳夢雷卻因從逆的罪名被逮捕入獄。原來當日李光地為獨攬大功，隱瞞了陳夢雷與謀蠟丸情報之事。陳夢雷遭此不白之冤，險些枉死刑場。幸得刑部尚書徐乾學（1631-1694）救援，改戍奉天尚陽堡。[2]

康熙三十七年（1698），皇帝巡行奉天，陳夢雷獻一百二十韻七言排律〈聖德神功恭紀〉，得旨褒嘉，纔得以放還京師。[3]距獲罪遭到

1　〔清〕徐珂：〈孔某讀圖書集成七遍〉，《清稗類鈔》（臺北：臺灣商務印書館，1966年），〈文學類〉，頁21。又見〔清〕震鈞：《天咫偶聞》（上海：上海古籍出版社《續修四庫全書》影印清光緒三十三年甘棠轉舍刻印本，1997年），卷7，頁17-18。

2　陳夢雷、李光地蠟丸一案，可參考石海英：《陳夢雷研究》（福州：福建師範大學中國古典文獻學碩士學位論文，2007年），第2章「陳夢雷生平及思想」，頁25-32。

3　陳夢雷〈三十八年正月二十一日疏〉云：「臣蒙我皇上再生之恩，在奉天一十七載，不得一望天顏。三十七年內，恭聞聖駕東巡，臣踴躍懽忻，於十月十六日，奔迎至撫順地方，匍伏道左，蒙我皇上天語，親問臣年紀多少，清書尚記得否，臣家口有無，如何度日？臣一一答奏外，至二十日，臣恭進〈聖德神功恭紀〉七言排律一百二十韻，蒙我皇上召至榻前，命臣展卷，皇上親覽，天語褒嘉。至二十一日，

流放，前後凡一十六年。康熙三十八年（1699），召入懋勤殿，充當
皇三子胤祉（1677-1732）侍讀。胤祉在康熙諸皇子中學問最為淵
博，陳夢雷學行優長，甚得胤祉敬重，當時即懷抱「掇拾簡編，以類
相從，仰備顧問」[4]，以報恩遇的念頭。其後兩人相與講論經史，談
及「《三通》、《衍義》等書，詳於政典，未及蟲魚草木之微；《類
函》、《御覽》諸家，但資詞藻，未及天德王道之大。必大小一貫，上
下古今，類列部分，有綱有紀，勒成一書，庶足以大光聖朝文治」。[5]
胤祉的倡議，正與陳夢雷生平夙願相契合，於是「雷聞命踴躍，喜懼
交并，自揣五十年來，無他嗜好，惟有日抱遺編，今何幸，大慰所
懷」[6]，「不揣蚊力負山，遂以一人獨肩斯任」[7]，積極從事《彙編》
（即《古今圖書集成》初稿）的纂輯工作。

　　這項工作，肇始於康熙四十（1701）年十月，而於康熙四十五年
（1706）四月初步告成。《彙編》的初稿，陳夢雷其實不很滿意，原
因是抄書之人，字畫粗率，舛誤未及校正之字尚多，更重要的是，收
錄的資料還有增補的空間。[8] 於是在進呈此書的同時，也撰文請求：

又蒙恩召對。是夜，臣隨至御營，奉旨召臣回京。」《松鶴山房文集》（上海：上海
古籍出版社《續修四庫全書》影印清康熙銅活字本，1995年），卷1，頁18。

4　陳夢雷：〈進彙編啟〉，《松鶴山房文集》，卷2，頁38。
5　陳夢雷：〈進彙編啟〉，《松鶴山房文集》，卷2，頁38。
6　陳夢雷：〈進彙編啟〉，《松鶴山房文集》，卷2，頁38。
7　陳夢雷：〈進彙編啟〉，《松鶴山房文集》，卷2，頁38。
8　陳夢雷〈告假疏〉云：「臣本資性庸下，加以日夜痛心之故，凡事多至瞀忘，雖讀
　　書五十餘年，閱歷不止萬卷，而十不能舉其一二，深恐上負皇子貝勒使令，是用竭
　　力于數年之內，皆自黎明，以至三鼓，手目不停，將家中所有書籍萬餘卷，自上古
　　至元明，皆按代編次，共分類為六千餘，約計可及三千六百餘卷，臣以獨力檢點，
　　所抄寫之人，字畫粗率，未及校正，舛誤之字尚多，然此書規模，大略已定，先將
　　凡例目錄謄寫，進呈皇子貝勒，其中或存或刪，或分或合，俟貝勒裁定之後，聚集
　　多人，細加讎校，謄清進呈御覽，得蒙我皇上指示，方可成書。」《松鶴山房文
　　集》，卷1，頁32-33。

伏惟刪定贊修，上聖之事，雷何人斯，寧敢輕言著述？不過類
聚部分，仰我王爺裁酌，或上請至尊聖訓、東宮殿下睿旨，何
者宜刪，何者宜存，何者宜分，定其大綱，得以欽遵檢校。或
賜發祕府之藏，廣其未備。然後擇於江南、浙江都會之地，廣
聚別本書籍。合精力少年，分部校讎，使字畫不至舛訛。[9]

簡單的說，《彙編》的纂輯，雖是由陳夢雷「一人獨肩斯任」，卻不敢
攬為己功，而全書的結構大綱是否合宜，要恭請皇帝、太子鑑裁。至
於定稿的讎校、謄寫、刊刻，更需要朝廷的大力支持。

《彙編》何時奏進給康熙御覽，官方文獻中沒有明確記載，但多
數的清史學家都依據《十朝詩乘》中所稱「《古今圖書集成》，設館於
康熙丙申，歷廿載告成。書分六大部，為典凡三十六，備員纂修者如
其數，人專一典，時謂之集成館」[10]，因而認定《彙編》進一步的增
訂及正式定名，應該就在康熙五十五年（1716）。

此次開館，由誠親王胤祉監修，陳夢雷、顧承烈分任總裁及副總
裁，分修分纂及校對謄錄人員計有：金門詔、楊縉、馬璞、王中銘、
徐穎梁、張紹懿、李旭、金應元、張肯堂、金試、朱文昭、毛涵、黃
子雲、程可式、沈青崖、徐曰模、劉克一、呂昌言、王穎梁、劉國
傑、黃雲鴻、徐寧、錢松、唐方沂、陳經合、魯一佐、林佶、林在
莪、林在衡、陳聖恩、陳聖眷、陳夢鵬、陳聖瑞、陳聖策、周昌言、
汪漢倬、林鐔、方僑、鄭寬、許本植、李萊、楊昌言、楊祖祥、金
筠、唐朝鎮、劉庶、曹銓、王尊、續縉、車松、圖麒、李錫秦、高儁
飛、余養直、關壽、郭如岐、許元基、胡淦、禪他海、莫之鶚、孟尚

9　陳夢雷：〈進彙編啟〉，《松鶴山房文集》，卷2，頁39。

10　〔清〕郭則澐（1882-1946）：《十朝詩乘》（臺北：臺灣學生書局影印民國27年刊
　　本，1976年），卷7，頁9。

霖、韓繡英、趙之樞、舒德、鄧傑、錫管、章文禮、章文樂、梁廷椿、李映晄、朱文璣、孔慶雲、曹廷基、許弘健、方正志、楊尚琮、汪百川、李灼、鄒弘業、魯玦、麥拉素、法可進、富岱、錢志修、葉鈞、張復祖、方世清、黃鐘、馮士弘、鉤鏞、黃鐘相、于廷鳳、史書、王澤永、朱象萃等九十餘人。[11]

　　修訂的重點，是添補了大量的文獻資料。因為《古今圖書集成》中引錄的材料，如皇帝論文、《明史》（稿本）、《大清會典》、《朱子全書》、《萬壽盛典》、各省方志及私家撰述如朱彝尊（1629-1709）《經義考》，徐乾學、納蘭成德（1655-1685）刊《通志堂經解》等，外間尚未流傳，顯然都是取材自內府。至於全書綱目，則大抵維持陳夢雷原先的構想，沒有太大的異動。

　　《集成》於康熙五十八年（1719）基本編纂完成，隔年（1720）奉旨以銅活字刷印六十部。然而隨著康熙皇帝的崩逝，雍正（1678-1735）登基後，旋即下諭黜革館中部分成員，並將陳夢雷發遣關外。康熙朝「古今圖書集成館」人員黜革情況，見於下列各書之記載：

　　1.《大清世宗憲皇帝實錄》

　　　　癸亥，上詣壽皇殿行禮，上詣皇太后宮問安。諭內閣九卿等，陳夢雷原系叛附耿精忠之人，皇考寬仁免戮，發往關東。後東巡時，以其平日稍知學問，帶回京師，交誠親王處行走。累年以來，招搖無忌，不法甚多，京師斷不可留。著將陳夢雷父子發遣邊外，或有陳夢雷之門生，平日在外生事者，亦即指名陳奏。楊文言乃耿逆偽相，一時漏網，公然潛匿京師，著書立

11　項旋：〈古今圖書集成館纂修人員考實〉，《文史》2014年第4輯（2014年4月），頁143-162。

說，今雖已服冥刑，如有子弟在京者，亦即奏明驅遣，爾等毋
得徇私隱蔽。陳夢雷處所存《古今圖書集成》一書，皆皇考指
示訓誨，欽定條例，費數十年聖心，故能貫穿今古，匯合經
史。天文地理，皆有圖記，下至山川草木，百工制造，海西秘
法，靡不備具，洵為典籍之大觀。此書工猶未竣，著九卿公舉
一二學問淵通之人，令其編輯竣事。原稿內有訛錯未當者，即
加潤色增刪，仰副皇考稽古博覽至意。[12]

2. 蔣廷錫雍正元年正月〈奏報辦理古今圖書集成情形並編校人員
去留情形摺〉

其修書人員，陳夢雷所取八十人，今除陳聖恩、陳聖眷已經發
遣，周昌言現在緝拏，汪漢偉、金門詔已經黜革，其陳夢雷之
弟陳夢鵬，姪陳聖瑞、陳聖策應驅逐回籍，林鐔、方僑、鄭
寬、許本植四人皆福建人，係陳夢雷之親，林在衡、林在莪二
人，係已革中書林佶之子，亦應驅逐，李萊已先告假，王之栻
從未到館，亦應除去外，存六十四人。[13]

3. 雍正元年何人龍密摺

纂修之議敘過濫，不可不重名器也。開館修書，乃先帝生知好
古，命儒臣搜輯，復加睿慮親裁，然後文章煥然。如《世祖章

---

12 〔清〕鄂爾泰監修：《大清世宗憲皇帝實錄》（臺北：華聯出版社，1964年），卷2，
　　頁55。

13 中國第一歷史檔案館編：《雍正朝漢文硃批奏摺彙編》（南京：江蘇古籍出版社，
　　1991年），第33冊，頁563。

皇帝實錄》、《大清會典》、《五經折衷》、《唐詩》、《韻府》、《字典》、《古文》、以及《朱子全書》諸大典冊，次第告成，固已集圖書之大觀，超越千古矣。其時纂修各官，止於加級，未嘗濫行議敘也。自誠親王作總裁，而開館之名色遂多，曰算法，曰曆法，曰六壬，曰奇門，曰子評，曰音律譜，每館取纂修若干人，實皆門客陳夢雷教之收納人才耳。一時奔競之徒，藉為仕宦捷徑，紛紛干進諂媚。誠親王代為啟奏，今日求錢糧，明日求衣，又明日求屋。在先帝急欲書成，悉如其請，靡費帑金，歲每數萬。……自奔競之術行，而陳夢雷始現身設法，極巧窮工，歆動先帝，奏稱《集成》有萬卷，請開銅字館，印刷進呈。每歲銷耗錢糧十倍諸館之數，中飽過半，罪已當誅。復招逆臣楊文言之子，與伊子弟戚屬，共主館事，互相援引，匪類日增，漸為內患。恭遇我皇上登極，聖神英武，首誅大惡，竄伊父子，逐伊黨類，銅字一館，不復藏垢納污，人心痛快。至於誠親王，職任纂修，濫市恩賞，物議難逃。……伏乞密敕吏部，查取康熙六十年修書議敘之內外各官，嚴加甄別。其中聲名好者，或仍留任，停其陞遷，聲名不好者，即行革斥，使天下絕僥倖爵祿之心。[14]

雍正元年（1723）正月初五日，「古今圖書集成館」重新開館，命蔣廷錫（1669-1732）、陳邦彥（1678-1752）董理其事。蔣廷錫於雍正元年（1723）正月初八日到館，首先清查陳夢雷的印刷成品，「查得《古今圖書集成》一萬卷，已刷過九千六百二十一卷，未刷者三百七十九卷」。蔣氏原擬將已刷、未刷之書令在館人員分卷重校，之後

---

14 第一檔案館編：《雍正朝漢文硃批奏摺彙編》，第32冊，頁31-33。

在雍正的指示下，轉而將精力集中於《集成》文字的審核改校上[15]，「窮朝夕之力，閱三載之勤，凡釐定三千餘卷，增刪數十萬言」。[16]

雍正三年（1725），首部《集成》刷印完畢，裝潢進呈。六年（1726），其餘六十三部折配工作告竣。距康熙四十年（1701）陳夢雷開始纂輯《彙編》，前後歷時二十六年。

第二節　《古今圖書集成》的編排

近世學者張滌華說：「蓋類書之興，本以供檢索之用，分類愈精，則檢索愈便，效用亦愈大。若條例不清，區分不明，每考一事，往往可彼可此，猝不易得其部分，則又何貴有類書乎！」[17]一語道盡既要善用類書「旁羅曲載，靡所不該」的特性，以廣異聞、資多識，

---

15 蔣廷錫雍正元年正月〈奏報辦理古今圖書集成情形並編校人員去留情形摺〉云：「雍正元年正月初五日，臣蔣廷錫奉旨：《古今圖書集成》，皇考費數十年心力，方成是書，今刷印校對之工尚有未完，特派爾為正總裁，陳邦彥為副總裁，爾等務期竭心盡力，將通部重行校看，凡訛錯字句及應刪應添之處，必逐一改正，以成皇考未完之書。欽此。臣等雖雖學識淺陋，既承皇上恩命，敢不竭盡駑駘，以圖報稱。隨於初八日到館，同在館人員先將通部卷數查明。查得《古今圖書集成》共一萬卷，已刷過九千六百二十一卷，未刷者三百七十九卷。臣廷錫、臣邦彥將已刷之書，每人先各分校十卷，一卷之中，必有十餘頁錯誤，應改印者，是雖名為將完之書，其未完之工，實有十分之四也。臣等一面將未刷之書，令在館人員詳細校對刷印，一面將已刷之書，令在館人員分卷重校，臣廷錫、臣邦彥再加總閱，務期改正無誤，仰副皇上命臣等至意。又康熙五十九年，奉先帝諭旨，《古今圖書集成》刷印六十部。今查得六十部之外，館中分刷六部，亦應歸入官書之內。硃批：改印者不必，恐後有論。將已成好之書改壞，大有所關。如必有不可處，亦當聲聞於眾而行。」載翁連溪編：《清內府刻書檔案史料彙編》（揚州：廣陵書社，2007年），頁95-96。

16 清世宗：〈御製古今圖書集成序〉，《古今圖書集成》（臺北：鼎文書局影印民國23年上海中華書局影清雍正間內府銅活字本，1977年），卷首，頁1。

17 張滌華：《類書流別》，〈體制第三〉，頁26。

但仍然應該詳悉類書編輯體例，方能知類通方，從容坐擁古今載籍菁
萃於袵席之間。

　　從陳夢雷〈進彙編啟〉中所錄胤祉的談話，特別強調「必大小一
貫，上下古今，類列部分，有綱有紀」，可以看出胤祉與陳夢雷對前
代編行的類書，無論形式及內容，均不甚滿意。他們理想中的類書，
內容應該要能貫通經史，囊括古今，上自天德王道之大，下至蟲魚草
木之微，並包兼容，靡遺鉅細，而非只是「詳於政典」或「但資詞
藻」。至於類書的形式，必須注重部居綱目的合理區分、關聯變通，
以求達到便於文獻資料檢索、覘知事物原委、考察文獻異同的功用。
這種編輯構想，在之後正式撰定的〈古今圖書集成凡例〉中論及各典
的分合原則，及全書中以按語註釋方式講明各部的組織編排，表現得
極為清楚。

　　《古今圖書集成》的架構，用最簡單的話說，就是「以編統典，
以典統部」。全書分為六個彙編、三十二典、六千一百零九部。六個
彙編，依次是〈曆象〉、〈方輿〉、〈明倫〉、〈博物〉、〈理學〉、〈經
濟〉。三十二典，其中乾象、歲功、曆法、庶徵四典屬〈曆象彙編〉；
坤輿、職方、山川、邊裔四典屬〈方輿彙編〉；皇極、宮闈、官常、
家範、交誼、氏族、人事、閨媛八典屬〈明倫彙編〉；藝術、神異、
禽蟲、草木四典屬〈博物彙編〉；經籍、學行、文學、字學四典屬
〈理學彙編〉；選舉、銓衡、食貨、禮儀、樂律、戎政、祥刑、考工
八典屬〈經濟彙編〉。

　　陳夢雷在〈古今圖書集成凡例〉中，闡釋各個彙編的名稱及排列
順序的原委說：

> 法象莫大乎地，故彙編首〈曆象〉而繼〈方輿〉。乾坤定而成
> 位，其間者人也，故〈明倫〉次之。三才既立，庶類繁生，故

次〈博物〉。裁成參贊,則聖功王道以出,次〈理學〉、〈經濟〉,而是書備焉。[18]

由天而地、而人、而萬物、而王道聖功,舉凡一切品類見諸文獻載錄者,無不並包兼容,靡遺鉅細,康熙皇帝將此書命名為《古今圖書集成》,確實是恰如其分。

至於各典的名稱及排序,〈古今圖書集成凡例〉也有詳盡說明:

〈曆象彙編〉,其典四,一曰乾象,二曰歲功,三曰曆法,四曰庶徵。鴻蒙既闢,在天成象,故是書首載乾象;五氣順布,四時行焉,故歲功次之;治曆明時,典隆敬授,五行五事,道存修省,故曆法次之,庶徵又次之。

〈方輿彙編〉,其典四,一曰坤輿,二曰職方,三曰山川,四曰邊裔。坤厚承天,故是書繼以坤輿;畫土分疆,體國經野,故職方次之;地之成形,山川為大,故又次之;宅中制外,萬國朝宗,故邊裔又次之。

〈明倫彙編〉,其典八,一曰皇極,二曰宮闈,三曰官常,四曰家範,五曰交誼,六曰氏族,七曰人事,八曰閨媛。倫莫大于君父,化必始于宮闈,故首皇極而次宮闈;百職惟貞,臣道之常也,故次曰官常;修身齊家,父子兄弟足法,故次曰家範;師教友規,推之賓客,里黨皆有交誼,統之曰交誼;姓氏既分,譜系斯別,繼之曰氏族;倫聚群分,交際事起,繼之以

---

18 陳夢雷:〈古今圖書集成凡例〉,《古今圖書集成》,卷首,頁7。

人事；書契以來，不乏貞淑，正位乎內，人倫之本也，閨嬡必詳焉。

〈博物彙編〉，其典四，一曰藝術，二曰神異，三曰禽蟲，四曰草木。物號有萬，莫靈于人，百家並興，藝術各見。博物者，不厭詳也。神怪，子所不語，而情狀著之于《易》，則神異亦兼志之。禽蟲草木，多識所資也，故備及之。

〈理學彙編〉，其典四，一曰經籍，二曰學行，三曰文學，四曰字學。理莫備于六經，故首尊經籍；學成行立，倫類判矣，故學行次之；文以載道，其緒餘也，故文學又次之；書契之作，典籍之權輿也，故字學亦及之。

〈經濟彙編〉，其典八，一曰選舉，二曰銓衡，三曰食貨，四曰禮儀，五曰樂律，六曰戎政，七曰祥刑，八曰考工。治道莫大于用人，故首選舉，而繼之以銓衡；食貨以養，而禮樂以教也，故食貨次之，禮儀次之，樂律又次之；大者甲兵，小者刀鋸，弼教之餘也，故次戎政，而次祥刑；宮室器用，有國所必資也，故考工終焉。[19]

　　三十二典之下，又再區分出六千一百零九部。因門類眾多，無法逐項列舉，僅以〈理學彙編・經籍典〉為例，〈經籍典〉主要收錄與歷代圖書典籍相關的史料，共計五百卷，依次分成「經籍總部」、「河圖洛書部」、「易經部」、「書經部」、「詩經部」、「春秋部」、「禮記

19　陳夢雷：〈古今圖書集成凡例〉，《古今圖書集成》，卷首，頁7。

部」、「儀禮部」、「周禮部」、「三禮部」、「論語部」、「大學部」、「中庸部」、「孟子部」、「四書部」、「孝經部」、「爾雅部」、「小學部」、「經學部」、「讖緯部」、「國語部」、「戰國策部」、「史記部」、「漢書部」、「後漢書部」、「三國志部」、「晉書部」、「宋書部」、「南齊書部」、「梁書部」、「陳書部」、「北魏書部」、「北齊書部」、「北周書部」、「南北史部」、「隋書部」、「唐書部」、「五代史部」、「遼史部」、「宋史部」、「金史部」、「遼金宋三史部」、「元史部」、「明史部」、「通鑑部」、「綱目部」、「史學部」、「地志部」、「山經部」、「老子部」、「莊子部」、「列子部」、「墨子部」、「管子部」、「商子部」、「孫子部」、「韓子部」、「荀子部」、「淮南子部」、「揚子部」、「文中子部」、「諸子部」、「集部」、「文選部」、「類書部」、「雜著部」等六十六部。

上述六十六部，其分部有下列幾項特點：

1.依傳統圖書分類法，析為經、史、子、集四大類，故有〈經學部〉，有〈史學部〉，有〈諸子部〉，有〈集部〉。

2.依傳統學術分類，經學更析為〈易經〉、〈書經〉、〈詩經〉……等部，史學析為〈史記〉、〈漢書〉、〈後漢書〉……等部，諸子析為〈老子〉、〈莊子〉、〈列子〉……等部。唯〈集部〉不予析分。

3.傳統圖書分類，已有將通涉諸部之著作，獨立歸類者，〈經籍典〉沿用不改。如於〈禮記部〉、〈儀禮部〉、〈周禮部〉外，亦有〈三禮部〉；於〈論語部〉、〈大學部〉、〈中庸部〉、〈孟子部〉外，亦有〈四書部〉。

4.〈大學〉、〈中庸〉獨立成部，《河圖》、《洛書》亦從〈讖緯部〉裁出另為立部，而所收皆宋陳摶（871-989）以下圖數之說，反映出編者陳夢雷個人濃厚的宋學觀點。

5.地志、山經等相關著述向來列於史部，類書、雜著則列子部，〈經籍典〉將之獨立成部，可見編者對此四類文獻資料的重視。

6.文獻內容牽涉廣泛，難以截然判歸某部，則彙編成獨立之部。如於〈遼史部〉、〈宋史部〉、〈金史部〉外，另立〈遼金宋三史部〉。

在這樣的編排架構下，讀者即使對於古代圖書分類法不甚熟悉，也能夠清楚知道該從哪一部找到自己所需的資料。

細心的讀者可能會發現，即便門類分得再細，可是從古到今，這麼多的文獻資料，哪些是該收錄的，哪些是該捨棄的，有沒有判斷的標準？這麼多的文獻資料又該依照何種方式或順序排進各個部中，才不會讓全書顯得重疊紛沓，雜亂無章？《古今圖書集程》的設計是，在各部之下，另立了「彙考」、「總論」、「圖」、「表」、「列傳」、「藝文」、「選句」、「紀事」、「雜錄」、「外編」等十個緯目（緯目的設立，端視各部所收文獻的內容與文獻所呈現的形式體裁而定，不必每部皆具），用以收納各種不同性質的文獻材料。各個緯目的內容與選錄資料的標準，在〈古今圖書集成凡例〉中也有說明，大略如下：

1.「彙考」

主要收錄某類事物發展演變的資料。其編排方式，以編年為體，有年月可考的事件，依時間先後為序，無年月可考的事件，則依經、史、子、集為序，逐次羅列相關文獻。「彙考」最獨特之處，是傚效朱子（1130-1200）《通鑑綱目》體例，先立「書法」於前，而以「按某書」、「某史」，詳錄諸書於後。茲略引〈經籍典‧詩經部〉「彙考一」如下，以見其體例：

　　周

敬王之世，孔子刪《詩》為三百十一篇。

按《史記‧周本紀》不載。　按〈孔子世家〉：魯哀公六年，孔子去魯，凡十四歲而反乎魯。時周室微而禮樂廢，詩書缺，追迹三代之禮，序《書傳》。自衛反魯，然後樂正，〈雅〉、

〈頌〉各得其所。古者詩三千餘篇，及至孔子去其重，取可施於禮義，上采后稷，中述殷、周之盛，至幽、厲之缺，始於衽席，故曰〈關雎〉之亂以為〈風〉始，〈鹿鳴〉為〈小雅〉始，〈文王〉為〈大雅〉始，〈清廟〉為〈頌〉始。三百五篇，孔子皆弦歌之，以求合韶武雅頌之音。禮樂自此可得而述，以備王道，成六藝。按魯哀公六年，為敬王三十一年。

按《漢書‧藝文志》：古有采詩之官，王者所以觀風俗，知得失，自考正也。孔子純取周詩，上采殷，下取魯，凡三百五篇。

按《隋書‧經籍志》：夏、殷已上，詩多不存。周氏始自后稷，而公劉克篤前烈，太王肇基王迹，文王光昭前緒，武王克平殷亂，成王、周公化至太平，誦美盛德，踵武相繼。幽、厲板蕩，怨刺並興。其後王澤竭而詩亡，魯太師摯次而錄之。孔子刪詩，上采商，下取魯，凡三百篇。

按唐陸德明《經典釋文》：動天地，感鬼神，厚人倫，美教化，移風俗，莫近乎詩。是以孔子最先刪錄，既取周詩，上兼商頌，凡三百一十一篇，以授子夏，子夏遂作序焉。

注毛公為故訓時已亡六篇，故〈藝文志〉云三百五篇。

按孔穎達《正義‧序》：詩迹所用，隨運而移，上皇道質，故諷諭之情寡，中古政繁，亦謳歌之理切。唐、虞乃見其初，羲、軒莫測其始。於後時經五代，篇有三千，成康沒而頌聲寢，陳靈興而變風息，先君宣父，釐正遺文，緝其精華，褫其煩重，上從周始，下暨魯僖，四百年間，六詩備矣。（卷133，頁1）

〈詩經部〉「彙考一」，以「周敬王之世，孔子刪《詩》為三百十一篇」起始，即〈凡例〉所謂「用編年之體，倣《綱目》立書法於

前」；其下援引《史記・孔子世家》、《漢書・藝文志》、《隋書・經籍志》、陸德明（556-627）《經典釋文》、孔穎達（574-648）《正義・序》，即〈凡例〉所謂「按某書某史，詳錄於後」。綜計〈詩經部〉「彙考一」，自「周敬王之世，孔子刪《詩》為三百十一篇」，以至「明世宗嘉靖十年，無逸殿成，命輔臣等各撰《詩豳風七月講義》一道，命翟鑾講〈豳風・七月〉詩，退御豳風亭賜宴」止，共列舉六十一事。此六十一事中，周、秦以前計二則，前漢九則，後漢四則，晉四則，魏一則，隋一則，唐十一則，宋十五則，金一則，元四則，明代七則。文獻中所載歷朝各代《詩經》學發展之大要，據此可知。

〈理學彙編・經籍典〉的「彙考」部分，較《集成》其餘各典略為特殊，除了收錄與各個經典發展演變的相關資料外，還特意選錄了歷代重要學術著述的序文和跋語，以及《漢書・藝文志》以下諸史書志和私家編定的圖書目錄，因此篇卷較其他各典為繁富。以〈經籍典・詩經部〉為例：

「彙考二」至「彙考八」，依次抄錄周卜商（507B.C.-？）《詩序》、周端木賜（520B.C.-？）《詩傳》、漢申培《詩說》、漢韓嬰《詩外傳》等著作。

「彙考九」至「彙考十二」，著錄周、秦、漢以來重要詩經注疏之序跋，計有周卜子夏《詩序》二卷朱熹序，端木子貢《詩傳》一卷明毛晉（1598-1659）跋，漢韓嬰《韓詩外傳》十卷明陳明序，申培《詩說》偽本一卷明陳弘緒（1597-1665）跋，後漢鄭玄（127-200）《毛詩譜》三卷康成自序，唐孔穎達奉詔撰《毛詩正義》四十卷穎達自序……等，凡八十二部，一百餘篇。

「彙考十三」至「彙考十六」，收錄《漢書・藝文志》、《隋書・經籍志》、《新唐書・藝文志》、《宋史・藝文志》、唐陸德明《經典釋文・詩經類・序錄》、宋鄭樵《通志・藝文略・詩經類》、王應麟《漢

書藝文志考證・詩類》、馬端臨《文獻通考・經籍考・詩類》、明王圻（1530-1615）《續文獻通考・經籍考・詩類》、焦竑（1541-1620）《國史經籍志・詩類》，以及清朱彝尊《經義考・詩經類》中，所收錄的有關歷代《詩經》之書目。合此數種書目於一編，而一書之源流存佚，舉手可得。

陳夢雷對「彙考」一目，最為重視，說：「彙考……用編年之體，……事經年緯，而一事之始末沿革，展卷可知；立書法于前，詳錄諸書于後，則一事之異同疑誤，參伍可得。此典中之最宏巨者也。」[20]

2.「總論」

收錄歷代評論此一事類的資料。「總論」選錄資料的標準有二：（1）聖經賢傳，純正可行，是後世立論最重要的依據，因此凡「聖經中單詞片句，併註疏皆錄于前」。（2）諸子、文集，如有議論精當，亦在所必收，不計詞藻是否可取。

以〈詩經部〉為例，「總論一」采擷《尚書注疏・舜典》，《周禮訂義・春官》，《禮記注疏・王制》、〈內則〉、〈學記〉、〈經解〉、〈射義〉，《詩含神霧》，《春秋演孔圖》，《春秋說題辭》，《孔子家語・好生》篇，《孔叢子・記義》篇，後漢鄭玄《詩箋》，王充（27-91）《論衡・藝增》篇、〈正說〉篇，劉熙《釋名・釋典藝》，魏張揖《博雅・釋詁》，隋王通（584-618）《中說・王道》篇、〈周公〉篇、〈述史〉篇，唐韓愈（768-824）《昌黎集・上宰相書》，劉禹錫（772-842）《文集・施士匄詩說》，唐成伯璵《毛詩指說・詩總論》、〈四始〉、〈小序辨〉，丘光庭《兼明書・詩序》、〈沈朗毛詩四篇〉、〈辨論名物〉十則。

---

20 陳夢雷：〈古今圖書集成凡例〉，《古今圖書集成》，卷首，頁7。

　　「總論二」至「總論七」，擷取宋歐陽修（1007-1072）《詩本
義》、〈崇文總目序〉、程大昌（1123-1195）《詩議》、鄭樵《詩辨
妄》、《朱子全書》、《朱子大全集》、宋黃櫄《詩說總論》、馬端臨《文
獻通考》、章俊卿《詩論》、明薛瑄（1389-1464）《文集》、邵寶
（1460-1527）《語錄》、呂柟（1479-1542）《文集》、《群書備考》、
《日知錄》、何復漢《文集》中，有關論詩綱領數十則。

　　3.「圖」

　　收錄某類事物的相關圖象。採錄原則有三：（1）疆域山川，圖不
可缺，因此全都加以收錄。（2）禽獸、草木、器用之形體，從前典籍
時時可見，存之以備觀覽。（3）一物而諸家之圖所傳互異，則同時予
以錄入，以備參考。

　　4.「表」

　　收錄與星躔（日月星辰運行的度次）、宮度（日用星辰運行的度
數。古時將周天分為三百六十度，劃為若干區域，辨別日月星辰的方
位）、紀元相關的圖表年表。至於政務大事，「彙考」中已逐條按年編
錄者，為避免繁複，故正史中年表月表皆刪棄不收。

　　5.「列傳」

　　收錄有關人物的傳記資料。如〈經籍典・經學部〉有「傳經諸儒
列傳」，〈學行典〉各部有「名賢列傳」，〈文學典〉有「文學名家列
傳」，〈字學典・書法部〉有「法書名家列傳」。

　　6.「藝文」

　　收錄某一事類相關的文學作品。取捨的標準有三：（1）著重辭藻
的華麗精美，不論議論是否允當。（2）如作品篇數繁多，則選擇其中
的佳作；篇章寡少，則不分瑕瑜，皆所不棄。（3）隋、唐以前作品從
詳，宋以後作品從略。

　　如〈詩經部〉「藝文一」至「藝文四」，收周左丘明（519？-

447B.C.)〈吳公子季札來聘〉、〈鄭六卿餞韓宣子〉，梁簡文帝（503-551）〈請賀琛奉述毛詩義表〉，唐權德輿（759-818）〈明經策問〉、〈進士策問〉，李益（748-829）〈詩有六義賦〉，楊諫、李蒙〈南有嘉魚賦〉，蕭穎士（717-768）〈愛而不見賦〉……等詩文數十篇。

7.「選句」

摘取某一事類相關的佳句警句。選錄標準有二：（1）麗詞偶句，以工見對者。（2）近體古風，以警拔見賞者。以〈文學典・奏議部〉為例：

> 奏議部選句
>
> 魏文帝〈典論・論文〉：奏議宜雅，書論宜理。
>
> 晉陸機〈文賦〉：奏平徹以閒雅。
>
> 梁簡文帝〈拜皇太子謝表〉：方將問安寢門，視膳天幄。察陳奏之章，示嚴警之書。
>
> 沈約〈梁武帝集序〉：雖密奏忠規，遺稿必削，而國謨藩政，存者猶多。
>
> 唐上官儀〈勸封禪表〉：採公卿之嘉議，覽搢紳之讜辭。
>
> 張鷟〈奏曳裾紫禁〉：伏奏青規，助朝廷之光輝，贊明時之喉舌。
>
> 蘇頲〈授齊澣紫微舍人制〉：左曹駁議，常接於雙遊；右掖詞言，佇光於五字。
>
> 又〈授鄭繇監察御史制〉：諫臣讜議，久列瑤池；御史直繩，宜遷石室。
>
> 陸贄〈翰苑集序〉：其關於時政，昭然與金石不朽者，惟制誥奏議乎。
>
> 李商隱〈祭薛郎中文〉：伏奏多可，分曹著績。

溫庭筠〈上學士舍人啟〉：暗達明心，潛申讜議。

宋蘇轍〈李清臣知河陽制〉：博學洽聞，蚤與直言之對；高文密議，中陪禁苑之遊。

元王之綱〈草王磬贈官制〉：明斥權姦，露奏重紫微之柄。

李槃〈劉秉忠贈諡制〉：劏切數百奏，各中其理。

唐喬知之詩：墨草尚書奏，衣飄侍御香。

宋璟詩：四時宗伯敘，六議宰臣鋪。

張九齡詩：清規留草議，故事在封章。

蘇頲詩：願以封書奏，回鑾禪肅然。

儲光義詩：夜聞特簡立，朝看伏奏歸。

杜甫〈入奏行〉：此行入奏計未小，密奉聖旨恩應殊。

又〈奏漢中王〉詩：從容草奏罷，宿昔奉清樽。又衣冠是日朝天子，草奏何時入帝鄉。

權德輿詩：掄才超粉署，駁議在黃樞。

孟郊〈酬李侍御〉詩：未覺衾枕倦，久為章奏嬰。

劉禹錫詩：網羅三面解，章奏九重通。

元稹詩：拾遺天子前，密奏昇平議。

李商隱詩：三官牋奏附金龍。

陸龜蒙詩：淮王牋奏入班書。

吳融〈和皮博士〉詩：精誠有為天應感，章奏無私鬼怕聞。

方干詩：密奏無非經濟術，從容幾刻在爐煙。

宋王禹偁〈懷賢〉詩：魏公在賢垣，上疏論得失。七事若丹青，詞切痛入骨。魏公，桑維翰也。

范成大詩：明當復露奏，矢日臨幽遐。

元馬祖常詩：嗔人書奏三千牘，勸客歌詩十二時。

明張以寧〈送館朝憲使之淮西〉詩：劏切三千牘，飛揚四十春。

　　袁宏道詩：皂囊久積言官奏，分付金璫取次行。（卷151，頁
49-50）

　　根據〈凡例〉的說法，文學作品有高下優劣之別，即使通篇略無可
觀，倘使有隻言片語可供採撫，也不可任意遺棄；更何況佳言警句，
流傳年月既久，也可能成為故事典例。因此凡是對仗工整的麗詞偶
句，或警拔見賞的新舊體詩，一概加以收錄。

　　8.「紀事」

　　收錄議論瑣細而猶有可取的資料。資料的編排，皆依時代為序，
列正史於前，稗史子集於後。如有後人雜記數代以前之事，也按照所
記人物的生平事迹或事件發生的年代編排，以免淆混。茲舉〈經籍
典·易經部〉「紀事一」為例：

　　孔安國《書傳》：《河圖》者，伏羲氏王天下，龍馬出河，遂則
　　其文以畫八卦。
　　《漢書·五行志》：伏羲氏繼天而王，受河圖而畫之，八卦
　　是也。
　　《政典》：昔在天皇，肇修文教，始畫八卦。明君臣民物，陰
　　陽兵象，以代結繩之政。出言惟辭，制器惟象，動作惟變，卜
　　筮惟占。
　　阮籍〈通易論〉：庖犧氏始作八卦，引而伸之，觸類而長之，分
　　陰陽剛柔，積山澤，連水火，雜而一之，變而通之，終於〈未
　　濟〉，六十四卦，盡而不窮。是以天地象而萬物形，吉凶著而
　　悔吝生。事用有取，變化有成，南面聽斷，向明而治，結繩而
　　為網罟，致日中之貨，修未耜之利，以教天下，皆得其所。庖
　　犧氏布演六十四卦之變，後世聖人，觀而因之，象而用之。

《陝西通志》：畫卦臺，在秦州北三十里三陽川，伏羲始畫八卦之地。今雪後，猶見卦痕。三陽川蝸牛堡，伏羲陵在焉。按：河南陳州，亦有卦臺。

龍馬洞，在秦州東南。按：伏羲時，龍馬負圖出於河，而今有龍馬洞，未得其詳。《史記》：伏羲都於陳。榮氏《開山圖注》云：伏羲徙治陳倉，即今寶雞。《水經注》亦云：寶雞陳倉，未載此蹟。今附于此，以見前人之論，必有所考云。

《郃陽縣志》：《河圖》，伏羲時龍馬負圖出於河，在滎河郃陽之地。

酈道元《水經注》：羑水出蕩陰西北，東流，經羑城北，故羑里也。昔殷紂納崇侯虎之言，囚西伯於此。散宜生、南宮适見文王，乃演《易》，用明否泰始終之義焉。（卷91，頁55）

9.「雜錄」

收錄記載某類事物而零散不成系統的資料。其類型有四：（1）聖經中沒有直接論述，只是旁引曲喻、偶然提及者。（2）文集中有所記載，但考究未真，無法列入「彙考」者。（3）文集中有所記載，但議論偏駁，無法列入「總論」者。（4）文集中有所記載，但辭藻未工，難以列入「藝文」者。茲引〈經籍典・易經部〉「雜錄」如下：

《易通卦驗》：宓羲作《易》，周文增通八八之節，轉序三百八十四爻，以繫王命之瑞。故正其本而萬事理，失之毫釐，差以千里。

《春秋說題辭》：《易》者氣之節，含精宣律。〈上經〉象天，〈下經〉叶曆，〈文言〉立符，〈象〉出期節，〈象〉言變化，〈繫〉設類跡。

《孝經‧援神契》：《易》長於變。

《列子‧天瑞篇》：昔者聖人因陰陽以統天地。夫有形者生於無形，則天地安從生？故曰：有太易，有太初，有太始，有太素。太易者，未見氣也。太初者，氣之始也。太始者，形之始也。太素者，質之始也。

《子華子‧執中篇》：子華子曰：天之精氣，其大數常出三而入一。其在人，呼則出也，吸則入也。是故一之謂專，二之謂耦，三之謂化。專者，才也。耦者，幹也。化者，神也。凡精氣，以三成三者，成數矣。宓犧、軒轅，所柄以計者也；赫胥、大庭，惝恍而有所遺者也。故曰：出於一，立於兩，成於三。《連山》以之而呈形，《歸藏》以之而御氣，《大易》以之而立數也。

《史記‧田敬仲完世家》：太史公曰：蓋孔子晚而喜《易》。《易》之為術，幽明遠矣，非通人達才，孰能注意焉。故周太史之卦田敬仲完，占至十世之後；及完奔齊，懿仲卜之亦云。田乞及常所以比犯二君，專齊國之政，非必事勢之漸然也，蓋若遵厭兆祥云。

〈太史公自敘〉：《易》著天地陰陽四時五行，故長於變。（卷94，頁6）

10.「外編」

以諸子百家及佛道典籍資料為主。凡所記有荒唐難信及寄寓譬托之辭、臆造之說，列入「彙考」或「紀事」，無法取信於人，而棄之又有挂一漏萬之嫌，於是統歸於「外編」。茲以〈經籍典‧易經部〉「外編」為例：

《易川靈圖》：宓犧作《易》，無書以畫事，黃氣抱日，輔臣納忠，德至於天，日抱戴。

《太古河圖代姓紀》：伏羲氏，燧人子也。因風而生，故風姓。末甲八太七成，三十二易草木，草生月，雨降日，河汎時，龍馬負圖，蓋分五色，文開五易，甲象崇山，天皇始畫八卦，皆連山名易。君臣民物，陰陽兵象，始明於世。語多難解，恐有訛字。

《拾遺記・春皇庖犧》：春皇者，庖犧之別號。所都之國，有胥華之洲，神母遊其上，有青虹繞神母，久而方滅，即覺有娠。歷十二年而生庖犧，長頭修目，龜齒龍唇，眉有白毫，鬚垂委地。調和八風，以畫八卦，分六位，以正六宗。於時未有書契，規天為圖，矩地取法，視五星之文，分晷景之度，元元之類，莫不尊焉。

《坤鑿度》：仲尼，魯人，生不知《易》本，偶占其命，得〈旅〉。請益於商瞿氏，曰：「子有聖知而無位。」孔子泣而曰：「天也，命也。鳳鳥不來，河無圖至。嗚呼，天之命也。」歡訖而後息志停讀，五十究作《十翼》。　附胡一桂《翼傳》曰：「愚按，商瞿受《易》夫子者也，夫子乃請益焉，何哉？至於泣無位，歡息天命之不與，其然？豈其然乎？抑《鑿度》乃緯書，未可以為信也。姑錄而論之，以袪惑云。」

《神仙傳》：孔子讀書，老子見而問之曰：「何書？」曰：「《易》也，聖人亦讀之。」老子曰：「聖人讀之可也，汝曷為讀之？其要何說。」孔子曰：「要在仁義。」老子曰：「今仁義慘然而汩，人心亂莫大焉，又何用仁義。」

《書蕉》：王弼注《易》，刻木偶為鄭玄象，見其所訛，輒呵叱之。（卷94，頁15）

　　緯目的設立，使得各種文獻資料的歸屬有了依循的標準，按著這個標準，讀者可以更精準的檢索到自己想要的資料。例如南北朝時著名的文學批評家劉勰（465-520？）在《文心雕龍‧史傳篇》中談及司馬遷（145-86B.C.）《史記》，曾提到這麼一段話：「爾其實錄無隱之旨，博雅弘辯之才，愛奇反經之尤，條例踳落之失，叔皮論之詳矣。」這段評論出自於班彪（3-54）的哪一篇文章？劉勰沒有清楚說明。如果讀者想要閱讀班彪完整的論述，該怎麼辦呢？不妨試試利用《古今圖書集成》。首先，讀者必須預先設想，班彪對於《史記》的評論，最可能跟《古今圖書集成》的哪個門類相關？答案顯然是〈經籍典〉。翻開〈經籍典〉，可以發現卷三百七十一到三百七十四是為「史記部」。在〈史記部‧藝文一〉中，有題名班彪所著的〈前史得失論〉，文章頗長，當中有段話說：「孝武之世，太史令司馬遷採《左氏》、《國語》，刪《世本》、《戰國策》，據楚漢列國時事，上自黃帝，下訖獲麟，作〈本紀〉、〈世家〉、〈列傳〉、〈書〉、〈表〉，凡百三十篇，而十篇缺焉。遷之所記，從漢元至武以絕，則其功也。至於採經摭傳，分散百家之事，甚多疏略，不如其本，務欲以多聞廣載為功，論議淺而不篤。其論術學，則崇黃老而薄五經；序貨殖，則輕仁義而羞貧窮；道游俠，則賤守節而貴俗功。此其大敝傷道，所以遇極刑之咎也。然善述序事理，辯而不華，質而不野，文質相稱，蓋良史之才也。誠令遷依五經之法言，同聖人之是非，意亦庶幾矣。」與《文心雕龍‧史傳篇》的說法相脗合，顯然這篇文章就是我們所要查找的。可惜〈經籍典‧史記部〉沒有註明這篇文章的原始出處，這是古代所有類書的通病，不能過分斥責《古今圖書集成》體例粗疏。

　　除了班彪的〈前史得失論〉之外，〈史記部‧藝文〉還羅列了許多的評論資料，如後漢班固（32-92）的〈司馬遷傳贊〉，魏曹植（192-232）、晉摯虞（250-300）、孫楚（221-294）的〈史贊〉三十二

首，唐蘇拯的〈讀史記孔子世家〉，宋歐陽修（1007-1072）的〈讀太
史公傳賈誼論〉、秦觀（1049-1100）的〈太史公不為王蠋作傳論〉、
尹陽的〈修太史公廟碑〉、真德秀（1178-1235）的〈史記考異跋〉，
明李贄（1527-1602）的〈書史記司馬相如傳後〉、李維楨（1547-
1626）的〈史記新序〉、王世貞（1526-1590）的〈讀秦本紀〉、葉夢
熊（1531-1597）的〈弔太史公墓詩〉……等。這些文獻資料，除非
平時留心收集，否則在提筆和墨時，哪裡能夠憑空就設想得到呢？

　　有些讀者，從事文獻考證工作，假設對於某些篇章中的論述有所
懷疑，甚至還可以從同部之中徵引的其他資料，得到啟發或印證。仍
以《史記》為例，如果我們對於班彪「司馬遷……採經摭傳，分散百
家之事，甚多疏略，不如其本，務欲以多聞廣載為功，論議淺而不
篤」這樣的說法感到不解，想進一步瞭解《史記》當中有哪些錯雜踳
駁的缺點，〈經籍典・史記部〉「雜錄」內就有許多相關的資料可供參
考，其中一則引自宋洪邁（1123-1202）《容齋隨筆》，說：

> 《史記》所記帝王世次，最為不可考信。且以稷、棄論之，二
> 人皆帝嚳子，同仕唐、虞。契之後為商，自契至成湯，凡十三
> 世，歷五百餘年。稷之後為周，自稷至武王，凡十五世，歷千
> 一百餘年。王季蓋與湯為兄弟，而世之相去六百年，既已可
> 疑。則周之先十五世，須每世皆在位七、八十年，又皆暮年所
> 生嗣君，乃合此數，則其所享壽，皆過百年乃可。其為漫誕不
> 稽，無足疑者。《國語》所載太子晉之言曰：『自后稷之始基靖
> 民，十五王而文始平之。』皆不然也。（卷374，頁34）

其他像是《顏氏家訓》、《補筆談》、《卻掃編》、《西溪叢語》、《芥隱筆
記》、《湘素雜記》、《齊東野語》、《丹鉛總錄》、《太平清話》、《焦氏筆

乘》、《林下偶談》等書，都有涉及《史記》的相關論述。這些論述，
〈史記部〉都逐一加以徵引，這裡就不再細談了。

　　分類詳密，蒐羅宏富，又能留意關聯變通的結構體例，是編者陳
夢雷苦心孤詣，他書所不能方駕齊驅之所在。雍正四年（1726），蔣
廷錫校定《古今圖書集成》畢役，世宗皇帝親筆撰序，稱讚此書：
「始之以曆象，觀天文也；次之以方輿，察地理也；次之以明倫，立
人極也；又次之以博物、理學、經濟，則格物、致知、誠意、正心、
治國、平天下之道，咸具於是矣」，「故是書之成，貫三才之道而靡所
不該，通萬方之略而靡所不究。……前乎此者，有所未備；後有作
者，又何以加焉？」[21]雍正雖然攘奪他人之書以為己功，但對於《古
今圖書集成》的評價卻別具慧眼，歷史證明，如同他所預言的，後世
類書的編纂，再也沒有能超越《古今圖書集成》者。

第三節　《古今圖書集成》的價值

　　類書摘錄古籍原文，以類編排的特點，因此具有「方便資料檢
索」、「校勘古籍」、「輯佚補遺」等功用。《古今圖書集成》卷帙浩
繁、包羅萬象，可惜流傳未廣，外間有幸得見，且能利用《古今圖書
集成》進行佐證訂補、校勘輯佚者甚少，只零星見引於秦蕙田《五禮
通考》、張廷玉《詞林典故》、沈家本《歷代刑法考》、文廷式《純常
子枝語》、吳其濬《植物名實圖考》、孔廣陶《北堂書鈔》、嵇璜《續
文獻通考》、張金吾《金文最》等書。茲依各書引用《古今圖書集
成》之情況，迻錄如下：

---

21 清世宗：〈御製古今圖書集成序〉，《古今圖書集成》，卷首，頁2。

一　利用《古今圖書集成》佐證

（一）秦蕙田《五禮通考》

秦蕙田，字樹峰，號味經，江蘇金匱人。少承家學，博通經術，中乾隆元年（1736）丙辰進士一甲第三名，官至刑部尚書，卒諡文恭。

《五禮通考》二百六十二卷，《四庫全書總目》云：「是書因徐乾學《讀禮通考》惟詳喪葬一門，而《周官・大宗伯》所列五禮之目，古經散亡，鮮能尋端竟委。乃因徐氏體例，網羅眾說，以成一書。凡為類七十有五，以樂律附於吉禮宗廟制度之後，以天文推步句股割圓立『觀象授時』一題統之，以古今州國都邑山川地名立『體國經野』一題統之，並載入嘉禮，雖事屬旁涉，非五禮所應該，不免有炫博之意。然周代六官，總名曰禮，禮之用，精組條貫，所眩本博，故朱子《儀禮經傳通解》，於學禮載鐘律詩樂，又欲取許氏《說文解字》序說及《九章算經》，為書數篇而未成。則蕙田之以類纂附，尚不為無據。其他考證經史，原原本本，具有經緯，非剽竊餖飣、挂一漏萬者可比。較陳祥道等所作。有過之無不及矣。」[22]

《五禮通考》徵引《古今圖書集成》共計十五則：

1. 案《晉起居注》曰：武帝泰始元年十二月，太常諸葛緒上言……且如魏詔郊祀大事，速議為定。（〈經濟彙編・禮儀典・天地祀典部〉「彙考三」，卷149，頁16）

按：《五禮通考》卷七（頁10）引。[23]

2. 代宗廣德二年，有事南郊，從獨孤及議，卒以太祖配天。（〈經濟彙編・禮儀典・天地祀典部〉「彙考七」，卷153，頁34）

22　〔清〕紀昀等纂：《四庫全書總目》（北京：中華書局，1965年），卷22，〈經部・禮類四〉「五禮通考提要」，頁179。

23　本文所標《五禮通考》頁碼，為1994年聖環圖書影印味經窩初刻試本。

按：《五禮通考》卷十一（頁1）引。

3. 紹興十四年，祈穀始具樂舞，用政和儀。（〈經濟彙編・禮儀典・天地祀典部〉「彙考十」，卷156，頁52）

按：《五禮通考》卷二十一（頁34）引。

4. 諸州縣祈社稷前二日，本司掃除壇之內外，……其祝版燔於齋所。（〈經濟彙編・禮儀典・雩祀部〉「彙考二」，卷243，頁4）

按：《五禮通考》卷二十三（頁9）引。

5. 諸州縣祈諸神前一日，本司設上佐，……皆同祭社之禮。（〈經濟彙編・禮儀典・雩祀部〉「彙考二」，卷243，頁5）

按：《五禮通考》卷二十三（頁11）引。

6.《肅宗實錄》：乾元二年四月癸亥，以久旱，東西二市祭風伯、雨師，修雩祀壇為泥土龍，望祭名山大川而祈雨。（〈經濟彙編・禮儀典・雩祀部〉「彙考二」，卷243，頁5）

按：《五禮通考》卷二十三（頁13）引。

7. 宋・王安石〈祝文〉（〈經濟彙編・禮儀典・太歲祀典部〉「藝文一」，卷239，頁47）

按：《五禮通考》卷三十六（頁9）引。

8.《肅宗實錄》：乾元二年四月，以久旱，祭風伯、雨師。（〈經濟彙編・禮儀典・風雲雷雨祀典部〉「彙考一」，卷183，頁41）

按：《五禮通考》卷三十六（頁20）引。

9. 唐・張說〈祭城隍〉（〈經濟彙編・禮儀典・城隍祀典部〉「藝文」，卷239，頁48）

按：《五禮通考》卷四十五（頁36）引。

10. 洪武七年，令禮部頒祭嶽鎮海瀆儀於所在有司。（〈經濟彙編・禮儀典・山川祀典部〉「彙考六」，卷194，頁33）

按：《五禮通考》卷四十八（頁32）引。

11. 哀帝建平元年，定迭毀之禮，仍以孝武為世宗廟。（〈經濟彙編．禮儀典．宗廟祀典部〉「彙考一」，卷207，頁32）

按：《五禮通考》卷七十八（頁13）引。

12. 曹操〈春祠令〉（〈經濟彙編．禮儀典．家廟祀典部〉「藝文一」，卷256，頁6）

按：《五禮通考》卷一百八（頁13）引。

13. 唐．韓雲卿〈故中書令贈太子太師崔公家廟碑銘〉（〈經濟彙編．禮儀典．家廟祀典部〉「藝文一」，卷256，頁7）

按：《五禮通考》卷一百十四（頁9）引。

14. 韓愈〈魏博節度觀察使沂國公先廟碑銘〉（〈經濟彙編．禮儀典．家廟祀典部〉「藝文一」，卷256，頁7）

按：《五禮通考》卷一百十四（頁10）引。

15. 順帝永建中，黃瓊疏請舉藉田禮。從之。（〈經濟彙編．禮儀典．藉田部〉「彙考一」，卷301，頁20）

按：《五禮通考》卷一百二十四（頁12）引。

（二）鄂爾泰、張廷玉等輯《詞林典故》

《詞林典故》八卷，《四庫全書總目》云：「乾隆九年重修翰林院落成，賜宴賦詩，因聖駕臨幸，命掌院學士鄂爾泰、張廷玉等纂輯是書。乾隆十二年告成奏進，御製序文刊行。八門，一曰臨幸盛典、二曰官制、三曰職掌、四曰恩遇、五曰藝文、六曰儀式、七曰廨署、八曰題名。臨幸盛典，即述乾隆甲子燕飲賡歌諸禮，以為是書所緣起，故弁冕於前。」[24]

---

24 〔清〕紀昀等纂：《四庫全書總目》，卷79，〈史部．職官類〉「詞林典故提要」，頁685。

　　《詞林典故》徵引《古今圖書集成》共計八則：

　　1.陳承梁，仍各設侍從文章制命典籍之職。（〈明倫彙編・官常典・翰林院部〉「彙考一」，卷261，頁46）

　　按：《詞林典故》卷二（頁5）引。[25]

　　2.金置國史院監修國史官、編修檢閱官。（〈明倫彙編・官常典・翰林院部〉「彙考三」，卷263，頁54）

　　按：《詞林典故》卷二（頁18）引。

　　3.梁為太子置詹事。（〈明倫彙編・官常典・宮僚部〉「彙考一」，卷283，頁23）

　　按：《詞林典故》卷二（頁40）引。

　　4.北齊為太子置詹事、左右衛率典書坊各率其屬。（〈明倫彙編・官常典・宮僚部〉「彙考一」，卷283，頁24）

　　按：《詞林典故》卷二（頁41）引。

　　5.金制東宮設詹事，諭德以下皆為僚屬。（〈明倫彙編・官常典・宮僚部〉「彙考二」，卷284，頁27）

　　按：《詞林典故》卷二（頁43）引。

　　6.北齊祕書省，典司經籍。（〈明倫彙編・官常典・翰林院部〉「彙考一」，卷261，頁47）

　　按：《詞林典故》卷三（頁4）引。

　　7.宋著作郎、著作佐郎掌以宰相時政記，左右史起居注所書會集修撰為一代之典。（〈明倫彙編・官常典・翰林院部〉「彙考二」，卷262，頁52）

　　按：《詞林典故》卷三（頁8）引。

　　8.金國史院掌修國史，翰林學士掌撰詞命，秘書監專掌書籍，弘

---

25 本文所標《詞林典故》頁碼，為1983年臺灣商務印書館《景印文淵閣四庫全書》本。

文院校譯經史。（〈明倫彙編・官常典・翰林院部〉「彙考三」，卷263，頁54）

按：《詞林典故》卷三（頁10）引。

（三）沈家本《歷代刑法考》

沈家本，字子惇，別號寄簃，浙江歸安人。其父沈丙瑩（？-1870），曾任刑部主事，家本幼稟家學，中光緒九年（1883）進士，歷任奉天司主稿兼秋審處坐辦、律例館幫辦提調、協理提調等職，專營案牘、奏讞之學。著有《寄簃文存》、《沈碧樓叢書》十二種、《沈寄簃先生遺書》甲編二十二種、乙編十三種。

《歷代刑法考》七十八卷，全書共分「刑制總考」四卷，「刑法分考」十七卷，「赦考」十二卷，廣徵歷代可考之法律文獻，對歷代刑法進行考釋。

《歷代刑法考》所徵引《古今圖書集成》文獻如下：

1.《明外史・趙登傳》：權湖洲知府。安吉州有賈姓者，豪橫，數奪人田園子女，有司莫能制。登諷人訟之，列其狀以奏，竟徙其家而還其所奪於民。（〈經濟彙編・祥刑典・流徙部〉「紀事二」，卷154，頁41）

按：《歷代刑法考》刑法分考九（頁253）引。[26]

2.諸流囚居役，非遇元正、寒食、重午等節，勿給假。諸有罪，奉旨流遠，雖會赦，非奏請不得放還。（〈經濟彙編・祥刑典・流徙部〉「彙考」，卷152，頁29）

按：《歷代刑法考》刑法分考十（頁276）引。

3.北魏獻文帝制捶令，拷悉依令從輕。（〈經濟彙編・祥刑典・笞杖部〉「彙考一」，卷147，頁8）

---

26 本文所標《歷代刑法考》頁碼，為1985年北京中華書局排印本。

按：《歷代刑法考》刑法分考十四（頁360）引。

4.嘉靖三年，群臣爭大禮，聚哭左順門……舉布擲諸地，幾絕者外恆八九。（〈經濟彙編‧祥刑典‧笞杖部〉「紀事」，卷148，頁14）

按：《歷代刑法考》刑法分考十四（頁374）引。

5.魏明帝太和年間，定鞭督之令。（〈經濟彙編‧祥刑典‧鞭刑部〉「彙考」，卷147，頁6）

按：《歷代刑法考》刑法分考十四（頁379）引。

6.《談苑》：宋孝王問司天膺之後魏、北齊赦日樹金雞事，……使眾人覩之。（〈經濟彙編‧祥刑典‧赦宥部〉「雜錄」，卷180，頁61）

按：《歷代刑法考》赦十（頁748）引。

（四）文廷式《純常子枝語》

文廷式，字芸閣，號道希，江西萍鄉人。光緒十六年（1891）進士，授翰林院編修，累陞侍讀學士，兼日講起居注官。曾支持康有為（1858-1927）組織強學會，遭革職驅逐出京。著有《純常子枝語》四十卷，另有《中興政要》一卷，《雲起軒詞鈔》一卷，《大元倉庫記》一卷。曾譯《鐵木真帖木兒用兵論》二編二十七章。

《純常子枝語》四十卷，屬雜著筆記類，徵引資料豐富，如小學、官制、地理、姓氏、典籍、詞章、術數等均有論及。

《純常子枝語》徵引《古今圖書集成》共計六則：

1.〈煙波釣叟歌句解‧認取九宮為九星解〉云：天蓬貪狼主坎一宮，屬水。……天英右弼主離九宮，屬火。（〈博物彙編‧藝術典‧術數部〉「彙考十七」，卷703，頁53）

按：《純常子枝語》卷三十二（頁9）引。[27]

---

27 本文所標《純常子枝語》頁碼，為1997年上海古籍出版社《續修四庫全書》影印民國三十二年刻本。

2.《正一天師傳》：張留孫者，字師漢，信州貴溪人。少時入龍虎山為道士，有道人相之曰：神仙宰相也。(〈博物彙編・藝術典・相術部〉「紀事三」，卷650，頁23)

按：《純常子枝語》卷三十三(頁1)引。

3.《稗編》：王應麟云：以十一星行曆推人命貴賤始於唐，……其來尚矣。(〈博物彙編・藝術典・星命部〉「雜錄」，卷630，頁62)

按：《純常子枝語》卷三十三(頁28)引。

4.《地理正宗》：楊筠松，字叔茂，竇州人。(〈博物彙編・藝術典・堪輿部〉「名流列傳」，卷679，頁56)

按：《純常子枝語》卷三十三(頁28)引。

5.《地理正宗》：陶侃，字仕衡，作〈捉脈賦〉。(〈博物彙編・藝術典・堪輿部〉「名流列傳」，卷679，頁56)

按：《純常子枝語》卷三十三(頁35)引。

6.《醫學入門》：殷浩妙解經脈，著《方書》。(〈博物彙編・藝術典・醫部〉「醫術名流列傳二」，卷525，頁56)

按：《純常子枝語》卷三十三(頁35)引。

(五)吳其濬《植物名實圖考》

吳其濬，字季深，一字瀹齋，號吉蘭，河南固始人。中嘉慶二十二年(1817)一甲一名進士，歷任禮部尚書、湖廣總督、雲貴總督。

《植物名實圖考》三十八卷，全書共分穀類、蔬類、山草類、隰草類、石草類、水草類、蔓草類、芳草類、毒草類、群芳類、果類、木類等十二大類，共一千七百十四種植物，附圖超過一千八百幅。

《植物名實圖考》徵引《古今圖書集成》共計二則：

1.若高聲，則雲霧驟起，風雨卒至。蓋高河乃龍湫也。(〈博物彙編・草木典・雜蔬部〉「彙考六」，卷80，頁11)

按：《植物名實圖考》卷六（頁648）引。[28]

2.樹頭花，年久枯樹上所生，狀似吉祥草，而葉稍大。開花如蕙，一莖有花十餘朵，其香遜于幽蘭，狀頗相類。（〈方輿彙編・職方典・順寧府部〉「彙考二」，卷1494，頁7）

按：《植物名實圖考》卷十七（頁142）引。

二　利用《古今圖書集成》校勘

（一）孔廣陶校刻《北堂書鈔》

清光緒十四年（1888），孔廣陶三十三萬卷堂校刻《北堂書鈔》，以《古今圖書集成》為校勘材料達百餘處。《北堂書鈔》各版本訛謬最甚者，清人公認為明陳禹謨（1548-1618）刻本，嚴可均（1762-1843）《鐵橋漫稿》載此書之訛誤說：

> 世咸謂明中葉後，刻書無善本，是固然矣，然未有肆行竄亂若陳刻《書鈔》之甚者也。《書鈔》北宋時得本已難，明代偶存胥鈔本，訛謬脫落，篇尠完章，章尠完句。然而甚誤之中，往往有絕佳處。所鈔之書，皆三代、漢、魏，迄于宋、齊。其最晚者，沈約《宋書》、蕭方等《三十國春秋》、崔鴻《十六國春秋》、魏收《後魏書》。其詩、賦、頌，則顏、謝、鮑為最晚，陳、隋隻字不鈔。鈔者，今世亡其本，十蓋八九；其存者，亦流俗寫變，殘闕誤譌，不為典要。故刻《書鈔》可略校，不能統校。陳乃何人，臆改之、臆刪之、以他書易之，甚且以貞觀

---

28 本文所標《植物名實圖考》頁碼，為1997年上海古籍出版社《續修四庫全書》影印清道光二十八年陸應穀刻本。

後事及五代十國之書補之,是惑易之疾,亟當沐以蘭湯者也。
又有甚不可解者:卷百三十九〈車總類〉,原本二百四十條,
陳僅用十七條;卷百五十八〈穴類〉,原本二百三十條,陳僅
用四十二條;卷百六十〈石類〉,原本百二十九條,陳僅用三
十三條。竊疑陳所據原本,視余所據原本闕訛尤甚,不然,陳
雖失心病狂,當不至此。今陳刻本亦漸稀罕,收藏家率購以多
金,備四大類書之數。余嘗任校刊之役,未獲竣功。恐原本終
將斷種,可惜也。陳名禹謨,字錫玄,號抱中,常熟人。[29]

又張金吾《愛日精廬藏書志》亦舉《北堂書鈔》錯謬之情況曰:

《北堂書鈔》一百六十卷,隋祕書郎虞世南撰。此本係永興原
本,未經陳氏增刪竄亂者。分甲乙丙丁戊己庚辛壬癸十冊。卷
一百三十九〈車總載篇〉,卷一百五十八至一百六十〈穴〉、
〈泥〉、〈沙〉、〈石〉四篇,俱係大字無注,與全書異。陳氏改
從一例,立題分注,遂使原本面目,不復可識。且所增補,或
屬入五代十國事,更失限斷,藏書家每以不得一覩原書為恨。
今細核陳氏之書,大約原書所引之句與題不甚協者則刪,絕無
文義可通者則刪,其書人人習讀無所用注者則刪,其書世無傳
本不復可校者則刪。或改引他書,如謝承、袁山松等《後漢
書》,則改引范蔚宗書,十八家《晉書》,則改引房玄齡書是
也。有原本正文而改作小注者,有原本小注而改作正文者,有
陳氏所增而未注補字者,有原書所有陳氏稍加增改而注補字

---

29 〔清〕嚴可均:〈書陳禹謨刻本北堂書鈔後〉,《鐵橋漫稿》(上海:上海古籍出版社
《續修四庫全書》影印清道光十八年四錄堂刻本,1995年),卷8,頁8-9。

者，攪亂刪改，不可枚舉。[30]

當時通行的陳禹謨《北堂書鈔》刻本訛誤太甚，因此孫星衍（1753-
1818）得影宋本《北堂書鈔》，即邀嚴可均、王引之、錢東垣、顧廣
圻（1770-1839）、洪頤煊（1765-1833）等分別校之，然尚有六十九
卷未經校者。後南海孔廣陶邀林國賡（1886-1943）、孔昭熙、傅以禮
（1827-1898）等續校成書，鏤版梓行。孔本於陳本妄改處，詳加校
正。查考孔本校語，知其參閱《古今圖書集成》處甚多，出校語處計
有百餘則，略舉數則如下：

1.載自臨喪（《北堂書鈔》卷11〈帝王部〉「優賢四十一」）[31]

按：〈曆象彙編・乾象典・霧部〉「紀事」載：

> 《帝王世紀》：帝沃丁八年，伊尹卒，年百有餘歲。大霧三
> 日。沃丁葬以天子之禮，祀以太牢。親自臨喪三年，以報大德
> 焉。（卷115，頁2-3）

孔刻本註云：

> 今案：《欽定圖書集成・乾象典》七十五引《帝王世紀》沃丁臨
> 伊尹事，「載」作「親」，「喪」下有「三年」二字。（頁102）

2.夢高祖謂己，生子可名為彘（《北堂書鈔》卷23〈后妃部〉「靈
感四」）

按：〈曆象彙編・歲功典・七夕部〉「紀事」載：

> 《漢武帝故事》：景帝嘗夢高祖謂己曰：「王美人生子，可名為

---

30 〔清〕張金吾：《愛日精廬藏書志》（臺北：文史哲出版社，1982年），卷26，〈子
　部・類書類〉，頁1-2。

31 〔唐〕虞世南（558-638）：《北堂書鈔》（上海：上海古籍出版社《續修四庫全書》
　影印清光緒十四年孔氏三十三萬卷堂刻本，1997年）。

麤。」以乙酉年七月七日旦，生武帝於猗蘭殿。（卷67，頁11）

孔刻本註云：

> 今案《欽定圖書集成・歲功典》六十七引《漢武故事》，「夢」
> 上有「景帝」二字，「謂己」下有「曰王美人」四字，餘同。
> （頁130）

3.受魚懸之。謝承《後漢書》：「羊續為南陽太守，好啖生魚。府
丞焦儉以三月望餉鯉魚一尾，續不違意，受而懸之于庭，少有皮骨。
明年三月，儉復饋一魚，續出昔枯魚以示儉，遂不復食。」（《北堂書
鈔》卷38〈政術部〉「廉潔三十二」）

按：〈曆象彙編・歲功典・季春部〉「紀事」載：

> 謝承《後漢書》：羊續為南陽太守，好啖生魚。府丞焦儉以三
> 月望，餉鯉魚一頭，續不為意，受而懸之于庭，少有皮骨。明
> 年三月，儉復致一魚，續出昔枯魚以示儉，遂終身不復食。
> （卷36，頁19）

又〈曆象彙編・歲功典・晦朔弦朢部〉「紀事」亦載：

> 謝承《後漢書》：羊續為南陽太守，好啖生魚，府丞焦儉以三
> 月朢，餉鯉魚一頭。續不為意，受而懸之于庭。少有皮骨。明
> 年三月，儉復致一魚，續出昔枯魚以示儉，遂終身不復食。
> （卷106，頁20）。

孔刻本註云：

> 今案《欽定圖書集成・歲功典》卷一百六引謝書「尾」作
> 「頭」，「違」誤「為」，「饋」作「致」」，餘同。考姚輯、汪輯
> 本謝書及陳、俞本皆同《集成》，然「遂」字下，陳、俞有
> 「終身」兩字。又《御覽》卷九百三十六引，「焦」作「侯」。
> （頁184）

4. 出米贍貧民。《會稽錄》云：「駱俊，字孝遠，烏傷人。孝靈帝擢拜陳相，出倉見穀以贍貧乏者。」（《北堂書鈔》卷39〈政術部〉「賑卹三十四」）

按：〈明倫彙編‧官常典‧王寮部〉「紀事一」載：

> 《會稽典錄》：駱俊，靈帝擢拜陳相。汝南、葛陂盜賊並起，陳與接境，四面受敵。俊屬吏民為之保障，發倉以贍貧民，鄰郡士庶，咸往歸之。身捐俸祿，給其衣食，民有產子，常敕主者厚致肉米，生男女者，輒以駱為名。（卷669，頁33）

孔刻本註云：

> 今案：本鈔卷三十五〈德化〉篇引《典錄》及《欽定圖書集成》引作「駱俊」、作「陳相」，考《御覽》卷四百七十七同。然《御覽》「孝遠」作「遠孝」，無「烏傷人」三字。俞本「俊」誤「駿」，「陳相」作「丞相」，餘與本鈔同。陳本「俊」字不誤，但刪「字孝」以下十字，亦作「丞相」。（頁187）

（二）嵇璜《續文獻通考》

乾隆十二年（1747），敕命四庫館臣另撰《續文獻通考》，嵇璜、劉墉等奉敕編撰，紀昀等校訂。本書廣徵各代正史、史評、說部、語錄、雜編、文集等文獻，載宋、遼、金、元、明五朝事蹟、議論。《續文獻通考》利用《古今圖書集成》校勘之例，如下：

1. 《續文獻通考》卷一百十六〈樂考〉「永樂十八年定宴饗樂章」條下，引《明史‧樂志》：「四夷率土歸王命，都來仰大明。萬邦千國皆歸正，觀帝庭，朝仁聖。天階班列眾公卿，齊聲歌太平。」於「觀」字下加按語云：「〈志〉誤作『現』，照《圖書集成》改正。」[32]

---

32 〔清〕嵇璜、〔清〕劉墉等：《續文獻通考》（臺北：臺灣商務印書館《景印文淵閣四庫全書》本，1983年），卷116，頁19。

　　按：《明史‧樂志》「萬邦千國皆歸正，現帝庭，朝仁聖」[33]，〈經濟彙編‧樂律典‧樂律總部〉「彙考三十三」，「現」字作「覲」（卷33，頁49）。「覲」有朝覲、覲見之意，作「覲」為是。

　　2.《續文獻通考》卷一百十六〈樂考〉「永樂間定東宮宴饗樂章」條下，引《明史‧樂志》：「端拱嚴宸事紫微，秉運璇璣，四時百物總相宜。仰賴明君德，大業勝磐石。皇儲仁孝明忠義，美邇方順化朝儀。孝能歡慈愛心，敬篤尊卑禮意，上和下睦，民鼓舞，樂雍熙。」[34]於「敬篤尊卑禮意」字下加按語云：「按〈志〉作『敬篤上尊卑意禮』，照《古今圖書集成》改。」

　　按：《明史‧樂志》「孝能歡慈愛心，敬篤尊卑禮意，上和下睦，民鼓舞，樂雍熙」[35]，〈經濟彙編‧樂律典‧樂律總部〉「彙考三十三」作「孝能歡慈愛心，敬篤上尊卑意，禮上和下睦，民鼓舞，樂雍熙」。（卷33，頁50）

三　利用《集成》補遺

（一）張金吾《金文最》

　　清張金吾輯。蒐錄有金一代之文，凡簿錄雜說以及金石碑刻，一一甄錄。本書自嘉慶十五年（1810）開始編輯，凡三易稿，費時近十三年，至道光二年（1822）方始成書。原書百二十卷，分為「賦」、「騷」、「冊文」、「制誥」、「策問」、「奏疏」、「銘」、「贊」、「記」、「序」、「論」、「說」、「行狀」、「哀辭」等四十二類。光緒年間重刻本，刪併為六十卷，凡文已見莊仲方（1780-1857）《金文雅》者，僅

33　〔清〕張廷玉等：《明史》（北京：中華書局，1974年），卷63，頁1569。

34　〔清〕嵇璜、〔清〕劉墉等：《續文獻通考》，卷116，頁46。

35　〔清〕張廷玉等：《明史》卷63，頁1584。

存其目，不錄原文。黃廷鑑（1762-1842）為此書作序，云：「昔郭元釪裒集金詩，人嘉其補一朝之闕，然尚有《中洲》、《河汾》兩集為之藍本。此書則創所未有，事雖同功，其勤倍於郭氏遠矣。允堪追姚氏、呂氏、蘇氏三家軌轍，而與之並傳無疑也。」[36]

張金吾從《古今圖書集成》採輯金人遺文，共計十一篇：

1. 丁暐仁〈釋迦成道賦〉（《金文最》卷1「賦樂章騷」，頁127）

按：丁文載〈博物彙編‧神異典‧佛菩薩部〉「藝文一」。（卷89，頁8）

2. 趙子崧〈觀堂銘并序〉（《金文最》卷10「銘贊」，頁203）

按：趙文載〈方輿彙編‧職方典‧廣平府部〉「藝文一」。（卷130，頁37）

又按：〈方輿彙編‧職方典‧廣平府部〉「藝文一」作趙子崧〈觀堂記〉。

張金吾自註云：

案：《北盟會編》載〈趙子崧傳〉曰：「子崧，字伯山，太祖六世孫也。崇寧二年進士。宣和中，除徽猷閣待制，補直學士，知淮寧府。高宗即位，授延康殿學士，鎮京口。趙萬反，子崧退保江岸，貶單州團練副使、南雄州安置。後復修撰，卒。」若是，則子崧未嘗入金，《欽定圖書集成》、嘉靖《廣平府志》俱題金人，或別有據，故錄其文，而附辨之如此。（頁203）

3. 吳浩〈重修平山縣城記〉（《金文最》卷11「贊頌記」，頁223）

按：吳文載〈方輿彙編‧職方典‧真定府部〉「藝文一」。（卷105，頁43）

36 〔清〕黃廷鑑：〈金文最序〉，《金文最》（上海：上海古籍出版社《續修四庫全書》影印光緒二十一年江蘇書局重刻本，1995年），頁121。

4. 郭松〈瑞芝記〉（《金文最》卷12「記」，頁225）

按：郭文載〈博物彙編‧草木典‧芝部〉「藝文一」。（卷49，頁30）

又按：〈博物彙編‧草木典‧芝部〉「藝文一」，原題作鄭松〈寧陵縣瑞芝記〉。考《金史》，未見郭松相關記載，鄭松事蹟載於《金史‧顯宗本紀》：「世宗聞儒者鄭松賢，松先為同知博州防禦事致仕，起為左諭德，詔免朝參，令輔太子讀書。松以友諭自處，帝嘗顧松使取服帶，松對曰『「臣忝諭德，不敢奉命。」』帝改容稱善，自是益加禮遇。每出獵獲鹿，輒分賜之。」[37]依《金文最》撰述體例，與《古今圖書集成》相左處，張金吾皆加案語說明，此處應為《金文最》誤植。

5. 姜國器〈嘉禾記〉（《金文最》卷12「記」，頁227）

按：姜文載〈博物彙編‧草木典‧禾穀部〉「藝文一」。（卷23，頁4）

6. 喬辰〈太清觀記〉（《金文最》卷12「記」，頁231）

按：喬文載〈方輿彙編‧職方典‧沁州部〉「藝文一」。（卷356，頁53）

7. 王易〈北嶽詩序〉（《金文最》卷18「記序」，頁294）

按：王文載〈方輿彙編‧山川典‧恆山部〉「藝文一」。（卷42，頁44）

8. 陳文中〈小兒痘疹方論序〉（《金文最》卷23「序」，頁345）

按：陳文載〈博物彙編‧藝術典‧醫部〉「彙考四百五十九」。（卷479，頁20）

9. 張億〈創建文廟學校碑（冀州節度使賈公名霆）〉（《金文最》卷33「碑」，頁444）

---

37 〔元〕脫脫等：《金史》（北京：中華書局，1975年），卷19，〈顯宗本紀〉，頁410。

按：張文載〈經濟彙編・選舉典・學校部〉「藝文三」。（卷22，頁43）

又按：〈經濟彙編・選舉典・學校部〉「藝文三」，原題作張億〈節度使賈霆文廟學校碑記〉。

10.路伯達〈冀州節度使王公（名魯）重修廟學碑〉（《金文最》卷38「碑」，頁506）

按：路文載〈經濟彙編・選舉典・學校部〉「藝文三」。（卷22，頁52）

11.陳思忠〈伊尹墓碑陰〉（《金文最》卷44「墓碑」，頁573）

按：陳文載〈方輿彙編・坤輿典・冢墓部〉「藝文一」。（卷136，頁39）

又按：〈方輿彙編・坤輿典・冢墓部〉「藝文一」，原題作陳思忠〈伊尹墓碑陰記〉。

（二）李修生《全元文》

今人李修生纂輯。《全元文》一千八百八十卷，正文六十冊，索引一冊，採輯有元一代，以漢文書寫的散文、駢文、辭賦等作品。全書計收錄作者三千二百餘人，文章達三萬五千多篇，總字數約二千八百萬字。每家均撰有作者小傳，簡介其生平事蹟、著述及本書輯收情況。為便於檢索，全書分冊編目，書末附作者索引、篇名索引及別集以外引用書目。

《全元文》從《古今圖書集成》採錄元人遺文計一百二十一篇，其中輯自〈經籍典〉凡十八篇，篇目如下：

1.鄭滁孫〈大易法象通贊自序〉（《全元文》卷373，頁94）[38]

---

38 李修生主編：《全元文》（南京：鳳凰出版社，1998年）。

按：鄭文載〈理學彙編・經籍典・易經部〉「彙考七」。（卷65，頁36）

2.胡一桂〈集左氏傳筮法跋〉（《全元文》卷457，頁241）

按：胡文載〈理學彙編・經籍典・春秋部〉「彙考四」。（卷170，頁16）

3.孟淳〈周易集說序〉（《全元文》卷680，頁773）。

按：孟文載〈理學彙編・經籍典・易經部〉「彙考七」。（卷65，頁37）

4.楊載〈周易集說序〉（《全元文》卷812，頁567）。

按：楊文載〈理學彙編・經籍典・易經部〉「彙考七」。（卷65，頁37）

5.彭應龍〈尚書纂傳序〉（《全元文》卷812，頁59）。

按：彭文載〈理學彙編・經籍典・書經部〉「彙考五」。（卷115，頁48）

6.干文傳〈周易集說序〉（《全元文》卷1019，頁73）

按：干文載〈理學彙編・經籍典・易經部〉「彙考七」。（卷65，頁38）

7.李恕〈周易旁訓自序〉（《全元文》卷1125，頁317）

按：李文載〈理學彙編・經籍典・易經部〉「彙考八」。（卷66，頁43）

又按：〈理學彙編・經籍典・易經部〉「彙考八」，原題作「李恕〈《周易旁注》四卷《易音訓》二卷自序〉」。

8.黃淵〈春臺易圖序〉（《全元文》卷1148，頁297）

按：黃文載〈理學彙編・經籍典・易經部〉「彙考七」。（卷65，頁38）

9.董真卿〈書傳輯錄纂註序〉（《全元文》卷1245，頁594）

按：董文載〈理學彙編‧經籍典‧書經部〉「彙考五」。（卷115，頁47）

又按：〈理學彙編‧經籍典‧書經部〉「彙考五」，原題作「董真卿〈書傳輯錄纂註跋〉」。

10. 董真卿〈易傳因革自序〉（《全元文》卷1245，頁597）

按：董文載〈理學彙編‧經籍典‧易經部〉「彙考八」。（卷66，頁42）

11. 朱升〈書傳補正輯注序〉（《全元文》卷1437，頁473）

按：朱文載〈理學彙編‧經籍典‧書經部〉「彙考五」。（卷115，頁49）

12. 李克寬〈周易集說序〉（《全元文》卷1437，頁513）

按：李文載〈理學彙編‧經籍典‧易經部〉「彙考七」。（卷65，頁37）

13. 顏堯煥〈（俞琰）周易集說序〉（《全元文》卷1443，頁60）

按：顏文載〈理學彙編‧經籍典‧易經部〉「彙考七」。（卷65，頁37）

14. 魯貞〈龍馬圖賦〉（《全元文》卷1506，頁338）

按：魯文載〈理學彙編‧經籍典‧河圖洛書部〉「藝文一」。（卷58，頁62）

又按：〈理學彙編‧經籍典‧河圖洛書部〉「藝文一」，原題作「魯貞〈龍馬負圖賦〉」。

15. 汪克寬〈資治通鑑綱目凡例考異序〉（《全元文》卷1594，頁125）

按：汪文載〈理學彙編‧經籍典‧綱目部〉「彙考二」。（卷404，頁31）

又按：汪克寬（1301-1372）生於元成宗大德五年（1301），卒於

明太祖洪武五年（1372），〈理學彙編・經籍典・綱目部〉「彙考二」將汪克寬視為明人，《全元文》收錄標準為：「由金、宋入元，由元入明作家，其主要活動在元者，則作為元人收錄。」，依此標準，是以《全元文》收入汪克寬的作品。

16. 吳尚志〈禮記纂言後序〉（《全元文》卷1612，頁476）

按：吳文載〈理學彙編・經籍典・禮記部〉「彙考三」。（卷213，頁12）

17. 劉景文〈序王充耘《書義主意》〉（《全元文》卷1781，頁498）

按：劉文載〈理學彙編・經籍典・書經部〉「彙考五」。（卷115，頁47）

18. 高郢〈魯用天子禮樂議〉（《全元文》卷1814，頁478）

按：高文載〈理學彙編・經籍典・禮記部〉「藝文一」。（卷223，頁28）

四　當代《古今圖書集成》之研究與運用

陸費墀（1886-1941）〈影印欽定古今圖書集成緣起〉云：「我國圖籍，浩如煙海。研究一學問，檢查多種圖書，不惟費力，抑且無從下手。例如研究田賦，雖將《周禮》、《論》、《孟》、《管子》、《二十四史》、《通典》、《通考》以及政論家專集盡行檢閱，尚不免遺漏。此書則每一事項，將關係之書分條列入，一檢即得。古人云：事半功倍。此真可謂事一功萬也。」[39]

此外，早在1962年，胡道靜便撰文指出：「明末清初，西洋曆算

---

39 陸費逵：〈影印欽定古今圖書集成緣起〉，《古今圖書集成》，卷末，頁1。

傳入我國，造圖製器，皆邁往昔。又清代初、中期，拓土開疆，版圖
遼闊，為漢、唐以來所未有。因此，《集成》中的〈乾象〉、〈職方〉
兩典的內容，即有《大典》所不可企及之處，在知識上的價值，亦為
以前任何類書所不能達到的。對於我們現在從事文化史研究或其他學
術研究工作者來說，《集成》在提供資料線索方面，仍不失是一部用
途宏富的古代百科全書。」[40]做為中國古代最大百科全書，《古今圖書
集成》蒐集了上古至清初各種文獻史料，依類排比，為當代專題研
究，提供了重要參考資料。英人李約瑟（1900-1995）撰《中國的科
學與文明》，即從《古今圖書集成‧乾象典》、〈曆法典〉、〈庶徵典〉、
〈坤輿典〉、〈山川典〉、〈邊裔典〉、〈禽蟲典〉、〈經籍典〉、〈食貨典〉
中摘取大量史料。而《古今圖書集成‧醫部》收錄了大量醫藥衛生相
關文獻，包括醫藥概論、養生、衛生、醫史典制等，更成為現代中醫
學者研究醫理與學說的重要憑借，相關研究篇章有：

1. 〈《古今圖書集成》與陳夢雷——兼談《醫部全錄》在祖國醫
   學上的貢獻〉　邱紀鳳　《雲南中醫學院學報》1983年4期
   頁22-27

2. 〈《古今圖書集成‧醫部全錄》簡介〉　張松生　《中醫函授
   通訊》1987年4期　頁20-21

3. 〈《古今圖書集成》中醫藥文獻檢索法〉　李小燕　《中醫藥
   學報》1994年第3期　頁53-55

4. 〈《古今圖書集成》醫藥衛生內容揭引〉　趙立勛　《中醫文
   獻雜誌》1995年1期　頁1-4

5. 〈《古今圖書集成》醫學文獻的應用〉　黃海波　《北京中醫
   藥大學學報》　2007年第14卷第5期　頁33-35

---

40 胡道靜：〈古今圖書集成的情況、特點及其作用〉，《中國古代典籍十講》（上海：復
　旦大學出版社，2004年），頁190。

6.〈論中國古代醫者群體及其變遷──以《古今圖書集成・醫部全錄》為中心〉　王美美　《平頂山學院學報》2012年3期頁18-21

7.〈《古今圖書集成・醫部全錄・咳嗽門方》的統計分析研究〉呂莎、孫剛、陳貴海　《中國民族民間醫藥》2014年8期　頁42-44

近世以來，隨著《古今圖書集成》的廣為刊印及電子版資料庫的建置，許多介紹《古今圖書集成》電子版及索引在使用上的優點的研究篇章也大量產生，如：

1.〈編制《古今圖書集成索引》的實踐和理論〉　林仲湘　《廣西大學學報（哲學社會科學版）》1994年2期　頁94-102

2.〈試論《古今圖書集成索引》人物傳記索引中同姓名人物的甄別問題〉
趙桂珠　《廣西大學學報（哲學社會科學版）》1998年3期頁55-58

3.〈古今合璧《古今圖書集成》電子版〉　唐建設　《重點工程》1999年第4期　頁19-20

4.〈廣西大學編出電子版《古今圖書集成索引》〉　古成　《廣西大學學報（哲學社會科學版）》2000年1期　頁45

5.〈集古代文獻之大成，採現代索引之碩果──武英殿《古今圖書集成》電子版出版問世〉　太和　《出版參考》2000年2期頁7-8

6.〈《古今圖書集成》原文電子版及其對圖書館古籍工作的影響〉　張學軍《聊城師範學院學報》2000年第4期　頁88-89

7.〈古籍索引的一個範例──介紹《古今圖書集成》電子版的索引數據庫〉　張琪玉　《圖書館雜誌》2000年第5期　頁48-49

8.〈古籍整理與現代科技的成功結合——電子版《古今圖書集成》及其索引〉　梁文　《出版廣角》2000年第5期　頁71

9.〈電子版古今圖書集成問世〉　穎峰　《閱讀與寫作》2000年7期　頁50

10.〈集古書之大成，展科技之新姿——漫話《古今圖書集成》及其電子版〉　桂勤　《閱讀與寫作》2000年7期　頁48-49

11.〈古典文獻檢索的一件利器——評光碟版《古今圖書集成》索引〉　孫金花、張秀玲　《圖書館建設》2003年第3期　頁107-110

12.《論《古今圖書集成》及其索引的應用價值》　滕黎君　廣西大學碩士論文　2004年

13.〈《古今圖書集成》版本考〉　趙長海　《古籍整理研究學刊》2004年3期　頁43-47

14.〈突破類書之分類與應用：「數位《古今圖書集成》」〉　鄭淑君　《國文天地》第23卷第4期　2007年9月　頁28-32

15.〈兩種《古今圖書集成》電子版的比較——兼談古籍電子索引的標準與規範〉　毛建軍　《圖書館理論與實踐》2008年第3期　頁28-30

這些篇章，對於開發《古今圖書集成》多方位的連結管道，推升《古今圖書集成》的學術地位與價值，發揮了巨大的功效。

第三章

《古今圖書集成‧經籍典》徵引文獻析述

第一節　徵引文獻之特色

　　清代樸學名家戴震（1723-1777），對於當時學術界只肯定他的考據成就，而批評他「空說義理」，「將有用精神耗於無用之地」[1]，曾駁正說：「六書九數等事，如轎夫然，所以舁轎中人也。以六書九數等事盡我，是猶誤認轎夫為轎中人也。」[2]借用戴震的話來比擬《古今圖書集成》這部類書，編、典、部、目的結構猶如轎夫，紛繁的文獻資料如轎中人，豐富的文獻資料需要完密的類例來規範，否則勢成滿屋散錢，無從聯貫，另一方面，完密的類例需要豐富的文獻資料來充實，才能達到考察文獻異同、覘知事物原委的功用。過去只著重探究《古今圖書集成》類例，而忽略《古今圖書集成》所收文獻資料的價值，無疑是「誤認轎夫為轎中人也」。

1　〔清〕章學誠〈答邵二雲書〉云：「時在朱先生門，得見一時通人，雖大擴平生聞見，而求能深識古人大體，進窺天地之純，惟戴氏可與幾此。而當時中朝薦紳負重望者，大興朱氏、嘉定錢氏，實一時巨擘。其推重戴氏，亦但云訓詁名物，六書九數，用功深細而已，及見《原善》諸篇，則群惜其有用精神，耗於無用之地。」見倉修良編：《文史通義新編》（上海：上海古籍出版社，1993年7月），〈外編三〉，頁553。

2　見〔清〕段玉裁〈戴東原集序〉述戴震語。載劉盼遂輯：《經韻樓集補編》（臺北：藝文印書館影印民國二十五年北平來薰閣書店排印本，1970年），卷上，頁8。

　　《古今圖書集成》引用文獻資料的種數，編者陳夢雷並沒有統計或說明，只有在〈進彙編啟〉中略記當時編輯的情形，說：

> 謹于康熙四十年十月為始，領銀僱人繕寫。蒙我王爺殿下頒發協一堂所藏鴻編，合之雷家經史子集，約計一萬五千餘卷。至此四十五年四月內，書得告成，分為彙編者六，為志三十有二，為部六千有零。凡在六合之內，鉅細畢舉。其在十三經、二十一史者，隻字不遺；其在稗史子集者，十亦只刪一二。以百篇為一卷，可得三千六百餘卷，若以古人卷帙較之，可得萬餘卷。[3]

字裡行間，流露出的是陳夢雷歷經數年勞瘁，終有所成的喜悅，以及編輯《彙編》時取用圖書的來源，另外強調了對十三經、二十一史的重視，和即便雜蕪如稗史子集，亦不肯割棄的態度，沒有談到是否曾經開列引用文獻資料的目錄。大約當時陳夢雷對於《彙編》所收錄的圖書，心猶未厭，於是接著請求胤祉：

> 上請至尊聖訓、東宮殿下睿旨，何者宜存，何者宜去，何者宜分，何者宜合，定其大綱，得以欽遵檢校。或賜發祕府之藏，廣其所未備。然後擇于江南、浙江都會之地，廣聚別本書籍。[4]

康熙五十五年（1716）開「古今圖書集成館」，增補文獻數量頗豐，現今所見《古今圖書集成》中大量方志、皇帝論文，康熙年間新修的《明史》（稿本）、《大清會典》、《朱子全書》、《萬壽盛典》及私家撰

3　陳夢雷：〈進彙編啟〉，《松鶴山房文集》，卷2，頁38。

4　陳夢雷：〈進彙編啟〉，《松鶴山房文集》，卷2，頁38。

述如朱彝尊《經義考》，徐乾學、納蘭成德刊《通志堂經解》等，應
該都是取材自內府。

對於所引用的文獻資料，在編輯過程中往往未能將版本狀況詳晰
著錄，是自有類書以來共通的缺失。陳夢雷輯《古今圖書集成》，於
體例的創發，大有超軼前代之處，卻也忽略版本一項在圖書文獻上的
重要性。但相較之下，《古今圖書集成》對文獻的學術關聯性與真確
性，顯然投注較多的心力。以下各節，本文將討論《古今圖書集成‧
經籍典》甄錄文獻的標準及徵引文獻的缺失，這裡先就《古今圖書集
成‧經籍典》輯錄文獻的特色，略作分析。

一　廣搜前代重要圖書

陳夢雷彙編《古今圖書集成》，既以貫通古今、囊括經史為初
衷，因此對文獻材料的簡擇，凡經史有可據者便加以存錄，即或真偽
假托不可確知，亦並錄之，以傳疑焉。陳夢雷〈進彙編啟〉說「凡在
六合之內，鉅細畢舉。其在十三經、二十一史者，隻字不遺；其在稗
史子集者，十亦只刪一二」[5]，雍正皇帝御製〈古今圖書集成序〉稱
「是書海涵地負，集經史諸子百家之大成」[6]，雖不免有溢美夸張之
嫌，卻真實呈顯出陳夢雷當初纂輯是書的豪情壯志。

以文獻的內容與文獻所呈現的形式體裁為分類依據，〈經籍典〉
將經史子集四部書內符合選錄標準的各項資料，逐一排入「彙考」、
「總論」、「藝文」、「紀事」、「雜錄」等緯目之中。大體而言，「彙
考」以收錄經傳史籍為主，經傳史籍闕載，則取稗史子集中尤可徵信

5　陳夢雷：〈進彙編啟〉，《松鶴山房文集》，卷2，頁38。
6　清世宗：〈古今圖書集成序〉，《古今圖書集》，卷首，頁2。

者，逐條鈔錄，以相對照。以〈易經部〉「彙考一」為例，「簭人掌三《易》，二曰《歸藏》」（卷59，頁314）條下，先後援引《禮記‧禮運》篇、桓譚《新論》、劉勰《文心雕龍》、《隋書‧經籍志》、《唐書‧藝文志》、孔穎達《周易正義》、《宋史‧藝文志》、《崇文總目》、《中興書目》、朱震《易叢說》、鄭樵《通志》、柴霖《三皇太古書》、馬端臨《文獻通考》等有關《歸藏》之論述，徵引不可謂不豐。「藝文」一目，收錄某一事類相關的文學作品，如〈易經部〉「藝文」，即收錄後漢范升〈讓易經博士疏〉、〈費氏易左氏春秋立博士奏議〉，黃憲〈外史論易〉，孔融〈答虞翻書〉以下，至賈鴻洙〈太微經序〉等作品近百篇。「總論」、「紀事」、「雜錄」，徵引資料更多，如裴芹嘗撰〈古今圖書集成方志書目輯稿〉一文，鈔錄見引於《古今圖書集成》之方志，即有一千九百四十種之多。[7]其他雜著筆記、前代類書、古注、會要、實錄、政書，目前尚未有精準的統計，然而種數想必不在方志之下。

　　細密的分類，與廣泛的採集資料，將使「一事因革損益之源流，一物古今之稱謂，與其種類性情及其制造之法，皆可概見」。[8]如《舊唐書》卷一百六十五〈柳公綽傳〉載：

　　（公綽子）仲郢以禮法自持，私居未嘗不拱手，內齋未嘗不束帶。三為大鎮，廄無名馬，衣不薰香。退公布卷，不捨晝夜。九經、三史一鈔，魏、晉已來南北史再鈔，手鈔分門三十卷，號柳氏自備。又精釋典，瑜伽、智度大論皆再鈔，自餘佛書，多手記要義。小楷精謹，無一字肆筆。撰《尚書二十四司

7　裴芹：〈古今圖書集成方志書目輯稿〉，《古今圖書集成研究》，頁97-140。
8　陳夢雷：〈古今圖書集成凡例〉，《古今圖書集成》，卷首，頁9。

箴》，韓愈、柳宗元深賞之。有《文集》二十卷。[9]

〈明倫彙編‧官常典‧節使部〉「名臣列傳十五」（卷563，頁45）徵引此文，無有異同。而〈經籍典‧經籍總部〉「紀事六」則引〈柳氏序訓〉二則，云：

> 余家昇平里，西堂藏書，經史子集皆有三本，一本紙裹籤束，華麗者鎮庫，一本次者，長行披覽，又一本次者，後生子弟為業。（卷44，頁46）

又云：

> 柳公綽自舉進士，至方面，嘗鈔書不輟，九經、三史一鈔，南北史再鈔。（卷44，頁46）

據《舊唐書‧柳公綽傳》，鈔九經、三史及南北史者為公綽之子仲郢，而〈柳氏序訓〉記鈔書者為公綽，所說不一。〈經籍典〉編者於所引〈柳氏序訓〉條下註云：「按本傳鈔書係仲郢事，此云公綽者，大抵柳氏藏書鈔書，俱始于公綽，成于仲郢耳。」（卷44，頁46）若非將文獻資料排比參照，即使對《舊唐書》、〈柳氏序訓〉研讀精熟，也不必然能發現兩者間的差異，可見〈經籍典〉編者嫻熟文獻資料，抉隱發微，甚是用心。

又如宋邵博《聞見後錄》載：

9　〔後晉〕劉昫等：《舊唐書》（北京：中華書局，1975年），卷165，頁4307。

俗語借與人書為一癡，還書與人為一癡，予每疑此語近薄。借
書還書，理也，何癡云？後見王樂道與錢穆四書〈出師頌
書〉，函中最妙絕，古語借書一瓻，還書一瓻，欲以酒二尊
往，知鄰例外物不敢。因檢《說文》，瓻，抽遲反，亦音絺，
注云「酒器」，古以借書，蓋俗誤以為癡也。[10]

〈經籍典·經籍總部〉「雜錄一」徵引邵氏此說，且註云：「此條凡數
見，詳略不同，並存之。」（卷49，頁13）意思是說，「借與人書為一
癡，還書與人為一癡」，此事見於當時載籍甚多，各家說法詳略不
同，皆鈔錄之以較其異同。於是在邵博此文之下，陸續逐錄：

1. 宋王楙《野客叢談》

李正文《資暇集》曰：借書集俗謂借一癡，與二癡，索三癡，
還四癡。又杜元凱遺其子書，曰書勿借人。古諺云「借書一
嗤，還書一嗤」，後人生其詞至三四，訛為癡，或曰癡，甚無
謂。當作瓻，《廣韻》注張孟押韻所載瓻字，皆曰「借書，盛
酒器也」，故曾文清公〈還鄭侍郎通鑑詩〉曰「借我以一鑑，
餉公無兩瓻」，然又觀魯直詩曰「願公借我藏書目，時送一鴟
開鎖魚」，蘇養直詩曰「休言貧病惟三篋，已辦借書無一鴟」，
又曰「去止書三篋，歸亡酒一鴟」，曰「慚無安世書三篋，濫
得揚雄酒一鴟」，乃作鴟夷之鴟。近見《漁隱後集》，亦引黃詩
為證。（卷49，頁13）

---

10 〔宋〕邵博：《邵氏聞見後錄》（北京：中華書局，1997年12月），卷27，頁213-
214。

2.宋張世南《游宦紀聞》

借書一癡，還書一癡，或作嗤字，此鄙俗無狀語。前輩謂借書
還書，皆以一瓻，《禮部韻》云「瓻，盛酒器」，山谷以詩借書
目於胡朝請，末聯云「願公借我藏書目，時送一鴟開鏁魚」。
坡翁〈和陶詩〉云「不持兩鴟酒，肯借一車書」。吳王取伍子
胥屍，盛以鴟夷革，浮之水中，應劭曰「取馬革為鴟夷，榼
形」，范蠡號鴟夷子皮，師古曰「若盛酒之鴟夷」，揚子雲〈酒
箴〉「鴟夷滑稽，腹大如壺」，師古云「鴟夷、革囊，以盛酒
也」，蘇、黃用鴟字本此。（卷49，頁13）

3.宋何薳《春渚紀聞》

杜征南〈與兒書〉言「昔人云借人書一癡，還人書一癡」，山
谷〈借書詩〉云「時送一鴟開鎖魚」，又云「明日還公一癡」，
常疑二字不同，因於孫愐《唐韻》五之字韻中「瓻」字下，注
云「酒器，大者一石，小者五斗，古借書盛酒瓶也」，又得以
證二字之差。然山谷「鴟夷」字，必別見他說，當是古人借
書，必先以酒醴通殷勤，借書皆用之耳。（卷49，頁13）

4.宋周煇《清波雜志》

借書一歠，還書一歠，後訛為癡，殊非忠厚氣象。書亦天降地
出，必因人得之，得而祕之，自示不廣，人亦豈肯以未見者相
假？唐杜暹〈家書〉末自題云「清俸買來手自校，子孫讀之知

聖道，鬻及借人為不孝」，鬻為不孝可也，借為不孝，過矣。
然煇手抄書，前後遺失亦多，未免往來于心，因讀唐子西失茶
具說，釋然不復芥蔕。其說曰：「吾家失茶具，戒婦勿求。婦
曰：『何也？』吾應之曰：『彼竊者，必其所好也，心之所好，
則思得之，懼吾靳之不予也，而竊之。則斯人也，得其所好
矣。得其所好則寶之，懼其泄而祕之，懼其壞而安置之，則是
物也，得其所託矣。人得其所好，物得其所託，復何言哉！』
婦曰：『嘻，是烏得不貧？』」煇亦云：聚而必散，物理之常。
（卷49，頁13-14）

由借書一癡，考證而得即古語「借書一瓻，還書一瓻」，進而更知古
人借書，必先以酒醴通殷勤，借書皆用之。而蘇東坡（1037-1101）
〈和陶詩〉「不持兩鴟酒，肯借一車書」，曾鞏（1019-1083）〈還鄭侍
郎通鑑詩〉「借我以一鑑，餉公無兩瓻」，黃山谷（1045-1105）「願公
借我藏書目，時送一鴟開鏁魚」，蘇養直（1065-1147）「休言貧病惟
三篋，已辦借書無一鴟」，又曰「去止書三篋，歸亡酒一鴟」，曰「慚
無安世書三篋，濫得揚雄酒一鴟」，乃作「鴟夷」之「鴟」，必定別有
出典。由此可見，經由廣泛徵引文獻並加以排比，甚有助於詩文典故
的考證。

二　援引當代新修圖書

滿清以異族收取中原，為鞏固其政權，在實行高壓政策的同時，
也十分注意利用傳統儒學，以籠絡廣大知識份子。其具體方式，為大
規模搜集、編纂和註釋古代典籍。如《東華錄》嘗載康熙二十五年
（1686），有感於內府藏書不足，乃仿效歷朝徵書的盛事，下令所屬

部院，從事圖書的鈔輯和購求事云：「自古帝王致治隆文，典籍具備，猶必博採遺書，用充祕府，蓋以廣見聞而資掌故，甚盛事也。朕留心藝文，晨夕披覽，雖內府書籍，篇目粗陳，而裒集未備。因思通都大邑，應有藏編，野乘名山，豈無善本？今宜廣為訪輯，凡經、史、子、集，除尋常刻本外，其有藏書祕錄，作何給值採集及借本鈔寫事宜，宜爾部院會同詳議具奏，務令搜羅罔軼，以副朕稽古崇文之至意。」[11]又據翁連溪《清代內府刻書研究》一書統計，順治十八年裡中央機構所刻漢文圖書僅二十三種，到了康熙朝就多達七十七種，其中新編纂之漢文著作計有六十四種。[12]圖書的徵集與編修，對當時學界整理研究古代典籍風氣的形成，發揮不少推波助瀾的作用。

（一）中央所刻圖書

《古今圖書集成》初步完成於聖祖康熙四十五年（1706），五十五年（1716）進呈，並開館修訂，至雍正三年（1725），校畢刊行，其間適逢官編圖書大量編輯校刊完竣，因此《古今圖書集成》中，時常可見徵引官修圖籍的文字。如：

1.《大清會典》

《大清會典》歷經五次編修。首部《會典》，為康熙二十三年（1684）伊桑阿（1638-1703）奉敕纂修，康熙二十九年（1690）四月二十六日告竣。記清初崇德元年（1636），至康熙二十五年（1686）間事，共計一百六十二卷。《古今圖書集成》徵引三百六十五則。

---

11 〔清〕蔣良麒原纂，〔清〕王先謙續纂：《東華錄》（臺北：文海出版社，1963年），卷9，〈康熙朝〉，「康熙二十五年條」，頁20。又〔清〕王士禎《池北偶談》（北京：中華書局，1989年），卷4，「訪遺書」條，頁78-79，亦載此事。

12 翁連溪：《清代內府刻書研究》（北京：故宮出版社，2013年），頁364。

2.《淵鑒齋御纂朱子全書》

《淵鑒齋御纂朱子全書》六十六卷，李光地（1642-1718）、熊賜履（1635-1709）等奉敕纂輯。康熙四十五年（1706）開始編修，康熙五十三年（1715）由內府梓行。《古今圖書集成》徵引三百六十則。

3.《全唐詩》

《全唐詩》一百卷，為錢謙益（1852-1664）據《唐詩紀事》纂輯而成，季振宜（1630-1674）續成。始於康熙三年（1664），成於康熙十二年（1673）。《古今圖書集成》徵引四十四則。

4.《大清律》

《大清律》三十卷，創於順治三年五月（1646），以《大明律》為纂修基礎，歷康、雍、乾三朝修訂方確立。康熙九年（1670），大學士管刑部尚書事對喀納（1619-1675）等復奉詔校正。《古今圖書集成》徵引十四則。

5.《繹史》

《繹史》一百六十卷、《世系圖》一卷、《年表》一卷，康熙四十四年（1705）知縣馬驌（1621-1673）以所撰《繹史》進呈，欽定取入內府。《古今圖書集成》徵引十二則。

6.《萬壽盛典》

《萬壽盛典》一百二十卷，康熙五十二年（1713）三月十八日，康熙六十壽辰，臣僚奏請將慶典彙集成書，以紀其盛。《古今圖書集成》徵引十則。

7.《御定孝經衍義》

《御定孝經衍義》一百卷，康熙二十一年（1682）侍郎張英（1637-1708）等奉敕撰，康熙二十九年（1690）由內府梓行。《古今圖書集成》徵引七則。

8.《欽定選擇曆書》

《欽定選擇曆書》十卷，欽天監監正安泰等奉敕纂修，於康熙二十四年（1685）完成。《古今圖書集成》徵引四則。

9.《皇輿表》

《皇輿表》十六卷，清喇沙里（？-1679）等修，揆敘（1674-1717）等增修。康熙四十三年（1704），宋犖（1634-1714）刻內府印本。《古今圖書集成》徵引二則。

10.《御製親征平定朔漠方略》

《御製親征平定朔漠方略》四十八卷，康熙四十七年（1708），大學士溫達（？-1715）等撰進。《古今圖書集成》徵引一則。

11.《御定歷代紀事年表》

《御定歷代紀事年表》一百卷、《歷代三元甲子編年》一卷，康熙五十一年（1712）清聖祖御定，康熙五十四年（1715）王之樞纂成。《古今圖書集成》徵引一則。

12.《佩文齋書畫譜》

《佩文齋書畫譜》一百卷，康熙四十七年（1708），孫岳頒（1639-1708）等奉敕撰。《古今圖書集成》徵引一則。

13.《康熙字典》

《康熙字典》四十二卷，康熙四十九年（1710）三月乙亥，清聖祖諭大學士陳廷敬（1638-1712）等纂修。《古今圖書集成》徵引一則。

其中《淵鑒齋御纂朱子全書》大量出現於〈經籍典〉各部，依卷目，各部徵引《朱子全書》的情況如下：

1.〈書經部〉「總論二」

徵引〈尚書綱領〉十六則、〈虞書·堯典〉二十一則、〈舜典〉二十八則、〈大禹謨〉十九則、〈皋陶謨〉九則、〈益稷〉四則、〈夏書·禹貢〉四則、〈商書·湯誓〉一則、〈仲虺之誥〉三則、〈湯誥〉三

則、〈伊訓〉四則、〈太甲〉三則、〈咸有一德〉五則、〈盤庚〉一則、
〈說命〉十則、〈西伯戡黎〉一則、〈微子〉一則。

2.〈書經部〉「總論三」

徵引〈周書・泰誓〉三則、〈洪範〉二十則、〈旅獒〉一則、〈金
縢〉四則、〈大誥〉三則、〈康誥〉四則、〈梓材〉二則、〈召誥〉、〈洛
誥〉二則、〈無逸〉二則、〈君奭〉二則、〈立政〉三則、〈周官〉一
則、〈顧命〉、〈康王之誥〉四則、〈君牙〉一則、〈冏命〉一則、〈呂
刑〉四則、〈秦誓〉、〈費誓〉一則。

3.〈詩經部〉「總論四」

徵引〈詩綱領〉三十八則。

4.〈詩經部〉「總論五」

〈周南〉:〈關雎〉、〈卷耳〉、〈樛木〉、〈兔罝〉、〈漢廣〉、〈麟趾〉

〈召南〉:〈鵲巢〉、〈采蘩〉、〈摽有梅〉、〈何彼襛矣〉、〈騶虞〉

〈邶〉:〈柏舟〉、〈綠衣〉、〈燕燕〉、〈日月〉、〈終風〉、〈式微〉、
〈泉水〉、〈靜女〉、〈二子乘舟〉

〈鄘〉:〈干旄〉

〈衛〉:〈淇澳〉

〈王〉:〈君子陽陽〉

〈鄭〉:〈狡童〉

〈齊〉:〈著〉

〈唐〉:〈蟋蟀〉

〈豳〉:〈七月〉、〈鴟鴞〉、〈破斧〉、〈九罭〉、〈狼跋〉

〈小雅〉:鹿鳴〈常棣〉、〈伐木〉、〈天保〉、〈采薇〉、〈出車〉、
〈魚麗〉、〈車攻〉、〈庭燎〉、〈斯干〉、〈節南山〉、〈小弁〉、〈楚茨〉、
〈瞻彼洛矣〉、〈苕之華〉

〈大雅〉:〈文王〉、〈綿〉、〈棫樸〉、〈皇矣〉、〈文王有聲〉、〈生

民〉、〈既醉〉、〈假樂〉、〈公劉〉、〈卷阿〉、〈民勞〉、〈板〉、〈蕩〉、
〈抑〉、〈雲漢〉、〈烝民〉

　　〈周頌〉：〈清廟〉、〈昊天有成命〉、〈我將〉、〈敬之〉

　　〈魯頌〉：〈閟宮〉

　　〈商頌〉：〈那〉、〈長發〉

　　5.〈春秋部〉「總論七」

　　徵引〈春秋綱領〉二十二則、〈隱公〉十則、〈桓公〉三則、〈莊
公〉一則、〈閔公〉一則、〈僖公〉七則、〈宣公〉一則、〈成公〉二
則、〈襄公〉四則、〈昭公〉六則、〈定公〉三則。

　　6.〈禮記部〉「總論二」

　　徵引〈大戴禮〉五則、〈小戴禮總論〉六則、〈曲禮〉九則、〈檀
弓〉十則、〈王制〉四則、〈月令〉一則、〈曾子問〉四則、〈文王世
子〉三則、〈禮運〉五則、〈禮器〉二則、〈郊特牲〉三則、〈內則〉二
則、〈玉藻〉一則、〈喪服小記〉三則、〈大傳〉四則、〈少儀〉二則、
〈學記〉五則、〈樂記〉九則、〈祭義〉三則、〈孔子閒居〉一則、〈表
記〉二則、〈深衣〉一則、〈投壺〉一則、〈鄉飲酒〉一則、〈鄉射〉一
則、〈喪服四制〉一則。

　　7.〈儀禮部〉「總論三」

　　徵引〈儀禮總論〉、〈士冠〉、〈士昏〉、〈聘禮〉、〈公食大夫禮〉、
〈覲禮〉、〈喪服經傳〉、〈士喪〉。

　　8.〈周禮部〉「總論一」

　　徵引〈周禮總論〉、〈天官〉、〈地官〉、〈春官〉、〈秋官〉、〈冬官。

　　9.〈三禮部〉「總論二」

　　徵引〈論考禮綱領〉。

　　10.〈論語部〉「總論四」

　　徵引〈論語總論〉十一則。

11.〈大學部〉「總論」

徵引〈大學〉八則。

12.〈中庸部〉「總論」

徵引〈中庸總論〉。

13.〈孟子部〉總論二」

徵引〈孟子總論〉、〈答林擇之〉、〈答董叔重〉。

14.〈四書部〉「總論二」

徵引〈孔子〉、〈顏曾思孟〉、〈孔門弟子〉。

15.〈經學部〉「總論五」

徵引〈讀諸經法〉、〈論解經〉。

16.〈戰國策部〉「總論」

徵引〈戰國總論〉。

17.〈漢書部〉「總論」

徵引〈西漢總論〉二十九則。

18.〈後漢書部〉「總論」

徵引〈東漢總論〉。

19.〈三國志部〉「總論」

徵引〈三國總論〉。

20.〈晉書部〉「總論」

徵引〈晉總論〉。

21.〈唐書部〉「總論」

徵引〈唐總論〉。

22.〈五代史部〉「總論」

徵引〈五代總論〉。

23.〈宋史部〉「總論」

徵引〈宋代事實〉。

24.〈荀子部〉「總論」

徵引〈諸子〉。

25.〈揚子部〉「總論」

徵引〈諸子〉。

康熙皇帝自年青時起，受經筵講官熊賜履的影響，深慕程、朱理學，《嘯亭雜錄》記載：

> 仁皇夙好程、朱，深談性理，所著《幾暇餘編》，其窮理盡性處，雖夙儒者學，莫能窺測。所任李文貞光地、湯文正斌等皆理學者儒。嘗出《理學真偽論》以試詞林，又刊定《性理大全》、《朱子全書》等書，特命朱子配祀十哲之列。故當時宋學昌明，世多醇儒者學，風俗醇厚，非後所能及也。[13]

直至晚年，仍訓示眾臣「孔、孟之後，有裨斯文者，朱子之功最為宏巨」。[14]《淵鑒齋御纂朱子全書》便是在此信念下編輯完成。陳夢雷治學，亦於程朱理學最所服膺，〈經籍典〉五百卷，從體例架構到文獻材料的采擇甄別，無不以尊經為先，因此篇中大量援引《淵鑒齋御纂朱子全書》。

（二）順治康熙年間所修方志

康熙十一年（1671）保和殿大學士衛周祚（1612-1675）上疏奏

---

13 〔清〕昭槤撰，何英芳點校：《嘯亭雜錄》（北京：中華書局，1980年），卷1，〈崇理學〉，頁6。

14 《清實錄》：「惟宋儒朱子，注釋群經，闡發道理，凡所著作及編纂之書，皆明白精確，歸於大中至正。經今五百餘年，學者無敢疵議。朕以為孔、孟之後，有裨斯文者，朱子之功最為宏巨。」（北京：中華書局，1985年），卷249，頁466。

請纂修《一統志》:「各省通志宜修,如天下山川、形勢、戶口、丁徭、地畝、錢糧、風俗、人物、疆域、險要,宜匯集成帙,名曰《通志》,誠一代之文獻,然迄今各省尚未編修,甚屬缺典,何以襄我皇上興隆盛治乎?除河南、陝西已經前撫臣賈漢復纂修進呈外,請敕下直省各督撫,聘集夙儒名賢,接古續今,纂輯成書,總發翰林院,彙為《大清一統志》。」康熙採其建議,「今上御極之十一年,允輔臣請,詔天下直省、府、州、縣咸修輯志書,於是直省有司各設館,餽稟高才生以從事。」[15]康熙為了能順利纂輯《大清一統志》,強力要求各直省、府、州、縣修輯方志,因此康熙朝有許多省、府、州、縣志問世。據巴兆祥統計:「當年(康熙11年)及次年(康熙12年),就有《廣東通志》三十卷、《高唐州志》十二卷、《臨淄縣志》十六卷等約二百六十一種現存省、府、州、縣志問世。」[16]

陳夢雷纂修《古今圖書集成》期間,適逢康熙要求各直省、府、州、縣纂修方志,因此《古今圖書集成》得以大量徵引這些方志。其中〈經籍典‧地志部〉「彙考六」到「彙考十一」,蒐羅省志、府志序文一百二十五篇,這些方志序文有不見於《清文彙》或個人文集收錄者,有志書現今不易尋獲者,端賴〈經籍典〉的著錄,乃得流傳人間,則〈經籍典〉的文獻價值,可見一斑。

茲臚列〈地志部〉「彙考」所錄方志序文篇目如下,並該方志編修與收入叢書及電子資料庫之情況:

---

15 康熙十一年閏七月〈憲牌〉,〔清〕高得貴修、〔清〕張九徵等纂、〔清〕朱霖等增纂:《(乾隆)鎮江府志》(南京:鳳凰出版社《中國地方志集成‧江蘇府縣志輯》影印乾隆十五年增刻本,2008年),頁22。

16 巴兆祥:〈論《大清一統志》的編修對清代地方志的影響〉,《寧夏社會科學》2004年第3期,頁67。

地志部 彙考六	該方志纂修 狀況	該方志收入叢書及電子 資料庫之狀況	備註
《畿輔通志》 格爾古德序	《畿輔通志》 四十六卷，康 熙二十二年于 成龍修、郭棻 纂	《中國地方志集成‧省志輯‧ 河北》 南京：鳳凰出版社，2010年據 康熙二十二年刻本影印 愛如生「中國方志庫」二集據 康熙二十二年刻本編製	此為張玉書代 格爾古德序， 收入張玉書 《張文貞集》 卷四
《畿輔通志》 李玠序			
《盛京通志》 董秉忠序	《盛京通志》 三十二卷，康 熙二十三年伊 把漢、董秉忠 等修，孫成等 纂		此為陳夢雷代 董京兆序，收 入陳夢雷《松 鶴山房文集》 卷九
《山東通志》 張鳳儀序	《山東通志》 六十四卷，康 熙十二年張鳳 儀、施天裔修		
《河南通志》 李森先序	《河南通志》 五十卷，康熙 九年徐化成增 補清順治十七 年賈漢復原修 本	《上海圖書館藏稀見方志叢 刊》 北京：國家圖書館出版社， 2011年據康熙九年增補順治本 影印	
《山西通志》 焦榮序	《山西通志》 三十二卷，清 康熙二十一年 穆爾賽等修； 劉梅、溫敞纂	《中國地方志集成‧省志輯‧ 山西》 南京：鳳凰出版社，2011年據 康熙二十一年刻本影印	

《陝西通志》賈漢復序	《陝西通志》三十二卷首三卷，康熙六年賈漢復修、李楷纂		
《江南通志》于成龍序	《江南通志》七十六卷，康熙二十三年于成龍等修；張九徵、陳焯纂	《中國地方志集成・省志輯・江南》南京：鳳凰出版社，2011年據康熙二十三年江南通志局刻本影印	此序收入《于清端政書》卷八
《浙江通志》張衡序	《浙江通志》五十卷首一卷，康熙二十三年王國安等修；黃宗羲、張衡纂	《中國地方志集成・省志輯・浙江》南京：鳳凰出版社，2010年據康熙二十三年刻本影印	此序張衡《聽雲閣集》未收
《江西通志》于成龍序	《江西通志》五十四卷，康熙二十二年于成龍等修、杜果等纂	《中國方志叢書・華中地方・江西省》台北：成文出版社，1989年據日本國會圖書館藏康熙22年刊本影印 愛如生「中國方志庫」二集據康熙二十二年刻本編製	此序《于清端政書》及《于清端公集》未收
《福建通志》金鋐序	《福建通志》六十四卷，康熙二十三年金鋐修；鄭開極、陳軾纂	《中國地方志集成・省志輯・福建》南京：鳳凰出版社，2011年據康熙二十三年刻本影印	
《湖廣通志》慕天顏序	《湖廣通志》八十卷圖考一	《中國地方志集成・省志輯・湖北》	

	卷，康熙二十三年徐國相、丁思孔修；宮夢仁、姚淳燾纂	南京：鳳凰出版社，2010年據康熙二十三年刻本影印	
《四川總志》蔡毓榮序	《四川總志》三十卷，康熙十二年蔡毓榮等修、錢受祺等纂		「中國大陸各省地方志書目查詢系統」著錄為三十二卷首三卷
《廣東通志》金光祖序	《廣東通志》三十卷，康熙十四年金光祖、金儁等修	《中國地方志集成・省志輯・廣東》南京：鳳凰出版社，2010年據康熙三十六年刻本影印愛如生「中國方志庫」二集據康熙三十六年刻本編製	此序收入阮元《（道光）廣東通志》卷一百九十一藝文略三
《廣西通志》黃元驥序	《廣西通志》四十卷，康熙二十二年郝浴修；廖必強、王如辰等纂		
《貴州通志》閻興邦序	《貴州通志》三十六卷，康熙三十六年衛既齊修、薛載德纂、閻興邦補修	《西南稀見方志文獻》蘭州：蘭州大學出版社，2003年據1965年貴州省圖書館油印康熙三十六年原刊本影印	此序收入鄂爾泰《（乾隆）貴州通志》貴州通志卷之三十九藝文
《雲南通志》范承勳序	《雲南通志》三十卷首一卷，康熙三十	《中國地方志集成・省志輯・雲南》南京：鳳凰出版社，2009年據	此序收入鄂爾泰《（雍正）雲南通志》卷

地志部 彙考七	該方志纂修 狀況	該方志收入叢書及電子 資料庫之狀況	備註
	年范承勳、王 繼文修；吳自 肅、丁煒纂	康熙三十年刻本影印 愛如生「中國方志庫」二集據 康熙三十年刻本編製	二十九之十二
《順天府志》 吳萊序	《順天府志》 二十卷		「中國大陸各 省地方志書目 查詢系統」著 錄為《順天府 志》八卷，康 熙年間張吉午 纂修。考相關 書目，未見 〈經籍典〉 「地志部彙考 七」所載二十 卷本及吳萊序 文。
《永平府志》 蔡士英序	《永平府志》 二十四卷首一 卷，康熙二年 路遴修、宋琬 纂		此序蔡士英 《撫江集》未 收
《山海關志》 錢世清序	《山海關志》 十卷首一卷， 康熙八年佘一 元纂修	《山海關歷代舊志校注》 天津：天津人民出版社，1999 年	
《保定府志》 李霨序	《保定府志》 二十九卷，康 熙十九年紀弘		李霨有《心遠 堂詩集》十二 卷傳世，未見

	謨等修、郭棻纂		其文集。
《順德府志》李茂枝序	《順德府志》四卷，康熙十九年殷作霖等纂修		
《廣平府志》魏裔介序	《廣平府志》二十卷，康熙十五年沈奕琛修、申涵盼纂		此序收入魏裔介《兼濟堂文集》卷七
《大名府志》郜煥元序	《大名府志》三十二卷，康熙十一年周邦彬修、郜煥元纂	《故宮珍本叢刊‧河北府州縣志》 海口：海南出版社，2001年據康熙十一年刻本影印 愛如生「中國方志庫」二集據康熙十一年刻本編製	
《濟南府志》佛倫序	《濟南府志》五十四卷首一卷，康熙三十一年蔣焜修、唐夢賚等纂		
《兗州府志》祖允圖序	《兗州府志》四十卷首一卷，康熙二十五年張鵬翮等纂修		
《青州府志》崔俊序	《青州府志》二十卷，康熙十五年崔俊修、李煥章纂		

《登州府志》施閨章序	《登州府志》二十二卷，順治十七年施閨章修、楊奇烈纂		此序施閨章《施愚山先生全集》未收
地志部彙考八	**該方志纂修狀況**	**該方志收入叢書及電子資料庫之狀況**	**備註**
《河南開封府志》管竭忠序	《開封府志》四十卷，康熙三十四年管竭忠修、張沐纂		
《歸德府志》宋國榮序	《歸德府志》十卷，順治十七年宋國榮修、羊琦纂		
《彰德府志》顧汧序	《彰德府志》十八卷首一卷，康熙三十五年湯傳楷纂修		此序收入顧汧《鳳池園詩文集》文集卷三
《衛輝府志》胡蔚先序	《衛輝府志》十九卷，康熙三十四年胡蔚先修、李芳辰纂		
《懷慶府志》劉維世序	《懷慶府志》十八卷，康熙三十四年劉維世修；蕭瑞苞、喬騰鳳纂		

《河南府志》袁拱序	《河南府志》二十八卷，康熙三十四年張聖業修、董正纂		
《南陽府志》朱璘序	《南陽府志》六卷，康熙三十三年朱璘纂修	《新修方志叢刊‧河南方志》臺北：臺灣學生書局，1968年據康熙三十三年刊本影印	
《汝寧府志》董永祚序	《汝寧府志》十六卷首一卷，康熙三十四年何顯祖、董永祚修；董正纂	「中國數字方志庫」據康熙三十四年刻本編製	
《太原府志》序文不著撰者			
《平陽府志》劉棨序	《平陽府志》三十六卷，康熙四十七年劉棨修、孔尚任纂	《稀見中國地方誌彙刊》第6冊 北京：中國書局，1992年據康熙間刻本影印 愛如生「中國方志庫」二集據康熙四十七年刻本編製	
《汾州府志》序文不著撰者			
《潞安府志》錢受祺序	《潞安府志》□卷，順治十八年楊暟修；李中白、周再勳纂	《新修方志叢刊‧山西方志》臺北：臺灣學生書局，1968年據順治十八年刊抄補本影印	《新修方志叢刊‧山西方志》所收入《潞安府志》為二十卷本，

			前有錢受祺及楊晙序
《雲中郡志》胡文煜序	《雲中郡志》十四卷，順治九年胡文燁等纂修	「中國數字方志庫」據順治九年刻本編製	
《延安府志》白乃貞序	《延安府志》九卷，康熙十九年陳天植修、白乃貞等纂		現存康熙《延安府志》十卷首一卷為康熙四十三年增刻本
《漢中府志》馮達道序	《漢中府志》六卷，順治十三年馮達道纂修		
《鞏昌府志》紀元序	《鞏昌府志》二十八卷，康熙二十七年紀元續修	《新修方志叢刊‧山西方志》臺北：臺灣學生書局，1968年據康熙二十七年刻本影印 愛如生「中國方志庫」二集據康熙二十七年刻本編製	
《臨洮府志》高錫爵序	《臨洮府志》二十二卷，康熙二十六年高錫爵修、郭巍纂	《中國地方志集成‧甘肅府縣志輯》南京：鳳凰出版社，2008年據康熙康熙二十六年刻本影印 愛如生「中國方志庫」二集據康熙二十六年刻本編製	
《慶陽府志》楊藻鳳序	《慶陽府志》十四卷，順治十七年楊藻鳳纂修		

地志部 彙考九	該方志纂修 狀況	該方志收入叢書及電子 資料庫之狀況	備註
《江南江寧府志》屈盡美序	《江寧府志》三十四卷，康熙七年陳開虞纂修	《南京大學圖書館藏稀見方志叢刊》 北京：國家圖書館出版社2014年，據康熙七年（1668）初刻、乾隆五十四年（1789）宋觀光補刻本影印	
《蘇州府志》宋犖序	《蘇州府志》八十二卷首一卷，康熙三十年甯雲鵬、盧騰龍等修；沈世奕、繆彤纂		此序宋犖《宋氏全集》未收
《松江府志》郭廷弼序	《松江府志》五十四卷圖經一卷，康熙二年郭廷弼修；周建鼎、包爾賡纂	《上海府縣舊志叢書·松江府卷》 上海：上海古籍出版社，2011年點校排印康熙二年刊本	
《常州府志》序文不著撰者			1.〈經籍典〉「地志部彙考九」所收之〈常州府志序文〉未見康熙三十四年于琨修、陳玉琪等纂之《常州府志》（三十卷首一卷）著

			錄，未詳本文作者，無法考其出處。 2.康熙三十四年于琨修、陳玉琪等纂《常州府志》（三十卷首一卷）見於《中國地方志集成‧江蘇府縣志輯》（南京：江蘇古籍出版社影印康熙三十四年（1695）刻本，1991年）及愛如生「中國方志庫」初集（據康熙三十四年刻本編製）。
《鎮江府志》高得貴序 《鎮江府志》張九徵序	《鎮江府志》五十四卷首一卷，康熙十三年高得貴修、張九徵等纂	愛如生「中國方志庫」二集據康熙十三年刻本編製	目錄誤植為張九徵〈淮安府志序〉
《淮安府志》高成美序	《淮安府志》三十卷，康熙二十四年高成美修、胡從中等纂		1.目錄誤植為曹成美序。 2.〈經籍典〉「地志部彙考九」著錄為三

			十卷，「中國大陸各省地方志書目查詢系統」及江蘇省地方志編纂委員會辦公室網頁「《江蘇舊方志提要》」均著錄為十三卷首一卷。
《揚州府志》金鎮序	《揚州府志》四十卷，康熙十四年金鎮纂修		
《安慶府志》靳輔序	《安慶府志》十八卷，康熙十四年姚琅等修、陳焯等纂	《中國方志叢書‧華中地方‧安徽省》臺北：成文出版社，1985年據康熙十四年刊本影印	
《徽州府志》序文不著撰者			1.〈經籍典〉「地志部彙考九」所收之〈徽州府志序文〉未見康熙三十八年丁廷楗、盧詢修；趙吉士等纂《徽州府志》（十八卷首一卷）著錄，未詳本文作者，

| | | | 無法考其出處。
2.康熙三十八年丁廷楗、盧詢修；趙吉士等纂《徽州府志》（十八卷首一卷）見於《中國方志叢書·華中地方·安徽省》（臺北：成文出版社影印康熙三十八年刊本，1975年）及愛如生「中國方志庫」初集（據康熙三十八年刻本編製）。 |
| 《寧國府志》序文不著撰者 | | | 1.〈經籍典〉「地志部彙考九」所收之〈寧國府志序文〉未見康熙十三年莊泰弘等修；劉堯枝等纂《寧國府志》（三十二卷首一卷）著 |

			錄，未詳本文作者，無法考其出處。2.康熙十三年莊泰弘等修；劉堯枝等纂《寧國府志》（三十二卷首一卷）見於《中國方志叢書・華中地方・安徽省》（臺北：成文出版社影印康熙十二年重修刊本，1985年）。
《池州府志》朴懷玉序	《池州府志》二十卷，康熙十二年朴懷玉等纂修	《清代孤本方志選・第一輯・安徽》北京：線裝書局，2001年據康熙十二年（1673）刻本影印	〈經籍典〉「地志部彙考九」作二十卷，「中國大陸各省地方志書目查詢系統」作二十二卷，北京：線裝書局《清代孤本方志選・第一輯・安徽》所收康熙十二年《池州

			府志》為殘本，存卷二、三、八、九、十二、十三，僅存六卷且無序文。
《太平府志》徐國相序	《太平府志》四十卷，康熙十二年黃桂修；宋驤、郝煌纂	《中國方志叢書‧華中地方‧安徽省》臺北：成文出版社，1985年據康熙十二年修光緒二十九年重刊本影印 愛如生「中國方志庫」初集據康熙十二年修光緒二十九年重刊本編製	
《鳳陽府志》耿繼志序	《鳳陽府志》四十卷，康熙年間耿繼志等修、湯元振等纂	《中國方志叢書‧華中地方‧安徽省》臺北：成文出版社，1985年據康熙二十四年刊本影印	
《杭州府志》王揆序	《杭州府志》四十卷圖一卷，康熙二十五年馬如龍修、楊鼐等纂		
《嘉興府志》袁國梓序	《嘉興府志》十八卷首一卷末一卷，康熙二十一年袁國梓等纂修	《稀見中國地方誌彙刊》第15冊 北京：中國書店，1992年據熙年間刻本影印 愛如生「中國方志庫」初集據康熙二十一年刻本編製	此序袁國梓《袁丹叔稿》未收

《湖州府志》程量序	《湖州府志》十二卷，順治六年程量纂修		
《寧波府志》李廷樞序	《寧波府志》十卷，康熙二十二年李廷樞修；左臣黃、姚宗京纂		1.此序收入錢維喬《（乾隆）鄞縣志》卷三十，然作李廷機序。 2.〈經籍典〉「地志部彙考九」作十卷，「中國大陸各省地方志書目查詢系統」及2014年由寧波市地方志編纂委員會出版之《清代寧波府志》所收康熙二十二年《寧波府志》均作三十二卷，李廷機修；左臣黃、姚宗京纂。
《金華府志》張蓋序	《金華府志》三十卷，康熙二十二年張蓋修、沈麟趾等纂	《中國地方誌集成‧浙江府縣志輯》上海：上海書店出版社，1993年據宣統元年嵩連石印本影印，卷二十九第203頁原缺	

		愛如生「中國方志庫」初集據宣統元年嵩連石印本編製	
《衢州府志》姜承基序	《衢州府志》四十卷 首一卷，康熙五十年楊廷望纂修		
《溫州府志》王國泰序	《溫州府志》三十二卷首一卷，康熙十四年王國泰修、金大起纂		
《台州府志》鮑復泰序	《台州府志》十八卷，康熙二十二年鮑復泰修；馮甦、洪若皋纂	《南京圖書館藏稀見方志叢刊》北京：國家圖書館出版社，2012年據康熙二十二年刻本	
《處州府志》王崇銘序	《處州府志》十二卷，康熙二十九年劉廷機纂修	《復旦大學圖書館藏稀見方志叢刊》北京：國家圖書館出版社，2010年據康熙二十九年刻本影印愛如生「中國方志庫」二集據康熙二十九年刻本編製	
地志部彙考十	該方志纂修狀況	該方志收入叢書及電子資料庫之狀況	備註
《南昌府志》張朝璘序	《南昌郡乘》五十五卷，康熙二年葉舟修、陳弘緒纂	《北京圖書館古籍珍本叢刊》北京：書目文獻出版社，1988年據康熙二年刻本影印	

《饒州府志》高璜序	《饒州府志》四十卷首一卷，康熙二十二年王澤洪修、吳俊等纂	《中國方志叢書‧華中地方‧江西省》臺北：成文出版社，1989年據日本國會圖書館藏康熙二十二年刊本影印	
《廣信府志》孫世昌序	《廣信府志》二十卷，康熙二十二年周駿升修、孫世昌纂	《上海圖書館藏稀見方志叢刊》北京：國家圖書館出版社，2011年據康熙二十二年刻本影印	
《南康府志》廖文英序	《南康府志》十卷，康熙十二年廖文英、倫品單修；熊維典、錢正振纂	《中國方志叢書‧華中地方‧江西省》臺北：成文出版社，1989年據康熙十五年補刊本影印	現存康熙《延安府志》十二卷為康熙十五年補刊本
《九江府志》江殷道序	《九江府志》十八卷，康熙十二年江殷道修、張秉鉉纂	《中國方志叢書‧華中地方‧江西省》臺北：成文出版社，1975年據康熙十二年刻本影印	目錄及內文均誤植為殷江道序
《建昌府志》高天爵序	《建昌府志》二十六卷，康熙十二年高天爵、李丕先修；吳挺之、黃日應纂	《南京大學圖書館藏稀見方志叢刊》北京：國家圖書館出版社，2014年據康熙十二年刻本影印	
《撫州府志》劉玉瓚序	《撫州府志》三十五卷首一卷，康熙四年劉玉瓚修、饒	《清代孤本方志選》第二輯.江西；15-17 北京：線裝書局，2001年據康熙四年刻本影印	

	昌胤等纂	愛如生「中國方志庫」二集據康熙四年刻本編製	
《臨江府志》序文不著撰者	《臨江府志》十六卷，康熙七年施閏章修、高詠纂	《中國方志叢書・華中地方・江西省》臺北：成文出版社，1989年據康熙七年刻本影印	1.〈經籍典〉「地志部彙考十」所收之〈臨江府志序文〉未見康熙七年施閏章修、高詠纂《臨江府志》（十六卷）著錄，未詳本文作者，無法考其出處。2.康熙七年施閏章修、高詠纂《臨江府志》（十六卷）見於《中國方志叢書・華中地方・江西省》（臺北：成文出版社影印康熙七年刻本，1989年）。
《吉安府志》趙進美序	《吉安府志》三十六卷，順治十七年李興元修、歐陽主生等纂	《中國方志叢書・華中地方・江西省》臺北：成文出版社，1976年據順治十七年刻本影印	此序收入趙進美《清止閣集・清止文草》

《瑞州府志》序文不著撰者			
《袁州府志》施閏章序	《袁州府志》二十四卷，康熙九年施閏章修，袁繼梓等纂	《清代孤本方志選・第二輯・江西》 北京：線裝書局，2001年據康熙九年刻本影印 《北京圖書館古籍珍本叢刊・史部・地理類》 北京：書目文獻出版社，1988年據康熙九年刻本影印 愛如生「中國方志庫」二集據康熙九年刻本編製	1. 此序收入施閏章《學餘堂集》文集卷二。 2. 〈經籍典〉「地志部彙考十」作二十四卷，「中國大陸各省地方志書目查詢系統」與北京：線裝書局《清代孤本方志選・第二輯・江西》、北京：書目文獻出版社《北京圖書館古籍珍本叢刊・史部・地理類》所收康熙九年施閏章修、袁繼梓等纂《袁州府志》以及愛如生「中國方志庫」二集（據康熙九年刻本編製）均

			作二十卷首一卷。
《贛州府志》周令樹序	《贛州府志》二十卷，順治十七年湯斌重刻〔明〕天啟《贛州府志》本	《北京圖書館古籍珍本叢刊‧史部‧地理類》北京：書目文獻出版社，1988年據順治十七年湯斌刻本影印《四庫全書存目叢書‧史部‧地理類》台南：莊嚴出版社，1996年據順治十七年湯斌刻本影印愛如生「中國方志庫」二集據順治十七年湯斌重刻本編製	
《建寧府志》張琦序	《建寧府志》四十八卷，康熙三十二年張琦修，鄒山、蔡登龍纂	愛如生「中國方志庫」二集據康熙三十二年刻本編製	
《延平府志》孔自洙序	《延平府志》二十二卷首一卷，順治十七年孔自洙、杜汝用等纂修	《福建舊方志叢書》廈門：廈門大學出版社，2010年福建省地方誌編纂委員會整理	
《漳州府志》蔡世遠序	《漳州府志》三十四卷，康熙五十四年魏荔彤修，蔡世遠、陳元麟等纂	愛如生「中國方志庫」二集據康熙五十四年刻本編製	此序收入蔡世遠《二希堂文集》卷一及李祖陶《國朝文錄》二希堂文錄卷一
《臺灣郡志》陳焜章序			1.目錄作陳廷序《臺灣郡

			志》，內文為陳炡章序《臺灣府志》。 2.陳炡章，生平未詳，據序文知其為臺灣知府，然未見相關記載。
《武昌府志》杜毓秀序	《武昌府志》十六卷，康熙二十二年杜毓秀纂修		
《漢陽府志》李本固序	《漢陽府志》十五卷，康熙八年陳國儒修、李寧仲纂	《復旦大學圖書館藏稀見方志叢刊》 北京：國家圖書館出版社，2010年據康熙八年刻本影印 愛如生「中國方志庫」二集據康熙八年刻本編製	〈經籍典〉「地志部彙考十」作十五卷，「中國大陸各省地方志書目查詢系統」與北京：國家圖書館出版社《復旦大學圖書館藏稀見方志叢刊》所收康熙八年陳國儒修、李寧仲纂《漢陽府志》，以及愛如生「中國方志庫」二集（據康熙八年刻本編製）均

			作十六卷首一卷。
《安陸府志》王吉人序	《安陸府志》三十六卷首一卷，康熙八年張尊德修；王吉人、譚篆纂	《中國地方志集成‧湖北府縣志輯》南京：江蘇古籍出版社，2001年據乾隆十二年刻本影印愛如生「中國方志庫」二集據康熙八年鈔本編製	
《襄陽府志》杜養性序	《襄陽府志》八卷，康熙十一年杜養性修、鄒毓祚纂		
《湖廣鄖陽府志》楊廷耀序	《湖廣鄖陽府志》四十二卷補一卷圖一卷，康熙二十四年劉作霖、楊廷耀纂	《稀見中國地方誌彙刊》北京：中國書店，1992年據康熙二十四年刻本影印愛如生「中國方志庫」初集據康熙二十四年刻本編製	目錄誤植為劉作霖序
《德安府志》傅鶴祥序	《鼎修德安府全志》二十四卷，康熙二十四年傅鶴祥修、萬年觀等纂		
《荊州府志》姚淳燾序	《荊州府志》四十卷首一卷，康熙二十四年郭茂泰修，胡在恪纂	《中國地方志集成‧湖北府縣志輯》南京：江蘇古籍出版社，2001年據康熙二十四年刻本影印愛如生「中國方志庫」二集據康熙二十四年刻本編製	

《長沙府志》丁思孔序	《長沙府志》二十卷首一卷，康熙二十四年蘇佳嗣修；譚紹琬、張應紹纂	《稀見中國地方誌彙刊》北京：中國書店，1992年據康熙二十四年刻本影印　愛如生「中國方志庫」初集據康熙二十四年刻本編製	
《岳州府志》李遇時序	《嶽州府志》二十八卷，康熙二十四年李遇時修，楊柱朝纂	《稀見中國地方誌彙刊》北京：中國書店，1992年據康熙二十四年刻本影印　愛如生「中國方志庫」初集據康熙二十四年刻本編製	
《寶慶府志》梁碧海序	《寶慶府志》三十八卷首一卷，康熙二十三年梁碧海修，劉應祁纂	《北京圖書館古籍珍本叢刊・史部・地理類》北京：書目文獻出版社，1988年據康熙二十三年刻本影印　愛如生「中國方志庫」初集據康熙二十三年刻本編製	
《衡州府志》張奇勛序	《衡州府志》二十三卷，康熙十年張奇勛修，周士儀纂	《北京圖書館古籍珍本叢刊・史部・地理類》北京：書目文獻出版社，1988年據康熙十年刻二十一年續修本影印　愛如生「中國方志庫」初集據康熙十年刻本編製	
《常德府志》賀奇序	《鼎修常德府志》十卷，康熙九年胡向華修、賀奇纂		
《辰州府志》劉應中序	《辰州府志》八卷，康熙二		

	十四年劉應中纂修		
《永州府志》丁思孔序	《永州府志》二十四卷首一卷,康熙三十三年姜承基修、常在等纂	《中國地方志集成・湖北府縣志輯》南京:江蘇古籍出版社,2002年據康熙三十三年刻本影印	
地志部彙考十一	**該方志纂修狀況**	**該方志收入叢書及電子資料庫之狀況**	**備註**
《保寧府志》劉宗孟序			劉宗孟,字輿瞻,遼東人,貢士。順治六年知儀徵、康熙年間知內邱縣、康熙十六年任延平府同知。
《順慶府志》李成林序	《順慶府志》十卷,康熙二十五年李成林修、羅承順等纂	愛如生「中國方志庫」二集據康熙二十五年刻本編製	
《夔州府志》吳美秀序	《夔州府志》十卷,康熙二十五年吳美秀修、程溥等纂		
《馬湖府志》姚締虞序	《馬湖府志》四卷		姚締虞(?-1688)清湖廣黃陂人,順治十五年進士,

			授四川成都府推官。歷任禮科給事中、工科給事中、左僉都御史，官至四川巡撫。
《龍安府志》陳于朝序	《龍安府志》二卷，康熙二十五年陳于朝纂修		「中國大陸各省地方志書目查詢系統」載有民國二十一年手抄《（康熙）龍安府志》一卷本
《廣州府志》佟雲祚序	《新修廣州府志》六十卷，康熙十二年汪永瑞修；佟雲祚、楊錫震纂	《北京圖書館古籍珍本叢刊‧史部‧地理類》北京：書目文獻出版社，1988年據清康熙抄本影印	〈經籍典〉「地志部彙考十一」作六十卷，「中國大陸各省地方志書目查詢系統」作五十四卷。1988年北京：書目文獻出版社《北京圖書館古籍珍本叢刊‧史部‧地理類》所收康熙十二年汪永瑞修；佟雲祚、楊錫震纂《新修廣

			州府志》為殘本，存卷四、七至二十三、二十六至三十四、三十七至五十三，僅存四十四卷且無序文。
《韶州府志》馬元序	《韶州府志》十六卷，康熙十二年馬元纂修	《北京圖書館古籍珍本叢刊‧史部‧地理類》北京：書目文獻出版社，1988年據康熙刻本影印愛如生「中國方志庫」二集據康熙十二年刻本編製	此為金堡代馬元序，見金堡《徧行堂續集》文卷四又收入歐樾華《（同治）韶州府志》卷三十九藝文
《南雄府志》姚昌蔭序	《南雄府志》八卷，康熙十四年陸世楷、姚昌胤纂修	《廣東歷代方志集成‧南雄府部》廣州：嶺南美術出版社，2007年據康熙十四年刻本影印	
《潮州府志》楊佐國序	《潮州府志》十六卷首一卷，康熙二十三年林杭學修，楊鍾嶽纂		
《肇慶府志》史樹駿序	《肇慶府志》三十二卷，康熙十二年史樹駿修、區簡臣纂	《稀見中國地方誌彙刊》北京：中國書店，1992年據康熙年間刻本影印愛如生「中國方志庫」二集據康熙十二年刻本編製	此序收入江藩《（道光）肇慶府志》卷二十一

《高州府志》黃雲史序	《高州府志》十卷，康熙八年蔣應泰纂修、黃雲史重輯	愛如生「中國方志庫」二集據康熙十一年刻本編製	
《廉州府志》徐化民序	《廉州府志》十四卷，康熙十二年徐化民纂修	《上海圖書館藏稀見方志叢刊》北京：國家圖書館出版社，2011年據康熙十二年刻本影印	
《雷州府志》吳盛藻序	《雷州府志》十卷，康熙十一年吳盛藻修，洪泮珠纂	《稀見中國地方誌彙刊》北京：中國書店，1992年據康熙年間刻本影印愛如生「中國方志庫」二集據康熙十一年刻本編製	此序吳盛藻《天門集》未收
《瓊州府志》牛天宿序	《瓊州府志》十卷，康熙十五年牛天宿修、朱子虛纂	《廣東歷代方志集成・瓊州府部》廣州：嶺南美術出版社，2007年據康熙十五年刻本影印	
《桂林府志》徐鳳鳴序	《桂林府志》，康熙二十二年徐鳳鳴纂修		
《思恩府志》金夢麟序	《思恩府志》十二卷		金夢麟湖廣人，康熙六年任北河同知，康熙十年任思恩府知府。
《潯州府志》張爾翮序	《潯州府志》，康熙七年張爾翮修、孫以敬纂		

《雲南府志》范承勳序	《雲南府志》二十六卷，康熙三十五年張毓碧修，謝儼等纂	《中國方志叢書‧華南地方‧雲南省》臺北：成文出版社，1967年據康熙三十五年刊本影印《中國地方志集成‧雲南府縣志輯》南京：鳳凰出版社，2009年據康熙三十五年刻本影印愛如生「中國方志庫」初集據康熙間刻本編製	
《大理府志》范承勳序	《大理府志》三十卷首一卷，康熙三十三年李斯佺、黃元治纂修	《北京圖書館古籍珍本叢刊‧史部‧地理類》北京：書目文獻出版社，1988年據康熙刻本影印愛如生「中國方志庫」初集據康熙間刻本編製	
《楚雄府志》盧詢序	《楚雄府志》十卷首一卷，康熙五十五年張嘉穎修，劉聯聲等纂	《中國地方志集成‧雲南府縣志輯》南京：鳳凰出版社，2009年據康熙五十五年刻本影印愛如生「中國方志庫」二集據康熙五十五年刻本編製	
《順寧府志》董永艾序	《順寧府志》六卷，康熙三十九年董永艾纂修		「中國大陸各省地方志書目查詢系統」所錄為董永艾纂修《順寧府志三卷，抄本。
《鶴慶府志》郝偉序	《鶴慶府志》二十六卷，康	《北京圖書館古籍珍本叢刊‧史部‧地理類》	

	熙五十三年佟鎮修；李倬雲、鄒啟孟纂	北京：書目文獻出版社，1988年據康熙五十三年刻本影印	
《武定府志》王清賢序	《武定府志》四卷，康熙二十八年王清賢修，陳淳纂	《續修四庫全書・史部・地理類》上海：上海古籍出版社，1997年據康熙間刻本影印愛如生「中國方志庫」二集據康熙二十八年刻本編製	
《元江府志》吳存禮序	《元江府志》二卷，康熙五十一年章履成纂修		
《蒙化府志》王繼文序	《蒙化府志》六卷首一卷，康熙三十七年蔣旭修，陳金珏纂	《中國地方志集成・雲南府縣志輯》南京：鳳凰出版社，2009年據康熙三十七年刻本影印愛如生「中國方志庫」二集據康熙三十七年刻本編製	
《永昌府志》羅綸序	《永昌府志》二十六卷首一卷，康熙四十一年羅綸修，李文淵纂	《北京圖書館古籍珍本叢刊・史部・地理類》北京：書目文獻出版社，1988年據清康熙間刻本影印《上海圖書館藏稀見方志叢刊》北京：國家圖書館出版社，2011年據康熙四十一年刻本影印愛如生「中國方志庫」初集據康熙間刻本編製	

經查對，〈地志部〉「彙考」所引序文計百餘篇，其中「有文集傳世而該序文未入錄」者凡七篇、「個人文集不傳且該方志罕見」者四篇、「個人文集不傳，該方志雖有今人刊刻之叢書本流傳，但序文已不載於該叢書本」者二篇、「個人文集不傳，該方志雖存，但未收入今人刊刻之叢書或製成電子資料庫，不易查考」者三十六篇。

　　以上方志未見中國大陸及臺灣各目錄記載，賴《古今圖書集成》抄錄序文，得以一窺片羽。

　一、有文集傳世而該序文未入錄者

　1.張衡〈浙江通志序〉

　張衡有《聽雲閣集》三卷傳於世。

　《清代詩文集彙編》影印光緒二十年景州李氏刻本（上海：上海古籍出版社，2010年）。

　2.于成龍〈江西通志序〉

　于成龍（1617-1684）有《于清端政書》八卷傳於世。

　《景印文淵閣四庫全書》（臺北：臺灣商務印書館，1983年）。

　又《于清端公集》（《清代詩文集彙編》影印康熙三十二年刻本）。

　又《于成龍集》（太原：三晉出版社，2015年）。

　3.蔡士英〈永平府志序〉

　蔡士英有《撫江集》十五卷傳於世。

　《四庫未收書輯刊》影印清順治刻本（北京：北京出版社，1997年）。

　4.施閏章〈登州府志序〉

　施閏章（1618-1683）有《施愚山先生全集》傳於世。

　清康熙至乾隆間刊本。

又《施愚山集》（合肥：黃山書社，1993年）。

5.宋犖〈蘇州府志序〉

宋犖有《宋氏全集》傳於世。

《華東師範大學圖書館藏稀見叢書彙刊》影印康熙五十年商丘宋氏刊本（北京：北京圖書館出版社，2006年）。

6.袁國梓〈嘉興府志序〉

袁國梓有《袁丹叔稿》一卷傳於世。

清嘉慶二十年序研齋刊本。

7.吳盛藻〈雷州府志序〉

吳盛藻《天門文集》五卷傳於世。

《四庫全書存目叢書》影印清康熙刻本（臺南：莊嚴出版社，1997年）。

二、個人文集不傳且該方志罕見者

1.陳烇章〈臺灣府志序〉

陳烇章，生平未詳，據序文知其為臺灣知府，然未見相關記載。

2.劉宗孟〈保寧府志序〉

劉宗孟，字輿瞻，遼東人，貢士。順治六年知儀徵、康熙年間知內邱縣、康熙十六年任延平府同知。

3.金夢麟〈思恩府志序〉

金夢麟湖廣人，康熙六年任北河同知，康熙十年任思恩府知府。

4.姚締虞〈馬湖府志序〉

姚締虞（？-1688）清湖廣黃陂人，順治十五年進士，授四川成都府推官。歷任禮科給事中、工科給事中、左僉都御史，官至四川巡撫。

三、個人文集不傳，該方志雖有今人刊刻之叢書本流傳，但序文已
　　不載於該叢書者
　　1. 朴懷玉〈池州府志序〉
　　《池州府志》二十卷，康熙十二年朴懷玉等纂修。2001年北京：
線裝書局《清代孤本方志選・第一輯・安徽》所收康熙十二年《池州
府志》為殘本，存卷二、三、八、九、十二、十三，僅存六卷且無
序文。
　　2. 佘雲祚〈廣州府志序〉
　　《廣州府志》六十卷，康熙十二年汪永瑞修；佘雲祚、楊錫震
纂。1988年北京：書目文獻出版社《北京圖書館古籍珍本叢刊・史
部・地理類》所收康熙十二年《新修廣州府志》為殘本，存卷四、七
至二十三、二十六至三十四、三十七至五十三，僅存四十四卷且無
序文。

四、個人文集不傳，該方志雖存，但未收入今人刊刻之叢書或製成
　　電子資料庫，不易查考者
　　1. 張鳳儀〈山東通志序〉
　　《山東通志》六十四卷，康熙十二年張鳳儀、施天裔修。
　　2. 賈漢復〈陝西通志序〉
　　《陝西通志》三十二卷首三卷，康熙六年賈漢復修、李楷纂。
　　3. 蔡毓榮〈四川總志序〉
　　《四川總志》三十六卷，康熙十二年蔡毓榮等修、錢受祺等纂。
　　4. 黃元驥〈廣西通志序〉
　　《廣西通志》四十卷，康熙二十二年郝浴修；廖必強、王如辰
等纂。
　　5. 吳萊〈順天府志序〉
　　《順天府志》二十卷。

6. 李霨〈保定府志序〉

《保定府志》二十九卷，康熙十九年紀弘謨等修、郭棻纂。

7. 李茂枝〈順德府志序〉

《順德府志》四卷，康熙十九年殷作霖等纂修。

8. 佛倫〈濟南府志序〉

《濟南府志》五十四卷首一卷，康熙三十一年蔣焜修、唐夢賚等纂。

9. 祖允圖〈兗州府志序〉

《兗州府志》四十卷首一卷，康熙二十五年張鵬翮等纂修。

10. 崔俊〈青州府志序〉

《青州府志》二十卷，康熙十五年崔俊修、李煥章纂。

11. 管竭忠〈河南開封府志序〉

《開封府志》四十卷，康熙三十四年管竭忠修、張沐纂。

12. 宋國榮〈歸德府志序〉

《歸德府志》十卷，順治十七年宋國榮修、羊琦纂。

13. 胡蔚先〈衛輝府志序〉

《衛輝府志》十九卷，康熙三十四年胡蔚先修、李芳辰纂。

14. 劉維世〈懷慶府志序〉

《懷慶府志》十八卷，康熙三十四年劉維世修；蕭瑞苞、喬騰鳳纂。

15. 袁拱〈河南府志序〉

《河南府志》二十八卷，康熙三十四年張聖業修、董正纂。

16. 白乃貞〈延安府志序〉

《延安府志》十卷首一卷，康熙十九年李天植修、劉爾欓纂。

17. 馮達道〈漢中府志序〉

《漢中府志》六卷，順治十三年馮達道纂修。

18. 楊藻鳳〈慶陽府志序〉

《慶陽府志》十四卷，順治十七年楊藻鳳纂修。

19. 高成美〈淮安府志序〉

《淮安府志》十三卷首一卷，康熙二十四年高成美修、胡從中等纂。

20. 金鎮〈揚州府志序〉

《揚州府志》四十卷，康熙十四年金鎮纂修。

21. 王揆〈杭州府志序〉

《杭州府志》四十卷圖一卷，康熙二十五年馬如龍修、楊鼐等纂。

22. 程量〈湖州府志序〉

《湖州府志》十二卷，順治六年程量纂修。

23. 姜承基〈衢州府志序〉

《衢州府志》四十卷首一卷，康熙五十年楊廷望纂修。

24. 王國泰〈溫州府志序〉

《溫州府志》三十二卷首一卷，康熙十四年王國泰修、金大起纂。

25. 杜毓秀〈武昌府志序〉

《武昌府志》十六卷，康熙二十二年杜毓秀纂修。

26. 杜養性〈襄陽府志序〉

《襄陽府志》八卷，康熙十一年杜養性修、鄒毓祚纂。

27. 傅鶴祥〈德安府志序〉

《鼎修德安府全志》二十四卷，康熙二十四年傅鶴祥修、萬年觀等纂。

28. 賀奇〈常德府志序〉

《鼎修常德府志》十卷，康熙九年胡向華修、賀奇纂。

29. 劉應中〈辰州府志序〉

《辰州府志》八卷，康熙二十四年劉應中纂修。

30.吳美秀〈夔州府志序〉

《夔州府志》十卷，康熙二十五年吳美秀修、程溥等纂。

31.陳于朝〈龍安府志序〉

《龍安府志》，康熙二十五年陳于朝纂修。

32.楊佐國〈潮州府志序〉

《潮州府志》十六卷首一卷，康熙二十三年林枕學修，楊鍾嶽纂。

33.徐鳳鳴〈桂林府志序〉

《桂林府志》，康熙二十二年徐鳳鳴纂修。

34.張爾翩〈潯州府志序〉

《潯州府志略》，康熙七年張爾翩修、孫以敬纂。

35.董永芟〈順寧府志序〉

《順寧府志》三卷，康熙三十九年董永芟纂修。

36.吳存禮〈元江府志序〉

《元江府志》二卷，康熙五十一年章履成纂修。

（三）明外史

〈經籍典〉所徵引的康熙年間新修圖書，以《明外史》一書，最為後世學者所重視。《明史》的修纂，一說從順治二年（1645）至雍正十三年底（1736）成書，前後長達九十一年[17]；或曰至乾隆四年（1739）刻成止，歷時九十五年。[18]或推算由康熙十八年（1679）開史局，廣徵博學鴻儒科彭孫遹（1631-1700）等五十人修《明史》

---

17 李晉華（？-1937）：〈明史纂修考〉，《明史編纂考》（臺北：臺灣學生書局，1968年），頁53-180。

18 劉承幹（1881-1963）〈明史例案序〉云：「《明史》自順治二年創修，至乾隆四年刊刻進呈，其間九十餘年矣。」載《明史例案》（北京：北京出版社《四庫未收書輯刊》第5輯影印民國四年劉氏嘉業堂刻本，1997年），頁1。

起，至雍正十三年底（1736），歷經五十七年。又一說則自康熙十八年（1679）敕撰，至乾隆四年（1739）刊行止，歷時六十年。[19]

黃彰健（1919-2009）認為本書有新、舊兩本，新本乃是王鴻緒（1645-1723）康熙時所上之《明史列傳稿》，舊本則為《明史列傳稿》的稿本，因尚未經朝廷正式頒佈，所以《集成》名之為《明外史》。黃氏又採中研院傅斯年圖書館所藏《明史稿殘存列傳》做比對，發現此殘稿介於舊本與新本之間。而楊家駱（1912-1991）則以為《古今圖書集成》中援引的《明外史》，其文多與王鴻緒據萬斯同（1638-1702）稿改撰之《明史稿》先後二本合，而往往加詳。且陳夢雷於康熙四十五年（1706）四月完成《古今圖書集成》，當時王鴻緒史稿尚未成書，所以陳夢雷所據之《明外史》，當為萬斯同的《明史稿》。[20]無論如何，《古今圖書集成》保存《明史》未潤飾以前的史料，肯定有其不可磨滅的價值。[21]

舉例來說，如《明史》卷一百四十一、卷一百四十三載靖難時從惠帝出亡諸臣事蹟甚簡。其中「松陽王詔游治平寺，於轉輪藏上得書一卷，載建文亡臣二十餘人事蹟，楮墨斷爛，可識者僅九人。梁田玉、梁良玉、梁良用、梁中節，皆定海人，同族，同仕於朝。田玉，官郎中，京師破，去為僧。良玉，官中書舍人，變姓名，走海南，鬻書以老。良用為舟師，死於水。中節好《老子》、《太玄經》，為道士。何申、宋和、郭節，俱不知何許人，同官中書。申使蜀，至峽口聞變，嘔血，疽發背死。和及節挾卜筮書走異域，客死。何洲，海州

---

19 〔清〕趙翼（1727-1814）：《廿二史劄記》（臺北：洪氏出版社，1974年），卷31，〈明史〉，頁454。又陸以湉（1802-1865）：《冷廬雜識》（北京：中華書局，1997年），卷6，〈明史〉，頁303。

20 黃彰健：〈明外史考〉，《中央研究院史語所集刊》24本（1953年6月），頁107-134。

21 以上論述，詳見衣若蘭：〈從萬斯同《明史稿》到四庫本《明史》〉，臺北：中國明代研究學會「明代典籍研讀活動」報告，2004年3月12日。

人，不知何官，亦去為卜者，客死。郭良，官籍俱無考，與梁中節相約棄官為道士。餘十一人，並失其姓名。縉雲鄭僖紀其事，為《忠賢奇祕錄》，傳於世。及萬曆時，江南又有《致身錄》，云得之茅山道書中。建文時，侍書吳江史仲彬所述，紀帝出亡後事甚具。仲彬、程濟、葉希賢、牛景先，皆從亡之臣。又有廖平、金焦諸姓名，而雪菴和尚、補鍋匠等，具有姓名、官爵，一時士大夫皆信之。給事中歐陽調律上其書於朝，欲為請諡立祠。然考仲彬，實未嘗為侍書，錄蓋晚出，附會不足信」一節，未曾言明取材之所自，而《致身錄》一書，舊題建文時侍書吳江史仲彬所述，史臣考知仲彬實未嘗為侍書，於是貶斥此錄蓋晚出之書，附會不足信。

　　今據〈經籍典・明史部〉「紀事」，引《東湖樵夫傳》一書，云「松陽王詔游治平寺，觀轉輪藏，藏上嘠嘠有聲，異之，探得書一卷，載建文亡臣二十餘人事蹟，楮墨斷爛不可讀，錄其可識者九人。梁田玉、梁良玉、梁良用、梁中節四人，皆定海人，同族，同仕于朝。田玉官郎中，京城破，髡髮為僧遜去。良玉官中書舍人，變姓名，逾嶺至南海，寓市肆，鬻書以老。良用去為舟師，死於水。中節好讀《老子》、《太元經》，去為道士。何申、宋和、郭節，俱不知何許人，俱官中書。申使蜀，至峽口，聞變，慟哭嘔血，疽發背死。和及節，變姓名，挾卜筮書，走異域賣卜，客死。何洲，海州人，不知何官，亦棄官為卜者，客死。郭良，官籍俱無考，與梁中節相約棄官為道士去。餘十一人，並失其姓名。於是詔為之贊，而縉雲鄭僖紀其事，為《忠賢奇祕錄》，傳於世。及萬曆中，又有所謂《致身錄》者，云得之茅山道書中，建文時翰林侍書吳江史仲彬所述，紀帝出亡後事甚具。若仲彬及程濟、葉希賢、牛景先等，皆從亡之臣。又有廖平、金焦諸姓名，而雪庵和尚、補鍋匠等，皆具有姓名、官爵。科臣歐陽調律上其書于朝，欲為請諡立祠，而錢謙益著論，辨其必無者

十，引據精核，事竟寢。福王立，襃錄遜國諸臣，禮部復以仲彬等名
上，科臣李清摘其四謬，亦格不行。始焦竑梓其書，繼華亭王廷宰復
為纂註，頗與鄭曉等所記相參錯云。廷宰官知縣，有詩名」（卷398，
頁47），所述諸臣事蹟不僅較《明史》加詳，對於《致身錄》一書的
評斷，也並非全盤否定而斥為無稽之書。[22]由此可見，若能據〈經籍
典〉引用《明外史》，從中加以考覈，不僅有助於明瞭當時修史諸臣
取材的來源，亦有助於釐清《明史》編纂的過程。

第二節　甄錄文獻之準則

〈古今圖書集成凡例〉語及眾典及緯目採擇資料的各項標準，或
曰「附會讖緯妖異之說，皆所不錄」，或曰「真偽假托皆不可知，則
統歸之外編，庶幾傳疑云爾」，或曰「風人賦物，取義有別，故不厭
求詳」，或曰「荒唐難信及寄寓譬托之辭、臆造之說，錄之則無稽，
棄之又疑挂漏，故另入於外編」。從堅執某類材料不肯錄入，到遇有
疑義不能解決，不願任意揣測，強做解釋，而將問題保留，等待讀者

---

22 按〈方輿彙編・職方典・順天府部〉「藝文三」引顧起元〈建文君葬處辯〉一文
曰：「國朝壬午之事，建文皇帝遜位，自鄭海鹽、薛武進皆以為實。然至正統復
出，移入京師大內云云，非載於紀傳。然余考之西山不封不樹之說，毫無髣髴，使
當時果有之，於時禁綱業已漸弛於洪、熙之後，何所諱而人遂不一志其處也？且以
帝之遜為真邪，龍而魚服矣，鳳而鴻冥矣，何天不可摩而飛，何地不可鋪而葬，孝
康之祀忽諸，又何所戀戀京師一坏土也？弇州謂正統復出之說妄，直據史斷之，其
言良為有見。余又疑靖難帝至日，捕官搜姦爬梳亡遺，當時誰敢指后屍，誑以為帝
者？紀又載葬帝以天子禮。夫禮以天子陵寢，今在何地？既不為置陵守塚，又何云
以天子禮葬乎？此兩說者，姑以意逆之，存疑焉可也。」（卷27，頁29）對於歷來
建文君葬處之說，持懷疑態度。而《古今圖書集成》編者則於此文下另出按語曰：
「按建文君，野史言之鑿鑿，至世貞始辯之，而錢謙益復有〈致身錄考〉之辯，但
以國史為據。然國史若可信，世貞以前諸臣豈未一志其見，而輕信野史耶？並錄聊以存
疑。」顯然對野史之說，不肯輕易刪棄。

判定，到因文獻取義有別，故不厭求詳，甚至譬托之辭、臆造之說，唯恐刪棄後貽人以挂漏之譏，於是仍然決意採入，反映陳夢雷當日編纂此書，難於抉擇的窘境。同時也不難想見，負責各部實際編務的人員，必然同樣面臨了對於文獻資料應取應捨的兩難問題。在這種情形下，《古今圖書集成》即便徵引同一文獻資料，其處理資料的方式，勢必存有或多或少的差異。因此本節所欲討論的重點，在於歸納〈經籍典〉對文獻材料的取捨與甄別，冀能補充〈古今圖書集成凡例〉的不足。

一　尊經崇史

從陳夢雷在〈進彙編啟〉及〈古今圖書集成凡例〉中，不只一次提及「凡在六合之內，鉅細畢舉，其在十三經、二十一史者，隻字不遺」、「理莫備於六經」、「立論要以聖經賢傳為主」，可知在陳氏心目中，仍然具備強烈的尊經崇史的傳統觀念。

舉例來說：清初時期，程、朱之學盛行，程、朱一系學者，主張理與天同體，天理自然，渾然無體，人文原於天地自然之文而生，故仁義禮智即是理。古聖先哲推原天地自然之理，明察人文變化之要，其聲威教化，羅布於書牘簡策之中，是以言理莫備乎《六經》。陳夢雷彙編《古今圖書集成》，將經籍、學行、文學、字學納於「理學」之下，大有承續宋學「道沿聖以垂文，聖因文以明道」的寓意。〈經籍典〉中，凡事關帝王尊經、諸經傳注先儒授受源流，皆詳述其本末，按代編年，至於諸子百家紀述，則區其種類，述其事迹，兼集諸家評騭之語而已。

又如〈經籍典‧經籍總部〉「彙考六」，「宣德二年，上御文華殿，與儒臣講論經義」條下，引《春明夢餘錄》宣宗與講官論《孟

子・離婁上》伯夷、太公歸服文王事:

> 按《春明夢餘錄》:宣德二年二月,御文華殿講《孟子》。至
> 〈二老歸文王〉章,問曰:「伯夷、太公皆處東海而歸文王。
> 及武王伐紂,太公佐之,伯夷叩馬而諫,所見何以不同?」講
> 官對曰:「太公以救民為心,伯夷以君臣為重,太公之心在當
> 時,伯夷之心在萬世。無非為天下之生民也。」(卷6,頁33)

此段記載,亦見於〈孟子部〉「彙考一」。唯一的不同,是〈經籍總
部〉「彙考六」又增多了「進講〈舜典〉」、「進講《春秋》」、「出御書
〈洪範〉篇及御製序文」等數事:

> 自此以後,嘗進講〈舜典〉,上曰:「觀二典、三謨,則知萬世
> 君臣為治之道,不出乎此。曆象日月星辰,以閏月定四時天
> 道;以明治水土,奠高山大川,別九州,任土作貢,地道以
> 成;克明峻德,以至協和萬邦,人道以建。九官十二牧所掌,
> 禮樂刑政養民之道。後世建官,繁簡雖不同,要不出乎此。當
> 時君臣都俞吁咈,更相告戒,用圖治功,氣象藹然,何後世之
> 不能及?」講臣對曰:「明良相逢,故治化之盛如此。」上又
> 曰:「天生聖人為後世法,孔子刪《書》,斷自唐、虞,使人知
> 有堯、舜,所謂萬世帝王之師也。」嘗進講《春秋》,上曰:
> 「聖人匡世之功,憂世之心,備見此書。當時先王禮樂法度,
> 日以墮廢。亂臣賊子,接跡而起。有此書,而後天下知尊
> 周。」嘗御文華殿,出御書〈洪範〉篇及御製序文示楊士奇,
> 且曰:「朕在宮中,雖寒暑不廢書冊。」士奇曰:「帝王勤學
> 問,則宗社生民有賴矣。惟願始終此心。」(卷6,頁33)

查《春明夢餘錄》卷九，進講〈舜典〉在宣德三年（1428）二月，進
講《春秋》在宣德三年冬十月庚寅，出御書〈洪範〉篇及御製序文示
楊士奇在宣德九年（1434）十二月。依〈古今圖書集成凡例〉，應該
按時間先後，分別羅列。之所以同時附載於「宣德二年，上御文華
殿，與儒臣講論經義」條下，是為了顯現明宣宗（1399-1435）崇尚
經學之意。

　　再如〈儀禮部〉「彙考六」，「寧宗慶元□年，以朱熹所修《儀禮
經傳通解》付在學官」條下，引史傳云：

> 按《宋史‧寧宗本紀》不載。　按〈朱熹傳〉：慶元四年，熹
> 以年近七十，申乞致仕。五年，依所請。明年卒。熹歿，朝廷
> 以其《大學》、《語》、《孟》、《中庸》訓說立於學官。又有《儀
> 禮經傳通解》，未脫稿，亦在學官。（卷229，頁22）

其後又徵引朱熹（1130-1200）〈乞修三禮劄子〉、朱在（1169-1239）
〈儀禮經傳通解跋〉、李芳子、祝穆、劉瑞評語及《儀禮經傳通解》
各篇篇目。如此鈔錄資料，在〈經籍典〉「彙考」中甚為罕見。根據
編者按註，朱子〈乞修三禮劄子〉雖未及進呈，「而千古《三禮》之
學，得有所折衷，故附載於此」。

　　這種尊經崇史的觀念，不僅反映在文獻材料的歸部與編排，也成
為選錄與鑑別文獻材料可信度的準則。

　　例如〈經籍總部〉「彙考一」，「炎帝神農氏演八卦，作《連山》，
著《神農》諸篇」條下，先引《漢書‧藝文志》：《神農》二十篇，
《神農兵法》一篇，《神農大幽五行》二十七卷，《神農教田相土耕
種》十四卷，《神農雜子技道》二十三卷，而後註云：

> 按上古之書，真贗莫辨，雖前史載之，亦多疑其為後人假託之
> 言。然觀《連山》、《本草》、《方書》等，皆有左驗，則當時之
> 著書信矣。特後世所傳，多非其舊爾，姑存其概，以著經籍之
> 始。至《路史》稱天皇氏有靈書八會，注引真誥八會，文章之
> 祖，為龍鳳之章，雲篆之跡，其說尤荒誕不足據，入於外編，
> 今但以伏羲氏有書契之後為斷。（卷1，頁1）

編者之意，以為上古之書，如《連山》、《本草》、《方書》等，因流傳
過程中羼入許多後人假託之辭，以致真偽莫辨，之所以取入〈經籍總
部〉「彙考」，目的是為了「昭著經籍之始」。此為尊經崇史觀念影響
《古今圖書集成》綱目安排的例子。

又如〈詩經部〉「彙考五」，鈔錄漢韓嬰《詩外傳》全文，並於篇
首下註云：

> 按《漢書‧藝文志》云：「漢興，魯申公為《詩訓故》，而齊轅
> 固、燕韓生皆為之傳，三家皆列于學官。又有毛公之學，自謂
> 子夏所傳，而河間獻王好之，未得立。」《隋書‧經籍志》
> 云：「《齊詩》，魏代已亡，《魯詩》亡于西晉，《韓詩》雖存，
> 無傳之者，唯《毛詩》鄭《箋》，至今獨立。」觀二書所載，
> 故知《詩》有四家之說。自《毛詩》立而三家俱廢；自朱子
> 《集註》行，而《小序》亦廢。乃《魯詩》既亡于西晉，而今
> 則《申培詩說》尚存，則真贗固未可信。至子貢所傳，並
> 〈唐〉、〈宋志〉亦不載，儒者皆目為偽書。唯《小序》則相沿
> 已久，今採入彙考，使有所稽核。《子貢詩傳》、《申培詩說》，
> 皆因《小序》連類及之，至云《韓詩》雖存，無傳之者，而今
> 則《韓詩》亦不復存，僅存《外傳》，安知數千百年後，並

　　《外傳》亦不復存矣！故亦連類及之，以備《韓詩》之闕。
（卷137，頁18）

〈經籍典〉之所以將《韓詩外傳》全篇收入，原因在於彙考已將《詩
小序》全數錄入，且《子貢詩傳》、《申培詩說》等偽書，皆因《小
序》連類及之，更何況《韓詩》自唐後已亡，傳於世者僅有《外
傳》，為避免《外傳》亦散失不存，因此亦將《外傳》全文採入。
　　再如〈河圖洛書部〉「彙考一」，「黃帝受《河圖》，明休咎」條
下，引《晉書‧天文志》「黃帝受《河圖》，始明休咎」及《宋書‧符
瑞志》「黃帝遊洛水之上，見大魚，魚流於海，得圖書焉，龍圖出
河，龜書出洛，赤文篆字，以授軒轅」為證，並於此條之下註云：

　　按《洛書》始于禹，《宋書》所載，非今之《洪範》也。且
　　〈符瑞志〉多未可信，因係正史，姑存之以備考。（卷51，頁
　　23）

龍圖出河，龜書出洛，顯係讖緯之說，《晉書‧符瑞志》所載，多未
可信。然〈經籍典〉編者亦因尊崇正史之故，將此條收入〈河圖洛書
部〉彙考。
　　更有甚者，已經後世學者判定為偽書，然而其書傳世久遠，或足
以反映一代學術源流者，均加以收錄。
　　如〈經籍總部〉「彙考一」，「三皇之世，有三墳之書」條下，引
毛漸〈三墳序〉一節，其下編者註云：

　　今所傳《三墳》書，真偽未有確據，以《周禮》、《左傳》所
　　云，姑識於此，以示傳疑之意。（卷1，頁1）

因《三墳》書，常見於《周禮》、《左傳》等經典，為尊經之故，因此採入〈經籍總部〉彙考。

又「黃帝軒轅氏得《河圖》、《洛書》，作《歸藏》，著書置史」條下，引《漢書‧藝文志》：《黃帝四經》四篇，《黃帝銘》六篇，《黃帝君臣》十篇，《雜黃帝》五十八篇，《黃帝太素》二十篇，《黃帝說》四十篇，《黃帝》十六篇，《圖》三卷，《黃帝雜子氣》三十三篇，《黃帝陰陽》二十卷，《黃帝內經》十八卷，《黃帝雜子步引》十二卷為證，並自為註云：

> 按黃帝書篇尤多，假託尤眾，猶今之所謂《三墳》，雖明知出於後人之手，亦不欲沒其名，以存古之遺意爾。（卷1，頁1）

《漢書‧藝文志》所引《黃帝四經》四篇，《黃帝銘》六篇，《黃帝君臣》十篇等書，多出於後人偽託，然而其書自古已有之，為存古之遺意，因此〈經籍典〉將之採入〈經籍總部〉彙考。

陳夢雷在《松鶴山房文集》卷四〈經史〉一文中，嘗談及經史對施政教化的作用，說：

> 諸經皆明道之書也，史則備人事之得失，可因以求大道之所存者也。天下無道外之事，亦無事外之道。舍道以言事，則其事流于刑名雜霸之為，曲學私智爭出，而天下無治功；舍事以言道，則其道流于虛无詭誕之言，邪說異端蜂起，而天下無正學。故學經以求道，讀史以識其事，在朝廷以善其政教，在草野以淑其身心，經史之有裨，誠非淺鮮也。[23]

---

23 陳夢雷：〈經史〉，《松鶴山房文集》，卷4，頁42。

此外，又論及研讀各經的要旨，「讀《易》而有得於觀象玩辭、觀變玩占之旨以因時制宜」，「讀《書》而有得於君咨臣儆、都俞吁咈之意以經邦立政」，「讀《詩》而有得於思無邪之一言」，「讀《禮》而有得於無不敬之一言」，「讀《春秋》而有得於天命天討、褒貶勸懲之大旨」，「《論》、《孟》皆聖賢傳心之言」，「《孝經》則夫子著述之大」，能如此，則「變卦之異同，錯卦綜卦之支曼，可勿問也」、「〈殷盤〉、〈周誥〉之聱牙，〈武成〉、〈洛誥〉之錯簡，可闕疑也」、「鄭、衛之多淫詞，與〈小序〉之各有別旨，可兼採也」、「《儀禮》、《禮記》不妨從合，以見古法之詳也」。至於歷代史書的價值及功用，應「資於遷、固以取其材，正之紫陽《綱目》以立其識」，「《漢書》、《三國》之典茂，《晉書》之綺麗，《南北史》、《五代史》之簡潔，皆備史家一得之長，而《宋》、《遼》以後諸史，亦備見聞之助」。倘使能從諸史之中，「考其治亂得失之機，綱紀法度之大，國計民生、典禮誥戒之是非得失，即事以求道」，才能稱得上善於窮經讀史。

　　上述說法，可以和〈經籍典〉「尊經崇史」的觀念相互呼應。

二　異同並存

　　《古今圖書集成·經籍典》，分部以經、史、子、集、類書、雜著為綱，以「彙考」、「總論」、「藝文」、「紀事」、「雜錄」為目，文獻資料採錄以聖經賢傳為主，而山經、地志、稗官、小說、雜著、筆記亦備書其詳。其綱目分合之緣由、資料取捨之準則，大略條述於書前〈凡例〉中。至於事涉綦廣，可此可彼，義有兩歧，孰真孰偽，或數書同載一事，何者宜取，何者宜捨，文字紕謬難信，何者應刊，何者應削，〈凡例〉不及條分縷析，逐一列舉，則往往將其異同兼存，或刪其繁縟存其簡要，然後時出按語，詳說分明。

　　〈經籍典〉中，異同兼存的情況，較多出現於同一斷代，不同史書的記載；或同一史書，不同門類的敘述；或者雜著筆記傳錄軼聞，而詳略有異。茲舉數例如下：

　　〈禮記部〉「彙考一」，「高宗顯慶元年，皇太子弘受《禮記》于率更令郭瑜」條下，李弘立為太子，在高宗顯慶元年，按例先引《唐書‧高宗本紀》，〈高宗本紀〉不載其事，於是續引〈高宗諸子傳〉：

> 按《唐書‧高宗本紀》不載。　按〈高宗諸子傳〉：孝敬皇帝弘，顯慶元年，立為皇太子。受《春秋左氏》于率更令郭瑜，至楚世子商臣弑其君，喟而廢卷曰：「聖人垂訓，何書此邪？」瑜曰：「孔子作《春秋》，善惡必書，褒善以勸，貶惡以誡，故商臣之罪，雖千載猶不得滅。」弘曰：「然所不忍聞，願讀它書。」瑜拜曰：「里名聖母，曾子不入。殿下睿孝天資，黜凶悖之跡，不存視聽。臣聞安上治民，莫善於禮，故孔子稱『不學禮，無以立』，請改受《禮》。」太子曰：「善！」（卷211，頁2）

太子弘停《春秋》而讀《禮記》，同時見於《舊唐書‧孝敬皇帝弘傳》，而文字稍有異同：

> 按《舊唐書‧孝敬皇帝弘傳》：弘，高宗第五子也。嘗受《春秋左氏傳》于率更令郭瑜，至楚子商臣之事，廢卷而嘆曰：「此事臣子所不忍聞，經籍聖人垂訓，何故書此？請改讀餘書。」瑜再拜賀曰：「臣聞安上理人，莫善于禮，非禮無以事天地之神，非禮無以辨君臣之位，故先王重焉。孔子曰：『不學《禮》，無以立。』請停《春秋》而讀《禮記》。」太子從之。（卷211，頁2）

〈經籍典〉編者認為，《舊唐書·孝敬皇帝弘傳》所載，較《新唐書·高宗諸子傳》為詳，因此將兩書文字同時並載。

又如後漢田敏嘲諷高從誨事，《新五代史》凡兩見。〈孝經部〉紀事首先徵引《五代史·南平世家》：

> 高從誨，廣順元年封南平王。漢遣國子祭酒田敏使於楚，假道荊南。敏以印本《五經》遺從誨，從誨謝曰：「予之所識，不過《孝經》十八章爾。」敏曰：「至德要道，於此足矣。」敏因誦〈諸侯〉章曰：「在上不驕，高而不危，制節謹度，滿而不溢。」從誨以為譏己，即以大罰敏。（卷304，頁51）

《五代史·儒林傳》的論述與此稍異：

> 田敏嘗使湖南，路出荊渚，以印本經書遺高從誨。從誨謝曰：「祭酒所遺經書，僕但能識《孝經》耳。」敏曰：「讀書不必多，十八章足矣。如〈諸侯〉章云『在上不驕，高而不危，制節謹度，滿而不溢』，皆至要之言也。」時從誨兵敗於郢，故以此諷之，從誨大慚。（卷304，頁51）

〈經籍典〉編者同時載錄這兩段文字，並出按語云：「此條已見《五代史·南平世家·高從誨傳》，事同文異，並存之。」

如《新唐書·儒學傳》載「徐曠字文遠，以字行。貧不能自給，兄文林嘗鬻書于肆，文遠日閱之，因博通五經，明《左氏春秋》」，而《舊唐書·儒學傳》則謂「徐文遠，洛州偃師人。被擄於長安，家貧無以自給，其兄休鬻書為市，文遠日閱書於肆，博覽五經」，一作「兄文林」，一作「其兄休」，二說不同，〈經籍典·經籍總部〉「紀事

六」兩引其文，並註云：「按《唐書》云『兄文林鸒書』，此則云『兄休鸒書』。凡《新》、《舊唐書》有小異者，俱兩載之。」（卷44，頁45）

又如唐貞觀二十一年（647），詔以左丘明、卜子夏等二十一人，代用其書，垂於國胄，並命配享宣尼廟堂事，《新唐書・太宗本紀》不載，〈禮樂志〉云：

貞觀二十一年，詔左丘明、卜子夏、公羊高、穀梁赤、伏勝、高堂生、戴聖、毛萇、孔安國、劉向、鄭眾、賈逵、杜子春、馬融、盧植、鄭康成、服虔、何休、王肅、王弼、杜預、范甯二十二人，皆以配享。（卷3，頁14）

〈儒學傳序〉云：

貞觀二十一年，詔左丘明、卜子夏、公羊高、穀梁赤、伏勝、高堂生、戴聖、毛萇、孔安國、劉向、鄭眾、杜子春、馬融、盧植、鄭玄、服虔、何休、王肅、王弼、杜預、范甯二十一人，用其書，行其道，宜有以褒大之，自今並配享孔子廟庭。（卷3，頁14）

《舊唐書・太宗本紀》云「貞觀二十一年三月壬申，詔以左丘明、卜子夏、公羊高、穀梁赤、伏勝、高堂生、戴聖、毛萇、孔安國、劉向、鄭眾、杜子春、馬融、盧植、鄭康成、服子慎、何休、王肅、王輔嗣、杜元凱、范甯等二十一人，代用其書，垂于國胄。自今有事于太學，並命配享宣尼廟堂」，〈禮儀志〉云「二十一年，詔曰：左丘明、卜子夏、公羊高、穀梁赤、伏勝、高堂生、戴聖、毛萇、孔安

國、劉向、鄭眾、杜子春、馬融、盧植、鄭玄、服虔、何休、王肅、
王弼、杜預、范甯、賈逵二十四座，春秋二仲行釋奠之禮」，所記配
享宣尼廟堂人數各不相同。〈經籍典‧經籍總部〉「彙考三」錄其事，
並引《新》、《舊唐書》相關記載，而註云：「按：〈本紀〉及〈儒學
傳〉俱作二十一人，而《舊唐書》多賈逵，且云『總二十四座』，《新
唐書‧禮樂志》亦多賈逵，而云二十二人，其互異如此，並存以俟參
考。」（卷3，頁14）

又如金世宗大定十五年（1175），詔譯諸經，〈經籍總部〉「彙考
五」同時徵引《金史》〈徒單鎰傳〉及〈溫迪罕締達傳〉相關事蹟：

> 按《金史‧世宗本紀》不載。　按〈徒單鎰傳〉：大定十五
> 年，詔譯諸經，著作佐郎溫迪罕締達、編修官宗璧、尚書省譯
> 史阿魯、吏部令史楊克忠譯解，翰林修撰移剌傑、應奉翰林文
> 字移剌履講究其義。　按〈溫迪罕締達傳〉：大定十五年，締
> 達遷著作佐郎，與編修官宗璧、尚書省譯史阿魯、吏部令史張
> 克忠譯解經書。累遷祕書丞。（卷5，頁27）

〈經籍總部〉之所以兩文並呈，原因在於〈徒單鎰傳〉作「楊克忠」
譯解諸經，而〈溫迪罕締達傳〉則作「張克忠」譯解經書，無法考知
何者為是，因此只能存疑俟考。

又秦漢時避秦始皇焚書，壁藏《尚書》之人，文獻記載不一，難
斷是非，因此〈書經部〉「彙考一」，於「秦始皇三十四年，下令焚
書。濟南伏生取《尚書》壁藏之。孔氏子孫藏《古文尚書》於夫子舊
堂壁中」條下，首先徵引《漢書‧藝文志》，續引顏師古（581-645）
注：

　　按《漢書・藝文志》：秦燔書禁學，濟南伏生獨壁藏之。
　　（注）師古曰：《家語》云孔騰，字子襄。畏秦法峻，急藏
　　《尚書》、《孝經》、《論語》於夫子舊堂壁中。而《漢紀・尹敏
　　傳》云孔鮒所藏。二說不同，未知孰是。（卷111，頁27）

師古唐代時人，已因《孔子家語》、荀悅《漢紀》、陸德明《經典釋
文》所載藏書之人，有作「孔騰」、「孔鮒」、「孔惠」，彼此互異，未
能確知孰是。〈書經部〉只能遵循師古作法，加以附註云：「按荀悅
《漢紀》曰孔鮒藏之，陸德明《釋文》又曰孔子之末孫惠壁藏之，俱
未知孰是，并載以俟考。」（卷111，頁27）

　　又宋孝武帝大明年間，嘗召徐爰領著作郎，預修國史。《宋書・
徐爰傳》載徐爰領著作郎完成何承天草創之國史在大明六年，而《南
齊書・丘巨源傳》則載大明五年徐爰撰國史，難以斷其年代。〈宋書
部〉「彙考一」，於「大明六年，使徐爰領著作郎，修國史」條下，分
別徵引《宋書・徐爰傳》及《南齊書・文學・丘巨源傳》：

　　按《宋書・孝武帝本紀》不載。按〈恩倖・徐爰傳〉：元嘉中，
　　何承天草創國史。世祖初，山謙之、蘇寶生踵成之。六年，又
　　以爰領著作郎，使終其業。爰雖因前作，而專為一家之書。
　　按《南齊書・文學・丘巨源傳》：大明五年，敕助徐爰撰國
　　史。（卷383，頁12）

並出按語云：「爰傳作六年，並存俟考。」

第三節　徵引文獻之缺失

一　龍繼棟《古今圖書集成考證》舉隅

　　《古今圖書集成》篇帙龐大，條綱部類，析分至細，並世罕儔，曠代無匹。但此書的編纂，自陳夢雷獨攄簡編，起草凡例開始，至幸邀胤祉伙助，倩人繕寫，康熙特恩，開館修訂，以至蔣廷錫董司雕鐫，清世宗作序頒行而止，抄篆經眾人之手，遷延歷二十餘載，難免有文獻檢擇疏率，體例詮次失錯，引文前後歧異的狀況。[24]清光緒年間龍繼棟撰有《古今圖書集成考證》二十四卷，率先針對《古今圖書集成》引用文字進行斠理與訂誤。

　　龍繼棟，原名維棟，字松琴，一字松岑，號槐廬，廣西臨桂人。生於道光二十五年（1845），卒於光緒二十六年（1900），年五十六歲。父龍啟瑞（1814-1858），晚清經學家、音韻學家，與永福呂璜（1777-1839）、臨桂朱琦（1803-1861）、平南彭昱堯（1809-1851）、馬平王拯（1815-1876），並稱古文嶺西五大家。著有《古韻通說》、《爾雅經注集證》、《經籍舉要》、《經得堂詩文集》、《浣月山房詩詞抄》等。同治元年（1862）龍繼棟鄉試中舉，次年（1863）舉進士不第。曾任戶部主事、江南官書局圖書集成總校、金陵尊經書院山長。

---

24 如《松鶴山房文集》卷一〈告假疏〉載陳夢雷初纂《彙編》情況說：「臣本資性庸下，加以日夜痛心之故，凡事多至昏忘，雖讀書五十餘年，閱歷不止萬卷，而十不能舉其一二。深恐上負皇子貝勒使令，是用竭力，于數年之內，皆自黎明以至三鼓，手目不停，將家中所有書籍萬餘卷，自上古至元明，按代編次，共分類為六千餘，約計可及三千六百餘卷。臣以獨力檢點，所抄寫之人，字畫粗率，未及校正舛誤之字尚多。」（頁30-31）〈疏〉後夢雷識云「此疏修於丙戌之秋」，丙戌即康熙四十五年（1706），正當《古今圖書集成》初步鈔成之時，而夢雷已察知書中「字畫粗率，未及校正舛誤之字尚多」。

著有《十三經廿四史地名韻編今釋》、《槐廬詩學》、《槐廬詞學》、《俠女記》等。[25]

龍繼棟的校理工作，〈經籍典〉部分，寔正錯訛衍脫之處凡一千零八則，全書依《古今圖書集成》卷次先後，逐條臚列校語。茲按文獻錯誤的情況，略舉數例如下：

（一）訛誤

1. 〈經籍總部〉「彙考二十一」之二十四

《遼金元三史補藝文志》：李冶《測圓鏡海》十二卷。

謹案：《欽定四庫全書總目》作「測圓海鏡」。（頁35）

2. 〈經籍總部〉「彙考二十三」之二十一

前書：《測圓海鏡》十二卷，元李冶。

案：《國史經籍志》作「測圓海鏡」。（頁35）

3. 〈經籍總部〉「彙考二十八」之七

前書：《齊民要術》十卷，漢賈思勰。

案：賈思勰係北魏人。（頁36）

4. 〈經籍總部〉「紀事一」之十五

《漢書‧張湯傳》：用善書結事尚書。

案：《漢書》作「給事尚書」。（頁36）

5. 〈經籍總部〉「紀事一」之十六

前書〈司馬遷傳〉注：如淳曰「紬，謂綴集之」。

案：此顏師古注，非如淳。（頁36）

---

25 有關龍繼繼棟生平事蹟，可參考李惠玲：〈臨桂龍氏父子與晚清詞壇〉，《廣西民族大學學報（哲學社會科學版）》第30卷第2期，2008年3月，頁156-161。及王德明：〈論清代臨桂龍氏家族的文化與文學〉，《南方文壇》2012年第4期，頁107-111。

6.〈經籍總部〉「紀事一」之三十四

前書〈張衡傳〉：乃為侍中，上疏，請得專事東觀。

案：《後漢書》作「及為侍中」。（頁36）

7.〈經籍總部〉「紀事三」之十一

前書〈劉瓛傳〉：在在檀橋，瓦屋數間。

案：《南齊書》作「住在檀橋」。（頁36）

8.〈易經部〉「總論十」之三十五

《大易輯說》問：擬諸物象，一失其原，巧愈彌甚。

案：此引《易略例》文。依邢璹注，「愈」應作「喻」。此書亦作「愈」，足徵宋本已不免錯。（頁38）

9.〈易經部〉「藝文一」之五十七

宋鄭剛中〈大易賦〉：故有以萬有二千五百二十之數，藏之於四十九莖。

謹案：《御定歷代賦彙》亦如此。依《周易》，當作「萬有一千五百二十」。（頁39）

10.〈易經部〉「易學別傳二」之十五

《易林‧大有》之第十四「李梅零墜，心思積憤，懽憂小愧，亂我魂氣」。

案：《易林》作「心思慣慣，懷憂少愧，亂我魂氣」。（頁39）

11.〈書經部〉「總論三」之二十一

前書論〈康誥〉，故五峯編此書，於《皇王大紀》不屬成王，而載於武王紀也。

案：《朱子全書》此連上文，非成王也為一段。（頁40）

12.〈詩經部〉「雜錄一」之二十七

《泊宅篇》：據《周官》「械夏」，《儀禮》作「陔」字，則「陔」通於「械」。

案：坊刻誤「械」，《周禮》作「祴夏」。（頁42）

13.〈春秋部〉「總論二之十九

　　前書：鄭乃恐懼去楚，而成蟲牢之盟。

案：凌曙校本云當作「蟲牢」。（頁43）

14.〈周禮部〉「彙考一」之六

　　宣帝天定□年，令沈重講《周禮》於合歡殿。：按《梁書・宣
　　帝本紀》不載。

案：宣帝為後梁蕭詧，《梁書》無紀傳，傳在《周書》。以大定紀
年，非天定。（頁45）

15.〈地志部〉「彙考一」之十一

　　《舊唐書・裴矩傳》：皆近四海諸國，亦自有空道交通。

案：此引《新唐書》，非《舊唐書》。「皆近四海諸國」，《新唐
書》作「皆竟西海諸國」。（頁55）

16.〈書經部〉「彙考六」之三十八

　　案：金玉節序元初自跋云云。

案：卷目作「金玉節跋」。（頁40）

17.〈儀禮部〉「總論二」之二十九

　　楊復《儀禮圖》大儀射。

案：卷目作「大射禮」。（頁45）

18.〈經籍典〉第二百三十七卷目錄之一

　　後漢順帝景平一則，靈帝永和一則。

案：考《漢書》，永和應屬順帝，熹平應屬靈帝，卷中不錯。（頁
45）

19.〈周禮部〉「彙考二」之二十一

　　鄭伯謙《太平興國之書統集》十一卷。

案：原作「太平興國之書」，卷目是。（頁45）

20.〈經籍典〉第三百七十二卷目錄之一

　　《史記評》林茅坤〈序〉。

案：卷中茅坤〈序〉後，尚有徐中行，序目失載。（頁53）

21.〈經籍典〉第三百七十九卷目錄之一

　　梁文帝元嘉一則。

案：卷中作「宋文帝元嘉」，是。（頁53）

22.〈經籍典〉第三百九十五卷目錄之一

　　金元宗大定九則。

案：金無元宗，卷中作「世宗」，是。（頁54）

（二）脫字

1.〈經籍總部〉「彙考十」之十

　　前書：《鬼谷子》三卷，樂注。

案：《隋書》作「樂一注」，《唐書》作「樂臺注」。（頁34）

2.〈易經部〉「彙考七」之四

　　前序：聖一而後世千之。

案：《經義考》夾行作「聖一而後世百之，聖十而後世千之」。
（頁38）

3.〈易經部〉「總論一」之三十六

　　《程子語錄》：觀《易》須看時，然後逐爻之才。

案：《二程遺書》作「觀《易》須看時，然後觀逐爻之才」。（頁
38）

4.〈易經部〉「紀事一」之二十二

　　前書〈梁丘賀傳〉：宣子章為公車丞，亡在渭城城中。

案：《漢書》作「亡在渭城界中」。（頁39）

5.〈春秋部〉「總論三」之二十六

　　前篇：殊魯而會之。

案：各本次句下，有「謂其夷狄之行也」七字。

　　以魯不得徧，避紀侯與鄭屬公也。

案：各本此句下，有「《春秋》常辭，夷狄不得與中國為禮。至邲之戰，夷狄反道，中國不得與夷狄為禮，避楚莊也」三十四字。（頁43）

6.〈春秋部〉「雜錄五」之十六

　　《圖書編》：公子益師卒，《左氏》謂公不與小斂明矣，而皆書日。《公羊》曰：遠也。

案：「而皆書日」之上，當有「公子牙公孫敖」字。（頁44）

7.〈地志部〉「彙考四」之三十四

　　前書：《三輔黃圖》一卷，《指掌圖》二卷。

案：《宋史》，《指掌圖》之上，《黃圖》之下，尚有《高麗日本傳》一卷、《南劍州圖經》一卷、《地理圖》一卷。（頁55）

8.〈老子部〉「彙考三」之九

　　《宋藝文志》：《集注老子》二卷。明皇、河上公、王弼、王雱等注。

案：《宋史》作「王霅」，乃「王雱」之誤。焦竑《老子翼采摭書目》有王元澤注，即王雱注。王雱字元澤，《韻藻》入陽韻可證。（頁56）

9.〈諸子部〉「彙考十五」之三十三

　　前書：《名畫見聞志考》。晁氏曰：若虛以張愛賓之畫絕筆，永昌元年。

案：《文獻通考》如此。恭閱《欽定四庫全書目錄》，若虛以張彥遠《歷代名畫記》絕筆，唐末因續為裒輯。是此文宜作「若虛以張愛賓之畫記」，落一記字。（頁57）

（三）衍文

1.〈詩經部〉「雜錄一」之十

　　前書注：王食子，河內人。

案：食子公自姓食，此「王」字衍，詳見《前漢書・儒林・趙子傳》。（頁41）

2.〈周禮部〉「彙考二」之二

　　賈公彥〈周禮正義自序〉：故紀於鳥，故為鳥師而鳥名。

案：《注疏》本無下「故」字。（頁45）

3.〈經學部〉「紀事一」之二十一

　　〈宦者傳〉：呂強字漢盛，河南成皋人也。

案：此下記宦者李巡事，上用宦者呂強，傳下字籍皆衍。（頁52）

（四）乙倒

1.〈經籍總部〉「彙考二十」之四十一

　　前書：《三洪制藁》二十六卷。

案：《宋史》作「六十二卷」。（頁35）

2.〈經籍總部〉「彙考二十」之四十三

　　前書：張修《桂林集》十二卷。

案：《宋史》作「二十卷」。（頁35）

3.〈經籍總部〉「紀事一」之二十五

　　《後漢書・鄭元傳》：不得於禮堂寫傳定與其人。

案：《後漢書》作「不得於禮堂寫定，傳與其人」。（頁36）

4.〈經籍總部〉「紀事一」之四十

　　前書〈延篤傳〉：篤解論經傳，多所駁正。

案：《後漢書》作「篤論經解傳，多所駁正」。（頁36）

5.〈河圖洛書部〉「彙考一」之六

　　《書經大全》：潛室氏陳曰。

案：應作「潛室陳氏曰」。（頁37）

6.〈易經部〉「彙考十二」之五

　　梅士昌〈周易麟解自序〉：內文明而外柔順，蒙以大難。

案：《經義考》作「以蒙大難」。（頁38）

7.〈詩經部〉「雜錄一」之十七

　　《西溪叢語》：揄，女時反。

案：此原誤。《周禮注》作「抒，時女反」。　「抒，把也」亦原
誤。案：《說文》作「抒，挹也」。（頁41）

（五）異文

1.〈經籍總部〉「彙考十一」之三

　　前書：《物始》十卷，謝昊撰。

案：《隋書》作「謝吳撰」。《四葉大捨記》同。汲古閣本《隋
書》作「昊」，《唐書》亦作「昊」。（頁35）

2.〈易經部〉「總論十一」之四十九

　　許衡《讀易私言》：上爻才適時甚足貴也，時適過則難與行也。

案：今刻通志堂本作「時甚足貴也，時過適則難與行也」，上句
無「才適」兩字，下句「適過」二字倒。查本書所引較通志堂本為
善。（頁38）

3.〈易經部〉「易學別傳四」之二十八

　　前書〈明夷〉之三十六「旅，管叔遇桓」。

案：宋本作「管仲遇桓」。

　　膠日殺糾。

案：宋本作「膠目啟牢」。

笑喜不莊。

案：宋本作「笑戲不止」。（頁39）

4. 〈書經部〉「彙考八」之十四

　　《漢書藝文志考證》：惟聞《尚書》二十八篇，取象二十八宿，謂為至然也。河圖古文，乃自百篇耶。

案：《玉海》如此，朱彝尊《經義考》引作「謂為信然，不知其有百篇也」。（頁40）

5. 〈詩經部〉「彙考十」之四

　　郝經〈朱子毛詩集傳序〉：觀民設教，閑邪存誠，聖之功也。

案：《郝文忠集》作「閑邪存誠」。（頁40）

6. 〈春秋部〉「總論二」之二十八

　　前書〈精華〉篇：所聞《詩》無達話，《易》無達言，《春秋》無達辭。

謹案：武英殿聚珍版作「所聞《詩》無達詁，《易》無達占，《春秋》無達辭」。（頁40）

7. 〈春秋部〉「雜錄一」之三十五

　　《顏氏家訓》：痁有熱虐也。

案：坊本亦作「虐」，宜依《說文》作「有熱瘧」。（頁44）

8. 〈經學部〉「傳經名儒列傳十四」之十九

　　唐高定〈傳〉：世重其早慧，以家顯。

謹案：汲古閣本同，殿刻《唐書》作「以字顯」。（頁51）

9. 〈經學部〉「藝文二」之十七

　　明貝瓊〈石經賦序〉：議郎蔡邕與棠溪楊賜。

謹案：《御定歷代賦彙》亦如此，《漢書》作「堂谿典」。（頁52）

（六）複重

1.〈經籍總部〉「彙考二十五」之五

　　前書：《嘉祐名臣傳》五卷，張唐英。

案：此條複出。（頁35）

（七）錯簡

1.〈後漢書部〉「藝文志一」之三

案：前葉劉毅上安帝書已有餘行，此葉無題斗，從「智之優薄」起，至「則大道通矣」止，查係《後漢書‧西域傳論》後半，不知何以錯簡。（頁53）

（八）避諱

1.〈經籍總部〉「總論四」之六

　　《冊府元龜‧注釋門》：自漢之表章六經，尊立學較。

案：明刻避熹宗諱，所刻《冊府元龜》，於「校」字皆作「較」。（頁36）

2.〈禮記部〉「彙考四」之二十九

　　劉宗周〈禮經考次集自序〉：合之《大學》，為《學較全書》。

案：「學校」字從木，明人多通用「較」，考已見前。（頁44）

二　〈經籍典〉訛誤類型

　　《古今圖書集成》內容宏富，字數一億六千餘萬，引用書目又多至五、六千種，董理校正，殊非易事。龍氏考證雖屬草創，然而可以從中歸納出《古今圖書集成》訛誤的類型，仍具參考價值。不過由於

龍氏只關注在文字釐正、脫字補漏、衍字刪改，對於〈經籍典〉採摭
疏漏、著錄淆亂、傳寫錯訛、考證粗率、編次失當、重沓繁冗、刪削
改竄的部分未能留心，因此應校而未校之處尚多。臚舉如下：

（一）錯訛衍脫

　　例如〈詩經部〉「彙考十六」引朱彝尊《經義考》，著錄「胡旦
《毛詩演聖論》十卷」，而今本《經義考》實引〈宋志〉作「二十
卷」。「蔡卞《毛詩名物解》」條下，引陸元輔曰：「蔡元度《名物
解》，〈目錄〉一卷，〈釋天〉、〈釋百穀〉、〈釋草〉、〈釋木〉各一卷，
〈釋鳥〉三卷，〈釋獸〉、〈釋蟲〉各三卷，〈釋魚〉、〈釋馬〉、〈雜
釋〉、〈雜解〉各一卷。」而今本《經義考》，實作「〈釋獸〉、〈釋蟲〉
各二卷」。「彙考十」錄有朱鑑《集文公詩傳遺說》六卷鑑〈後序〉，
而卷前目錄誤作鑑〈自序〉；又錄有段昌武《叢桂毛詩集解》三十
卷，陸元輔序文及段維清題跋，而參照朱彝尊《經義考》，實為陸元
輔為段昌武《讀詩總說》所作之序，段維清為段昌武所作之狀略，亦
非題跋。以上龍繼棟《考證》均未校出。

　　黃智明〈古今圖書集成經籍典爾雅部的文獻價值〉一文[26]，也指
出〈爾雅部〉文字校勘未精的例證數則：

　　1.「彙考二」著錄唐陸德明《爾雅釋文》二卷，引德明〈自序〉
云：「郭景純洽聞強識，詳悉古今，《爾雅注》為世所重，今依郭本為
正。」而宋本、《通志堂經解》本《經典釋文》「今」下有「作」字。

　　2.「彙考二」又引邢昺〈爾雅疏自序〉云：「共相討論，為之疏
釋。雖上遵睿旨，共竭於顓蒙」，而南昌府學刊《十三經注疏》本
「釋」下有「凡一十卷」四字。

---

26 黃智明：〈古今圖書集成經籍典爾雅部的文獻價值〉，《中國文哲研究通訊》第16卷
　　第4期，2006年12月，頁160-161。

3.「彙考二」又引鄭樵〈爾雅註自序〉云:「因疑而求,因求而述,因而妄,指南為北,俾日作月」,而元刊本《爾雅註》作「因求而迷,因迷而妄」。

4.「彙考三」引《宋史藝文志・小學類》「揚雄方言十三卷」,〈宋志〉原作「十四卷」。此條下又脫「韋昭《辨釋名》一卷」七字。

5.「彙考三」引鄭樵《通志藝文略・爾雅類》「《爾雅圖讚》二卷,江瓘撰」、「《爾雅音》八卷,江瓘撰」,兩「瓘」字《通志》皆作「灌」。

6.「彙考三」引王應麟《漢藝文志考證》「《爾雅》二卷」,原書作「三卷」。

7.馬端臨《文獻通考經籍考・小學考》著錄「《埤雅》二十卷」,「彙考三」引脫去「二十」二字。

以上各例,龍繼棟《考證》同樣失校。

(二) 刪削改竄

據《古今圖書集成》書前〈凡例〉,「總論」主在擇其純正可行者錄之,若子集中有文字所論不一事,而數語有關,則節取之。「藝文」以詞為主,篇多則擇其精,篇少則瑕瑜皆所不棄,大抵隋唐以前從詳,宋以後從略。則取精用宏,刪汰繁蕪,原為《古今圖書集成》之定例。然而在順應〈經籍典〉各部的分類體例,或為契合〈經籍典〉各部的內容需要等情況下,往往會對徵引文獻有所刪削改易。[27]

以〈詩經部〉「彙考十六」徵引朱彝尊《經義考》為例,凡朱書中載錄之周、秦至唐時《詩經》著作,一概移置於〈經學部〉,宋以

---

27 有關〈經籍典〉節略文獻的狀況,詳下章「查覈《古今圖書集成・經籍典》文獻資料之視角」。

後著作，自宋徽宗皇帝《詩解》九卷以下，方錄於〈詩經部〉，此為
〈經籍典〉全編通例，無可厚非。唯參照現今通行《經義考》及〈經
學部〉所錄條目，可知〈詩經部〉編者大量刪汰書中文字，以致喪失
《經義考》原有之面貌。

〈詩經部〉刪削《經義考》文字的情況有三：

1. 刪併條目：如鮮于侁《詩傳》之後，刪除孔武仲《詩說》、范
祖禹《詩解》、王巖叟《詩傳》、蘇轍《詩解集傳》、彭汝礪《詩義》、
程子頤伊川《詩說》、張子載《詩說》、喬執中《毛詩講義》、郭友直
《毛詩統論》、張耒《詩說》、沈銖《詩傳》、毛漸《詩集》、趙令湑
《毛詩講義》、李撰《毛詩訓解》、吳駿《詩解》、趙仲銳《詩義》、王
商範《毛詩序義索隱》、劉泉《毛詩判篇》、吳良輔《詩重文說》、洪
林範《毛詩義方》、吳純《三十家毛詩會解》等二十一家。又吳氏失
名《詩本義補遺後》，亦刪除亡名氏《毛詩小疏》、《毛詩餘辨》、《毛
詩別集正》、《毛詩釋題》、《毛詩正數》、《毛詩釋篇目疏》、《詩疏要
義》、《毛詩元談》、《毛詩章疏》、《毛詩通義》、《毛鄭詩學》、《纂圖互
注毛詩》、《詩義斷法》、李簡《詩學備忘》等十數家。

2. 刪削各條目中部分學者評論：如引陳振孫、陸元輔、黃虞稷、
許宗魯、錢金甫、陸深、毛奇齡、納蘭成德、文徵明、王禕、繆泳、
錢謙益等人文字，或改為「某氏曰」，或直接刪削其名。

3. 刪序跋：《經義考》所引序跋，絕大多數編次於「彙考九」至
「彙考十二」之中，然以二者互相對照，仍有數篇注云「序已另載，
不重複」者，不見於「彙考九」至「彙考十二」之載錄。如呂祖謙
《家塾讀詩記》，朱彝尊《經義考》原載顧起元〈序〉一篇，〈詩經
部〉所引《經義考》亦注云：「顧起元〈序〉亦另載。」而「彙考
九」中，卻僅見朱子〈序〉、魏了翁、陸釴〈序〉，而無顧起元
〈序〉。

又如〈經籍典〉中收錄納蘭成德撰《通志堂經解》書序數篇，成德序見於《通志堂經解》各書篇首及《通志堂集》中者，合計六十七篇[28]，〈經籍典〉援引成德經解序僅十七篇，分別是：〈杏溪傅氏禹貢集解序〉、〈時氏增修東萊書說序〉、〈梅浦王氏天與尚書纂傳序〉、〈尚書通考序〉、〈書成氏毛詩指說後〉、〈王魯齋詩疑序〉、〈東巖周禮訂義序〉、〈春秋皇綱論序〉、〈春秋五論序〉、〈清江張氏春秋集注序〉、〈清全齋讀春秋編序〉、〈程積齋春秋序〉、〈趙氏春秋集傳序〉、〈張翠屏春秋春王正月考序〉、〈永嘉蔡氏論語集說序〉、〈建安蔡氏孟子集疏序〉、〈趙氏四書纂疏序〉。餘下〈經解總序〉及〈子夏易傳序〉等「易類」著述二十八篇，〈程泰之禹貢圖論序〉等「書類」著述五篇，〈朱孟章詩疑問序〉等「詩類」著述五篇，〈孫泰山春秋尊王發微序〉等「春秋類」著述九篇，〈河南聶氏三禮圖序〉等「三禮類」著述三篇，〈經籍典〉卻未見徵引，不知何故。

上述十七篇序，均載錄於各部「彙考」之中，除〈春秋部〉「彙考三」所收〈春秋皇綱論序〉、〈春秋五論序〉、〈清江張氏春秋集注序〉，及〈春秋部〉「彙考四」〈清全齋讀春秋編序〉、〈程積齋春秋序〉、〈春秋部〉「彙考五」〈趙氏春秋集傳序〉、〈張翠屏春秋春王正月考序〉、〈論語部〉「彙考二」〈永嘉蔡氏論語集說序〉、〈四書部〉「彙考二」〈趙氏四書纂疏序〉等九篇明確標示「經解序」三字（唯不標成德名氏及原題篇名）外，其餘如〈周禮部〉「彙考七」〈東巖周禮訂義序〉，乃據朱彝尊《經義考》轉錄[29]，而削去朱書原有的「成德曰」三字；〈孟子部〉「彙考二」〈建安蔡氏孟子集疏序〉，則不甚考證，誤

---

28 詳見〔清〕納蘭成德撰，陳惠美點校：〈通志堂經解序〉，收入林慶彰、蔣秋華主編：《通志堂經解研究論集》（臺北：中央研究院中國文哲研究所，2005年），上冊，頁263-342。

29 載《經義考》卷一百二十四「周禮五」。

以成德序為蔡模《孟子集疏》原序。[30]至於〈書經部〉「彙考四」〈杏
溪傅氏禹貢集解序〉、〈時氏增修東萊書說序〉,〈書經部〉「彙考五」
〈梅浦王氏天與尚書纂傳序〉、〈尚書通考序〉,〈詩經部〉「彙考九」
〈書成氏毛詩指說後〉,〈詩經部〉「彙考十一」〈王魯齋詩疑序〉等六
篇,則以小字雙行夾注方式,附記於喬行簡〈禹貢集解序〉、吳師道
〈增修東萊書說跋〉、崔君舉〈尚書纂傳後序〉、黃鎮成〈尚書通考自
序〉、熊克〈毛詩指說跋〉、王柏〈詩辨說自序〉等序跋之下,卻不說
明徵引自何人或何書,甚至於改竄序文,讀者不明究裡,極易誤解為
《古今圖書集成》編者的考證按語。

　　〈經籍典〉改竄納蘭成德《通志堂經解》各篇序文之情形如下:

　　1.有刪減原文數字者

　　如〈尚書通考序〉「度數名物,靡非經法之所寓,稍有未晰,則
無以措諸事而施於用,何以免不學墻面之譏乎」,〈書經部〉「彙考
五」刪「所」上「之」字及「稍有未晰」以下二十四字。

　　又〈時氏增修東萊書說序〉「四方從游者千人」,〈書經部〉「彙考
四」刪「四方」二字。

　　2.有較原文增添數字者

　　如〈書成氏毛詩指說後〉「自《毛詩正義》而外」,〈詩經部〉「彙
考九」作「自《毛詩正義》及陸德明《釋文》而外」。

　　3.有調動文字先後順序者

　　如〈杏溪傅氏禹貢集解序〉「義烏傅寅同叔」,〈書經部〉「彙考
四」作「傅寅,字同叔,義烏人」。

---

30 此篇序文,首數句云「牧堂老人蔡發仲與,朱子稱其教子不干利祿,而開之以聖賢
　　之學,非世人所及。其子元定季通,孫淵伯靜、沉仲默,曾孫模仲覺、抗仲節,皆
　　隱居著書」,倘是蔡模所撰,絕無可能直稱其曾祖名諱,故知若非〈經籍典‧孟子
　　部〉編者不甚考證,則必校者失之鹵莽。

又〈梅浦王氏天與尚書纂傳序〉「梅浦王氏《尚書纂傳》四十六卷，……與其鄉先生彭翼夫往復考正十五年而後成。……是書……擇焉可謂精矣。彭翼夫者，嘗仕於宋，為江陵府教授，即絲之父也」，〈書經部〉「彙考五」作「梅浦王氏天與所著《尚書纂傳》四十六卷，……其鄉有彭翼夫者，嘗仕於宋，為江陵府教授，天與與之往復考正十五年書始成。……彭絲者，即翼夫之子也。……是書……擇焉可謂精矣」。

4. 更改成德句意

如〈梅浦王氏天與尚書纂傳序〉「吉安自宋季文信公謀興復不遂，被執以死，其門人賓客咸以忠義自奮，鄉曲之士多知自好，恒絕意仕進，潛心經義」，〈書經部〉「彙考五」作「吉安自宋文天祥後，士威以忠義自奮，多絕意仕進，潛心經義」，刪去「謀興復不遂，被執以死」九字。

同篇「梅浦是書，……其心似薄蔡氏，而不攻其非」，〈書經部〉「彙考五」作「梅浦是書，……其心似不甚許蔡氏，而不攻其非」，改「薄蔡氏」為「不甚許蔡氏」。

5. 刪去序中成德自稱語

如〈杏溪傅氏禹貢集解序〉「著《禹貢集解》二卷，……吾於其言，默有取焉」，〈書經部〉「彙考四」作「著《禹貢集解》二卷，……其言治水之理，深中肯綮」。

又〈尚書通考序〉「宋元之際，閩之樵川，儒學蔚起，若嚴粲明卿之於《詩》，黃清老子肅之於《春秋》，黃鎮成元鎮之於《易》、於《書》，《易》有《通義》，《書》有《通考》，各十卷。予所見者，惟嚴氏之《詩緝》、黃氏之《尚書通考》而已」，〈書經部〉「彙考五」改作「閩之樵川，自宋元，儒學蔚起。若嚴粲明卿之於《詩》，黃清老子肅之於《春秋》，黃鎮成元鎮之於《易》與《書》，皆各自名家。嚴

氏《詩緝》尚存，餘皆不見，即黃氏亦有《通考》，各十卷。今所見者，惟《書通考》而已」。

6.有刪削數字，以避免前後文字自相牴牾者

如〈杏溪傅氏禹貢集解序〉「驗少卿前後私印，則知當日已非足本。亟刊行之，俟求其完者，嗣補入焉」，〈書經部〉「彙考四」作「驗少卿前後私印，則當日已非足本云。姑採入，俟得其全者考訂焉」，因《古今圖書集成》性質為類書，不比《通志堂經解》能將傅寅《禹貢集解》二卷全數錄入，故改序文「刊行」二字為「採入」。

又〈王魯齋詩疑序〉，起「金華王文憲公，於六經、四子之書論說最富，《詩》則有《讀詩紀》十卷、《詩可言》二十卷、《詩辨說》二卷，見吳禮部正傳節錄《行實》中。今所傳《詩疑》，則《行實》未載，卷帙不分，繹其辭，殆即《詩辨說》，因公於《書》有《書疑》，遂比而同之也。古之說《詩》者，率本〈大〉、〈小序〉」，至「昔賢之善誨人蓋如此」，〈詩經部〉「彙考十一」引此篇，附記於王柏〈詩辨說自序〉之下，遂刪去「金華王文憲公」至「遂比而同之也」八十二字，又改「昔賢之善誨人蓋如此」為「古之人善誨人如此」，而於此句下補「因並附記於柏〈自序〉之後，庶學者知所折衷云」。

上述六項情況，前三項尚不妨礙成德原意，第四項已有曲人之意以就己意的意味。第五、六項，顯然刻意隱暱成德名氏與徵引自《通志堂經解》（或《通志堂集》）的事實。只是這樣的改竄成德序文，不知出於〈經籍典‧書經〉、〈詩經〉兩部負責實際編務者的師心自用（其餘各部，絕無割裂顛倒、任意改竄成德序中文字之情事），亦或雍正即位，陳夢雷遭流放，改以蔣廷錫任古今圖書集成館總裁，當時館臣因雍正皇帝以成德弟揆敘黨附胤禩，連類波及成德，故凡陳夢雷原編引用成德〈經解序〉文字，一一為之改竄，而改之不盡，致現今

所見〈經籍典‧書經〉、〈詩經〉兩部與其他諸部體例不相協的情況。
然未有塙證，不敢妄斷，姑志之以俟考。

（三）著錄淆亂

〈經籍典〉徵引文獻，每條之上均標著撰人名氏，然其體例不甚
畫一，且有標注出處不明確者。以〈詩經部〉為例，篇中標著之方
式，略有下列數種：

1.標著朝代、撰人、書名、篇名

如「總論二」，引「宋歐陽修《詩本義‧時世論》」；「總論八」，
引「宋章俊卿《詩論‧風雅頌之體不同》」。凡「彙考」、「總論」中，
未標著朝代者，乃某書作者朝代與前舉某書作者朝代相同，故略去
之。另有未標書名，僅標篇名者，乃同一書中文字連續徵引，為避免
重複，故止在各條引文開頭標示篇名。

2.僅著錄撰人名氏及書名、篇名：如「總論八」，引「何復漢
《文集‧毛詩略節》」一條，未標明何復漢為何代之人。

3.僅著錄書名、篇名，而無撰人名氏：如「雜錄一」，引《漢
書‧蕭望之傳》「張敞上書」一條，又引《中說‧天地篇》「齊、韓、
毛、鄭《詩》之末也」一條。

4.僅著錄撰人姓氏及篇名，而不云出自何書：如「藝文一」，引
趙昂〈攻玉賦〉、皮日休〈讀韓詩外傳〉。

5.僅著錄書名，而無撰人名氏與篇卷：如「雜錄一」，引《彥周
詩話》「燕燕于飛，差池其羽」一條。

著錄體例不一致，伴隨而來的即是書篇名稱的訛謬，〈經籍典〉
也偶然可見此種現象。如〈詩經部〉「總論二」，引有宋鄭樵《詩辨
妄》「四家詩」、「二南辨」、「關雎辨」、「國風辨」、「風有正變辨」、
「雅非有正變辨」、「豳風辨」、「風雅頌辨」、「周頌辨」、「商魯頌辨」、

「逸詩辨」、「諸儒逸詩辨」、「亡詩六篇」、「樂章圖」、「刪詩辨」、「詩
序辨」、「詩箋辨」、「讀詩法」、「詩有美刺」、「毛鄭之失」、「詩亡然後
春秋作」,「秦以詩廢而亡」、「序草木類兼論詩聲」數篇文字。鄭樵
《詩辨妄》早已亡佚,〈詩經部〉所引,實為《六經奧論》文。

第四章
查覈《古今圖書集成・經籍典》
文獻資料之視角

　　類書的功用，在於方便資料檢索，可為輯佚和校勘之取資。然而類書係由多人編纂而成，容易有體例不一、引文增省的缺失；而且許多類書皆抄撮前代類書資料增訂而成，難免以訛傳訛。

　　《古今圖書集成》在編輯過程中，已有粗率疏漏之失，且自成書以來，僅光緒年間龍繼棟任職江南官書局《圖書集成》總校時略做考訂，無法完整反映《古今圖書集成》引用文獻資料優劣的全貌。

　　劉葉秋在談及類書的查檢時，提示讀者務須熟悉類書內容，並審慎覆覈原書。本章即依據劉氏提點之方法，針對《古今圖書集成・經籍典》徵引之文獻進行考較。

第一節　熟諳〈經籍典〉編輯體例

　　《古今圖書集成・經籍典》，分部以經、史、子、集、類書、雜著為綱，以「彙考」、「總論」、「藝文」、「紀事」、「雜錄」為目，文獻資料採錄以聖經賢傳為主，而山經、地志、稗官、小說、雜著、筆記亦備書其詳。其綱目分合之緣由、資料取捨之準則，大略條述於書前〈凡例〉中。至於事涉棼廣，可此可彼，義有兩歧，孰真孰偽，或數書同載一事，何者宜取，何者宜捨，文字紕謬難信，何者應刊，何者應削，〈凡例〉不及析縷分條，逐一列舉，則時出按語註釋，詳說分明。

　　例如〈理學彙編〉統括〈經籍〉、〈學行〉、〈文學〉、〈字學〉四典,〈經籍典〉詳著帝王尊經本末、諸經傳注先儒授受源流及諸子百家紀述,〈學行典〉條列經傳中道德性命之說與名儒賢臣之學問品行,〈文學典〉備載歷代文學家紀傳及相關作品,〈字學典〉則悉採伏羲畫卦以下聖聖相傳的字體源流與點畫音韻皆合各家之議論,環環相扣,井然有序。但像《周禮・地官》「保氏養國子以道,乃教之六藝:一曰五禮,二曰六樂,三曰五射,四曰五馭,五曰六書,六曰九數」,「六書」者,依漢儒鄭眾的說法,指的是「象形,會意,轉注,處事,假借,諧聲」。《古今圖書集成》編者以「周王立小學,建保氏,教六書」為周代學制所獨有,將此條及注「柯氏曰:師氏掌以媺詔王」至「周制大學在郊者,省朝謁之勞,專學業也」一節,一併採入〈經籍典・小學部〉「彙考」;又考慮到六書與字學範疇多有重疊,於是在此條之下,附加按語云「六書始於伏羲,凡字學源流,俱詳〈字學典〉,此則統論小學及小學書卷目始載焉」(卷307,頁1478),表示與六書相關的文獻資料,依例當入〈字學典〉,之所以採入〈經籍典・小學部〉「彙考」,是因為《周禮・地官・保氏》為經書中述及周代小學制度及以六藝教養國子的最早文獻材料,因此連類載之。關於〈經籍典〉與〈字學典〉二者收錄事物的畛域,見於《古今圖書集成》書前凡例者,僅說「書契之作,典籍之權輿」(頁21),此外沒有更為具體的說明。〈經籍典・小學部〉「彙考」下此則按語,更能見出〈經籍典〉(小學部)、〈字學典〉分別立部的原則在於:一以統論小學及小學書目為主,一以備載歷代議論字形源流、點畫音韻,與夫書法名家、文房諸器等各項文獻資料為主。寔可補充〈凡例〉之所未及。

　　因此,簡單來說,〈凡例〉是導引讀者初步明瞭《古今圖書集成・經籍典》體例架構的門徑和指南,因此所記皆通貫全書的常例;按語註釋是提示讀者留心某類文獻材料特殊屬性的藉手和訊息,因此

所記多詮說別異的變例。學者查索《古今圖書集成‧經籍典》，而於通編常例變例不能熟諳，則翻檢所得的資料，不免有挂一漏百之虞。茲舉一例說明：清初時期，程、朱之學盛行，程、朱一系學者，主張理與天同體，天理自然，渾然無體，人文原於天地自然之文而生，故仁義禮智即是理。古聖先哲推原天地自然之理，明察人文變化之要，其聲威教化，羅布於書牘簡策之中，是以言理莫備乎《六經》。陳夢雷彙編《古今圖書集成》，將經籍、學行、文學、字學納於「理學」之下，大有承續宋學「道沿聖以垂文，聖因文以明道」的寓意。〈經籍典〉中，凡事關帝王尊經、諸經傳注先儒授受源流，皆詳述其本末，按代編年，至於諸子百家紀述，則區其種類，述其事迹，兼集諸家評騭之語而已。這是〈古今圖書集成凡例〉所談及〈經籍典〉編次的常例。其中尚有〈凡例〉未能縷細言明的別異之處，即〈經籍典‧經籍總部〉「紀事」著錄歷代學者著述大略，連帶徵引學者傳記資料的同時，卻刻意將「道學」與「儒林」區分為二，道學諸儒全傳，俱載〈學行典〉[1]，而儒林全傳，則載於〈經籍典‧經學部〉。[2] 換言之，

---

1 〈經籍典‧經籍總部〉「紀事七」引《宋史‧道學傳》「周惇頤，字茂叔，道州營道人。尚友千古，博學力行，著《太極圖》，明天理之根源，究萬物之終始。又著《通書》數十篇，發明太極之蘊，序者謂其『言約而道大，文質而義精，得孔、孟之本原，大有功於學者也』。掾南安時，程珦通判軍事，使二子顥、頤往受業焉，敦頤每令尋孔、顏樂處所樂何事，二程之學，源流乎此矣」一則，其下標註云：「道學諸儒全傳，俱載〈學行典〉，此特紀其著書大略。」（卷45，頁55）

2 〈經籍典‧經籍總部〉「紀事七」引《宋史‧儒林傳》「邢昺，擢九經及第。咸平二年，受詔與杜鎬、舒雅、孫奭、李慕清、崔偓佺等，校定《周禮》、《儀禮》、《公羊》、《穀梁春秋傳》、《孝經》、《論語》、《爾雅》義疏，及成，並加階勳。景德二年，上幸國子監，閱庫書，問昺：『經版幾何？』昺曰：『國初不及四千，今十餘萬，經傳正義皆具。臣少從師業儒，時經句有疏者，百無一二，蓋力不能傳寫。今板本大備，庶士家皆有之，斯乃儒者逢辰之幸也。』上曰：『國家雖尚儒術，非四方無事，何以及此。』」一則，其下標註云：「儒林全傳，俱載〈經學部〉，此亦紀其大略。」（卷45，頁55）

〈經籍總部〉「紀事」收錄以諸經傳注先儒授受源流為主，偏重在書而不在人，因此引用諸史傳記僅僅記其大略；〈經學部〉「傳經名儒列傳」收錄以人物學行為主，偏重在人而不在書，因此引用諸史傳記悉按全文採入；至於道學諸儒，能推闡陰陽五行之理，明言理一分殊之旨，帝王傳心之奧，初學入德之門，經其表彰發揮，無復餘蘊，而「孔孟之遺言，顛錯於秦火，支離於漢儒，幽沉於魏晉六朝」者，皆得以煥然大明，秩然各得其所[3]，《古今圖書集成》編者對之推崇備至，是以除將道學諸儒生平載記採錄於〈經學部〉「傳經名儒列傳」外，更依其學問道德品行，分別列入〈學行典〉各部。由此一例，可知讀者首先要能留心〈經籍典‧經籍總部〉「紀事七」下，編者特意加註的按語，並依循此則按語的指引，仔細翻檢〈經籍總部〉、〈經學部〉「傳經名儒列傳」與〈學行典〉諸部，才能全盤掌握宋代道學諸儒相關學術譔作、生平事迹、品性行誼的文獻資料。

〈經籍典〉中凡以按語註釋標識的特殊變例，如能深入分析考究，歸納其端緒，則可與書前〈凡例〉相輔而行。裴芹撰《古今圖書集成研究》，特別強調按注的價值，說「《古今圖書集成》以分類法為主體，又在不同部分兼用其他方法，除在其〈凡例〉中作出系統完整的說明規定外，還在許多處以按注說明，大量使用參見法，將一些相關的類部區別聯系起來，減少讀者因對分類掌握不確切而發生的漏檢現象」，並自言得諸按注指引幫助甚多，以為《古今圖書集成》所以被世人普遍推崇為最便檢索的古代類書，其中自有按注的功勞在內。[4]裴氏浸淫《古今圖書集成》研究二十餘載，其心得體會，足為後學所取資。

3　以上數語，略引自〔元〕脫脫：《宋史》（北京：中華書局，1985年），頁12710-
　　12711。

4　裴芹：〈古今圖書集成的按注研究〉，《古今圖書集成研究》，頁83。

第二節　考察〈經籍典〉與其他各典引述資料之對應

　　《古今圖書集成》的分部，是陳夢雷研綜古今，博考載籍，殫思極慮後，所得出最便利搜檢的編排方式。但身為讀者，卻不宜被既有的部目框架所局限，應該突破各編各典各部的藩籬，將星散於全書的相關文獻資料，纖悉貫串，漸次融會，以收相互參校之效。如何查找散居各部的相關文獻資料？一是根據全書〈凡例〉，一是根據篇中註釋按語。具體方法，已於上節約略提及。除此之外，讀者平日若能勤加翻檢，時時熟復全書編排體例，真積力久則入，自然能夠熟而生巧。

　　將〈經籍典〉中相關事類資料，儘可能的搜羅排比，往往可以發現平時未曾留心的新材料。舉例來說，《經典釋文‧敘錄》「毛詩注解傳述人」載有「徐州從事陳統字元方」一則，陸德明述元方論學大旨，在於「難孫（毓）申鄭（玄）」[5]，卻無片言談及陳統學術淵源或任何《詩經》學的相關專著。考《隋書》卷三十二〈經籍志一〉載「《難孫氏毛詩評》四卷，晉徐州從事陳統撰。梁有《毛詩表隱》二卷，陳統撰，亡」，又卷三十五〈經籍四〉云「梁有晉北中郎參軍《蘇彥集》十卷，太子左率《王肅之集》三卷、《錄》一卷，黃門郎《王徽之集》八卷，徵士《謝敷集》五卷、《錄》一卷，太常卿《孔汪集》十卷，《陳統集》七卷，太常《王愷集》十五卷，右將軍《王忱集》五卷、《錄》一卷，太常《殷允集》十卷，亡」，是史志中最早著錄陳統學術譔述的文獻資料。此後如《舊唐書》卷四十六〈經籍上〉載「《難孫氏詩評》四卷，陳統撰」；《新唐書》卷五十七〈藝文

5　吳承仕：《經典釋文序錄疏證》（臺北：崧高書社，1985年），「毛詩注解傳述人」，頁87。

一）載「陳統《難孫氏詩評》四卷」；宋鄭樵《通志‧藝文略‧詩經類》載「《難孫氏毛詩評》四卷，晉陳統撰」，又〈楚辭類〉載「《陳統集》七卷」；明焦竑《國史經籍志》載「《難孫氏毛詩評》四卷，陳統」、「《表隱》二卷，陳統」，又「《陳統集》七卷」；清朱彝尊《經義考》卷一百二〈詩五〉載「陳統《難孫氏毛詩評》，〈隋志〉四卷，佚」、「《毛詩表隱》，《七錄》二卷，佚」，皆是根據〈隋志〉的著錄而來。以上各條，分別為〈經籍典‧經籍總部〉「彙考八」、「彙考十二」、「彙考十三」、「彙考二十二」、「彙考三十」、〈詩經部〉「彙考九」、「彙考十三」、「彙考十四」、「彙考十五」、〈經學部〉「彙考十」所徵引。

由於《晉書》不為陳統立傳，因此讀者無由獲知其生平梗概，即使淵深博識、考據精詳如朱彝尊、馬國翰、吳承仕（1884-1939）諸學者，在缺乏文獻史料可供參驗的情況下，其《經義考》、《玉函山房輯佚書‧經編‧詩類》「難孫氏毛詩評」輯本、《經典釋文序錄疏證》，也難以對陳統的生平事迹，再有更進一步的說解。〈經籍典‧詩經部〉「紀事二」引有《徐州人物志》「陳統字元方，為徐州從事。篤志好學，尤專精經義，於漢儒箋註，窮其閫奧。嘗著《毛詩難孫氏評》四卷以駁孫申鄭，極有理致」一節（卷161，頁815），雖然僅有簡短的四十七字，寔可補史傳記載的不足。此外，〈明倫彙編‧家範典‧姊妹部〉「紀事」又引有《太清記》「陳統字元方，絃字偉方，俱清秀知名。姊妹四人，俱有美才，姊適東莞徐氏，生邈，二姊適同郡劉氏，文章最盛」（卷74，頁10）一節，提及陳統「姊適東莞徐氏，生邈」，陳統、徐邈（171-249）二人為甥舅之親，史傳亦不載，《太清記》此條亦可補《晉書‧徐邈傳》及《徐州人物志》之不足。又翻閱〈明倫彙編‧閨媛典‧閨藻部〉「列傳一」，「晉陳氏姊妹」條，引《天中記》「陳統字元方，弟絃，字偉方，俱清秀知名。姊妹三人，

並有美才。姊適東莞徐氏，生邈，二妹適同郡劉氏，文章最盛」（卷333，頁29）云云，與〈家範典‧姊妹部〉「紀事」所引《太清記》「姊妹四人」，文字小有異同。按《太清記》一卷，劉宋時王韶之（380-435）撰，《天中記》六十卷，明陳耀文撰。韶之年歲，與統、邈相近，蓋當時人記當時之事，較為可信，耀文《天中記》所載，或許即取材自韶之的《太清記》。

　　《太清記》、《天中記》二書尚流傳於世，學者平時甚少利用，經由〈明倫彙編〉的徵引，並與〈經籍典〉所引《徐州人物志》及各史〈經籍志〉對照，陳統學術撰著及與徐邈的關係，因此得以連結。類書的功能，正在於此。透過此例的考察，充分顯現《古今圖書集成》文獻材料搜羅之豐富，讀者唯有悉心翻檢考校，才能獲得完整齊備的資料。

　　除此之外，由於《古今圖書集成》成於眾手，難免首尾照應不周，內容彼此牴牾。為確保檢索而得的材料基本無誤，更應將〈經籍典〉所載文獻資料，與其他各部相關事類合而觀之，悉心核校。例如：依《古今圖書集成》通例，凡數書同載一事，內容、文字互有出入，往往別出按語，辨析其同異。如《宋史‧藝文志》載「仁宗既新作崇文院，命翰林學士張觀（943-995）等編四庫書，倣《開元四部錄》為《崇文總目》，書凡三萬六百六十九卷」，王應麟《玉海》亦載其事，云「初，購求逸書，復以書有謬濫不完，始命定其存廢，因倣《開元四部錄》為《崇文總目》。慶曆初成書，凡三萬六百六十九卷。然或相重，亦有可取，而誤棄不錄者」，所記《崇文總目》卷數，與《宋史‧藝文志》同。而馬端臨《文獻通考》則曰「慶曆元年十二月己丑，翰林學士王堯臣（1003-1058）等上新修《崇文總目》六十卷，其書總數凡三萬六千六十九卷。自太祖平定四方，天下之書，悉歸藏室。太宗、真宗訪求遺逸，小則償以金帛，大則授之以

官，又經書未有板者，悉令刊刻，由是大備，起祕閣，貯之禁中」，與《宋史‧藝文志》、《玉海》略有出入。〈經籍典‧經籍總部〉「彙考四」錄此三則，並出校語云：「按前作『六百六十九卷』，此作『六千六十九卷』，並存以俟考。」（卷4，頁23）資料同載一部、或同載某一緯目之中，自然容易見得其異同，如果分散於不同部甚至不同典，而各部編者對於問題的認知或又不同，就會出現以下情形：《晉書》卷三〈武帝本紀〉載「咸寧五年冬十月戊寅，汲郡人不準掘魏襄王冢，得竹簡小篆古書十餘萬言，藏于祕府」，同書卷三十九〈荀勗傳〉載「及得汲郡冢中古文竹書，詔勗撰次之，以為中經，列在祕書」，又卷五十一〈束皙傳〉載「太康二年，汲郡人不準盜發魏襄王墓，或言安釐王冢，得竹書數十車」。《晉書》三篇傳記所載汲郡人不準掘冢得書年代，各不相同。〈經籍典‧經籍總部〉「彙考二」認為「〈本紀〉作咸寧五年，〈荀勗傳〉作咸寧初，〈束皙傳〉作太康二年，同一《晉書》而互異如此，今姑從〈本紀〉」（卷2，頁9）。〈易經部〉「彙考一」觀點與〈經籍總部〉同，亦謂「〈本紀〉作咸寧五年，〈傳〉作太康二年，今從〈本紀〉」（卷59，頁3）。獨〈春秋部〉「彙考一」以為「〈本紀〉作咸寧五年，事未詳載《左傳》諸書，故從〈束傳〉」（卷167，頁3）。關於汲冢竹書出土的確切年月，本文不作討論。似乎《古今圖書集成》編者也未能深入考證，只是想當然耳的「姑從〈本紀〉」、「故從〈束傳〉」，至於「事未詳載《左傳》諸書」一語，更是顛倒錯亂，不知何所指，反映出《古今圖書集成‧經籍典》編輯人員考據功夫參差不齊。

第三節　留心〈經籍典〉各部引述同一文獻資料之異同

　　浮濫與挂漏，是類書最受批評的兩大弊病，唯唐徐堅《初學記》簡而能賅，宋王應麟《玉海》博而得要，世人咸推許為類書中少有之佳作。[6]

　　《古今圖書集成・經籍典》六十六部，都五百卷，上起《易經・繫辭》記太昊伏羲氏始作八卦造書契，下迄康熙皇帝欽定御纂《朱子全書》、《萬壽盛典》、《康熙字典》，舉凡事關帝王尊經、諸經傳注先儒授受源流，無不旁搜遠紹，加意搜討，其搜羅之宏富，不愧「海涵地負，集經史諸子百家之大成」之譽。至於裁度類例，詳究編次，使文獻材料得以依類相從，如錢就貫，更是〈經籍典〉所以超軼往代，絕倫千古的主要原因。但〈經籍典〉收錄的所有文獻資料，所論往往不止一事，倘若同一材料，諸部並載，不免有浮濫之弊；單入某部，又恐讀者與編者分類概念不同，難以尋檢。於是編者採取折衷方式，仍依文獻所述內容，分別載入相關各部，同時為避免文字蕪雜枝蔓，重出疊見，除了與此則資料關連至為密切的某部全載其文之外，餘下各部，則僅僅擷取數語，著其大略。這是〈經籍典〉處理同一文獻資料的常例，既可避免文字一再重出，導致全編卷帙過大，也解決讀者搜檢時漫無端緒，不知從何入手之苦，其法至善。

　　唯一的問題，是文獻材料經割裂刪削且分置諸部，讀者不察，如果誤認刪節之文為原書本文，反為不美。況且〈經籍典〉中，尚有所

6　《四庫全書總目》卷135〈子部・類書類一〉「初學記提要」條云：「其所採摭，皆隋以前古書，而去取謹嚴，多可應用。在唐人類書中，博不及《藝文類聚》，而精則勝之，若《北堂書鈔》及《六帖》，則出此書下遠矣。」又同卷「玉海提要」條云：「所引自經史子集、百家傳記，無不賅具。而宋一代之掌故，率本諸實錄、國史、日曆，尤多後來史志所未詳。其貫串奧博，唐宋諸大類書，未有能過之者。」

引資料原書已佚，不得已轉引他書，或編者為求便利，逕引他人之說，而轉引之說，已經後人刪削改動，甚至有《古今圖書集成》編者恣意增減，或刊印之時遭人竄亂的痕跡。這些情形，不經仔細核校，難以發現。讀者查閱《古今圖書集成‧經籍典》時，務須謹慎留意。以下試將〈經籍典〉中援引同一文獻資料，而各部所記，篇幅長短、字句多寡，何以多有出入的幾點原因，略舉數例如下，以見其端。

一　為順應〈經籍典〉各部的分類體例，因此將文獻材料做適度的切割

如〈經籍典‧經籍總部〉「彙考」八至十二既收錄《隋書‧經籍志》全文，其後又依經史子集四部次序，將〈隋志〉所著錄的各類圖書，分別鈔入〈河圖洛書部〉「彙考二」、〈易經部〉「彙考十三」、〈書經部〉「彙考七」、〈詩經部〉「彙考十三」、〈春秋部〉「彙考六」、〈禮記部〉「彙考五」、〈儀禮部〉「彙考三」、〈周禮部〉「彙考五」、〈三禮部〉「彙考三」、〈論語部〉「彙考三」、〈中庸部〉「彙考三」、〈孟子部〉「彙考三」、〈孝經部〉「彙考三」、〈爾雅部〉「彙考三」、〈小學部〉「彙考三」、〈經學部〉「彙考五」、〈讖緯部〉「彙考二」……等篇。〈隋志〉的編排，原本是將「爾雅」及「五經總義類」著述併附於「論語類」當中，與《古今圖書集成‧經籍典》分類稍有不同，為避免文獻資料糾結紊亂，於是〈經籍典〉編者將漢中散大夫樊光《爾雅注》以下「爾雅類」及「五經總義類」相關著述資料，自〈論語部〉「彙考三」中刪去，並於所引〈隋志〉「論語類」小序「《爾雅》諸書，解古今之意，并五經總義，附于此篇」下，註云：「按爾雅今歸〈爾雅部〉，經總今歸〈經學總部〉，故不重載於此。」（卷266，頁6）因此，讀者如須利用《古今圖書集成‧經籍典》查索〈隋志〉著錄的圖書資料，就應該以〈經籍總部〉所收的《隋書‧經籍志》為準，不宜根據〈論語部〉「彙考」。

二　為契合〈經籍典〉各部內容需要，故刪去與主題不甚相關的
　　文字

　　如明人黃道周（1585-1646）撰有《洪範明義》四卷，其〈進洪
範明義序〉云「臣觀五帝三王之道，備在《易》象，自《易》象外，
惟有《洪範》一書，為堯、舜所授於禹、湯，周公所得於箕子者。
《易》於〈明夷〉之卦，推崇箕子，明羲、文之道在箕子，非他作者
之所敢望也。漢興，伏、毉口授不真，厥後諸儒皆因伏、毉以證古
簡，是以偽舛相沿，失其倫脊。五十九篇之中，時有依託，先後間
出。然皆史家記述之言，雖巔末稍殊，無傷大義。如〈武成〉、〈洛
誥〉，先儒之所正定，後人不以為非。獨《洪範》一書，以理義古
奧，條貫錯綜，沿二千年，未之有改，使禹、箕之結撰，與《史記》
同觀，神聖之微言，為耄口所亂，良可惜也。臣攷篇中有錯簡者三，
訛字者三。錯簡如五紀三德敷言錯而在後，威福建極敷言錯而在前。
譌字如『晨』為『農』，『弌』為『忒』，『殛』為『極』之類，皆伏、
毉之所不稽，鄭、孔所未說，宋、元諸儒稍發其端，明興諸賢未竟厥
緒。臣下愚迂昧，繹思此義近二十年，幸逢聖主留神經籍，奉旨纂
輯，乃復不揣，為《明義》四卷。其上卷皆言天人感召、性命相符及
好德用人之方，下卷皆言陰騭相協、彝倫條貫旁及陰陽曆數之務。初
終兩卷，乃正定篇章，分別倫序，以及聖神授受之統，凡八萬七千六
百餘言。臣下愚迂昧，私意以古今典籍，自《易》象、《春秋》而
外，所可敦崇紬繹，未有過於斯書者也」，《古今圖書集成》採錄道周
此文，載入〈經籍典・書經部〉「彙考六」（卷116，頁53）中。

　　根據〈經籍典〉通例，「彙考」取材的原則、目的及其編排方式，
主要包含三大部分：（1）凡典籍中所記歷代帝王尊經或事關政典等大
事，有年月可考的事件，皆依時間先後為序，按次編排，目的在使
「一事之始末沿革，展卷可知」；無年月可考的事件，則依經、史、

子、集為序，逐次羅列相關文獻，如此而「一事因革損益之源流，一物古今之稱謂，與其種類性情及其制造之法，皆可概見」。（2）選錄歷代重要學術著述的序文和跋語，（3）收錄歷代史志、政書和私家編定的圖書目錄，目的是為反映諸經傳注先儒授受源流的本末。黃道周〈進洪範明義序〉收入〈書經部〉「彙考六」，用意即在於此。

又〈書經部〉「彙考一」，「崇禎十年，黃道周進《洪範明義》四卷」條下，亦引道周此序，而僅摘錄其中「幸逢聖主留神經籍，奉旨纂輯，乃復不揣，為《明義》四卷，凡八萬七千六百餘言。臣下愚迂昧，私意以為古今典籍，自《易》象、《春秋》而外，所可敦崇紬繹，未有過於斯書者也」（卷111，頁33）六十四字。編者所以大量刪削黃〈序〉篇中文字的原因，顯然是為了符合〈經籍典〉「彙考」的首要編排原則——專記歷代帝王尊經或事關政典的大事，因此僅保留明思宗能尊經崇儒，「留神經籍」的部分。至於道周〈序〉篇首所言，《洪範》一書，自漢儒伏生、晁錯以下即未能獲得充分重視，致使神聖之微言為耄口所亂，錯簡訛字幾沿二千年不改，以及篇末論及《洪範明義》全書內容、價值等文字，因與帝王尊經、事關政典的目的絕不相干，所以一概予以刪節。

三　數書同載一事，而文字小有異同，既徵引他書於前，則此從略

如漢儒申公，其生平事迹見於《史記》、《漢書‧儒林傳》。《古今圖書集成‧經籍典‧經學部》「傳經名儒列傳二」引《史記‧儒林‧申公傳》「申公者，魯人也。高祖過魯，申公以弟子從師入見高祖于魯南宮。呂太后時，申公游學長安，與劉郢同師。已而郢為楚王，令申公傅其太子戊。戊不好學，疾申公。及王郢卒，戊立為楚王，胥靡申公，申公恥之，歸魯，退居家教，終身不出門，復謝絕賓客，獨王命召之乃往。弟子自遠方至受業者百餘人。申公獨以《詩經》為訓以

教，無傳疑[7]，疑者則闕不傳。蘭陵王臧既受《詩》，以事景帝為太子少傅，免去。今上初即位，臧乃上書宿衛疐上，累遷，一歲中為郎中令。及代趙綰，亦嘗受《詩》申公，綰為御史大夫。綰、臧請天子，欲立明堂以朝諸侯，不能就其事，乃言師申公。於是天子使使束帛加璧安車駟馬迎申公，弟子二人乘軺傳從。至，見天子。天子問治亂之事，申公時已八十餘，老，對曰：『為治者不在多言，顧力行何如耳。』是時天子方好文詞，見申公對，默然。然已招致，則以為太中大夫，舍魯邸，議明堂事。太皇竇太后好老子言，不說儒術，得趙綰、王臧之過以讓上，上因廢明堂事，盡下趙綰、王臧吏，後皆自殺。申公亦疾免以歸，數年卒。弟子為博士者十餘人：孔安國至臨淮太守，周霸至膠西內史，夏寬至城陽內史，碭魯賜至東海太守，蘭陵繆生至長沙內史，徐偃為膠西中尉，鄒人闕門慶忌為膠東內史。其治官民，皆有廉節，稱其好學。學官弟子行雖不備，而至於大夫、郎中、掌故以百數。言《詩》雖殊，多本於申公」（卷328，頁60）一節於前。此數百字，《漢書‧申公傳》與《史記》大致相同，唯文字少異。為避免重複，因此下文續引《漢書‧申公傳》時，只保留首尾較《史記》增多的「申公少與楚元王交，俱事齊人浮丘伯受《詩》。浮丘伯在長安，元王遣子郢與申公俱卒學」……「申公卒以《詩》、《春秋》授，而瑕丘江公盡能傳之，徒眾最盛。及魯許生、免中徐公，皆守學教授。韋賢治《詩》，事博士大江公及許生，又治《禮》，至丞相。傳子玄成，以淮陽中尉論石渠，後亦至丞相。玄成及兄子賞，以

---

7 「申公獨以《詩經》為訓以教，無傳疑」，《史記》卷一百二十一、《漢書》卷八十八〈儒林列傳〉均無「疑」字，蓋《古今圖書集成》付印時，因下「疑者則闕不傳」而衍。又《古今圖書集成》引《史記‧申公傳》凡四見，除〈經籍典‧詩經部〉「彙考九」外，〈詩經部〉「紀事一」、〈經學部〉「傳經名儒列傳二」、〈經濟彙編‧選舉典‧徵聘部〉「彙考一」，皆衍「疑」字，不知何故。

《詩》授哀帝,至大司馬車騎將軍,自有傳。由是《魯詩》有韋氏學」一百三十四字,並以雙行小字註明:「凡《史》、《漢》並載者,刪其重複,補其未備。」(卷328,頁60)

又如〈經籍典・唐書部〉「紀事」節引《舊唐書・吳兢傳》「勵志勤學,博通經史。兢卒,其子進兢所撰《唐史》八十餘卷」一段,及《舊唐書・韋述傳》「述居史職二十年,嗜學著書,手不釋卷。國史自令狐德棻至于吳兢,雖累有修撰,竟未成一家之言,至述始定類例,補遺闕,勒成國史一百三十卷,并史例一卷,事簡而記詳,雅有良史之才。及祿山之亂,兩京陷賊,述抱國史藏于南山。廣德二年,其甥蕭直乃上疏理述能存國史,致聖朝大典得無遺逸,乃贈右散騎常侍。述所撰《唐職儀》三十卷、《高宗實錄》三十卷、《御史臺記》十卷、《兩京新記》五卷,凡著書二百餘卷,皆行于代」一段,並註云:「餘已見《新唐書》,不重載。」[8](卷389,頁53)皆是數書同載一事,而文字小有異同,既徵引他書於前,則此從略之例。

四、各部編者態度及用心不同,以致所錄文獻資料,迭有歧異

如朱熹〈易學啟蒙序〉「聖人觀象以畫卦,揲蓍以命爻,使天下後世之人,皆有以決嫌疑,定猶豫,而不迷於吉凶悔吝之塗,其功可謂盛矣。然其為卦也,自本而幹,自幹而支,其勢若有所迫而自不能已。其為蓍也,分合進退,從橫逆順,亦無往而不相值焉,是豈聖人心思智慮之所能為也哉!特氣數之自然,形於法象,見於圖畫者,有

8　按:《新唐書・吳兢傳》,全載〈明倫彙編・官常典・翰林院部〉「名臣列傳二」。〈理學彙編・經籍典・唐書部〉「紀事」、〈經濟彙編・選舉典・薦舉部〉「紀事二」、〈經濟彙編・樂律典・歌部〉「彙考一」所引,則略有刪節。《新唐書・韋述傳》,全載〈明倫彙編・官常典・翰林院部〉「名臣列傳二」、〈理學彙編・文學典・文學名家〉「列傳四十一」。〈明倫彙編・家範典・母黨部〉「紀事」、〈理學彙編・經籍典・經籍總部〉「紀事六」、〈理學彙編・學行典・讀書部〉「紀事」、〈理學彙編・學行典・幼慧部〉「紀事二」所引,略有刪節。

以啟於其心而假手焉耳。近世學者類喜談《易》，而不察乎此，其專於文義者，既支離散漫而無所根據，其涉於象數者，又皆牽合傅會，而或以為出於聖人心思智慮之所為也。若是者，予竊病焉。因與同志頗輯舊聞，為書四篇，以示初學，使毋疑于其說云。淳熙丙午莫春既望，雲臺真逸手記」一篇，數見於朱子《晦庵集》卷七十六、朱鑑《文公易說》卷二十二、董真卿《周易會通》卷首、明胡廣等纂《性理大全書》卷十四等書。至徐乾學、納蘭成德刻《通志堂經解》，誤將此篇題為胡方平〈易學啟蒙通釋自序〉。其後朱彝尊纂《經義考》，於卷三十一「朱子熹《易學啟蒙》」條下迻錄此文，題為「朱子自序《啟蒙》曰」云云，實為不誤，只是缺少篇末「淳熙丙午莫春既望，雲臺真逸手記」等十餘字，但卷四十「胡氏方平《易學啟蒙通釋》」條下，卻復將此篇序文載入，題「方平自序《通釋》曰」云云，則顯然受到《通志堂經解》所誤導。[9]

　　《古今圖書集成‧經籍典》徵引朱熹此篇序文，前後共計三次。[10]〈易經部〉「彙考三」題為「朱熹〈易學啟蒙自序〉」（卷61，頁16）不誤，而缺篇末「淳熙丙午莫春既望，雲臺真逸手記」十四字，當是根據朱彝尊《經義考》卷三十一轉錄。〈易經部〉「彙考五」題為「胡方平〈易學啟蒙通釋自序〉」（卷63，頁24），而存有篇末十四字，與《通志堂經解》所刻之序全同。至於〈河圖洛書部〉「彙考四」，既誤

9　〔清〕翁方綱云：「錢大昕曰：『此序（指〈易學啟蒙通釋自序〉）本朱文公《啟蒙》元序，公時主管華州雲臺觀，故以雲臺真逸自號。通志堂刻誤以為〈通釋序〉，竹垞因目為方平〈自序〉，誤也。』胡氏為文公三傳弟子，據董真卿云有至元己丑序，今雖未見，要必不在淳熙中也。」見《經義考補正》（臺北：廣文書局，1991年），卷2，頁14。可知朱彝尊《經義考》將朱子〈易學啟蒙序〉誤為胡方平〈易學啟蒙通釋序〉，實受徐乾學、納蘭成德刻《通志堂經解》的影響。

10　〈博物彙編‧藝術典‧卜筮部〉「總論」亦載此篇序文，作者題「朱熹《易學啟蒙‧說》」（卷558，頁29），亦闕篇末「淳熙丙午莫春既望，雲臺真逸手記」數字。

題為「胡方平〈易學啟蒙通釋序〉」，又無「淳熙丙午」以下十四字，
且改易序中「因與同志頗輯舊聞，為書四篇，以示初學」為「因輯舊
聞，為書以示初學」（卷52，頁32），最為可議。疑〈河圖洛書部〉此
序傳鈔自《經義考》卷四十，且見序中所言「為書四篇」，與《經義
考》原本著錄的「胡氏方平《易學啟蒙通釋》二卷」不合，於是自我
作古，削去序中數字，冀使讀者毋生疑心。換句話說，序文本身內容
為真，但因《通志堂經解》輯刻者、《經義考》編纂者的偶然失檢，
誤將撰人名氏張冠李戴，而〈河圖洛書部〉、〈易經部〉編者不識其
故，輾轉鈔撮，以致同一文獻資料，產生彼此牴牾的情形。倘使當時
各部編者能仔細參校《通志堂經解》與《經義考》卷三十一、卷四十
所收錄的序文，必定能夠輕易察覺同篇序文卻分題不同撰人名氏的歧
誤。如果再能留意〈易經部〉「彙考五」所錄胡方平〈易學啟蒙通釋
序〉篇末「淳熙丙午莫春既望，雲臺真逸手記」，雲臺真逸為朱子自
號，而淳熙丙午，與董真卿《周易會通》卷首云「方平玉齋先生，徽
州婺源人，師鄱陽介軒董先生、毅齋沈先生。著《易學啟蒙通釋》，
至元己丑自序」一條[11]，所記撰序年代不合，當能得出如錢大昕、翁
方綱、《四庫全書總目》等學者的結論：南宋孝宗淳熙十三年
（1186）丙午，距離元世祖至元二十六年（1289）己丑，已歷一百〇
三年，方平生卒年月雖不可曉，但絕無可能撰寫序文於百餘年以前，
而朱子同樣無法知曉百年後有胡方平者將為《易學啟蒙》一書撰寫
《通釋》，而預作序文。[12]由此一例，可見《古今圖書集成・經籍典》

11　〈經籍典・易經部〉「彙考十六」引朱彝尊《經義考》，亦著錄真卿此文，然而刪去
「著《易學啟蒙通釋》，至元己丑自序」十三字，不知何故。

12　《四庫全書總目》「易學啟蒙通釋提要」條云：「方平字師魯，號玉齋，婺源人。據
董真卿《周易會通》載，是書有方平至元己丑〈自序〉，則入元已十四年矣。然考
熊禾跋，稱『己丑春，讀書武夷山中，有新安胡君庭芳來訪，出其父書一編，曰
《易學啟蒙通釋》』，又劉涇跋亦稱『一日約退齋熊君訪雲谷遺跡，適新安胡君庭芳

的學術價值高低，和各部編者考證文獻資料時的態度及用心，有莫大的關係。

　　五　部分文獻資料，於流傳過程中文字已有異同，難以分辨是非，故〈經籍典〉編者同時予以採入

　　如〈經籍典‧春秋部〉「藝文一」同時徵引晉杜預〈春秋長曆論〉、〈春秋長曆說〉一節（卷197，頁977-978），茲迻錄原文如下，並略標其異同：

春秋長曆論	春秋長曆說
《書》稱「期三百六旬有六日，以閏月定四時成歲。允釐百工，庶績咸熙」，是以天子必置日官，諸侯必置日御，世修其業，以考其術。舉全數而言，故曰「六日」，其實五日四分之一日。 日行一度，而月日行十三度十九分度之有畸，日官當會集此之遲疾，以考成晦朔，錯綜以設閏月。閏月無中氣，而北斗邪指兩辰之間，所以異於他月也。積此以相通，四時八節無違，乃得成歲，其微密至矣。得其精微，以合天道，事敘而不悖，故傳	日行一度，月行十三度十九分之七有奇，日官當會集此之遲疾，以考成晦朔，以設閏月。閏月無中氣，而北斗邪指兩辰之間，所以異於他月。積此以相通，四時八節無違，乃得成歲，其微密至矣。得其精微，以合天道，則事敘而不悖，故傳曰：「閏以正時，時以作事。」然陰陽之運，隨動

　　來訪，出《易學啟蒙通釋》一編，謂其父玉齋平生精力盡在此書，輒為刻置書室』云云，則己丑乃禾與涇刊書作跋之年，非方平自序之年，真卿誤也。……董真卿所稱方平〈自序〉，今本佚之，惟存〈後序〉一篇。朱彝尊《經義考》乃竟以朱子原序為方平之序，可謂千慮之一失。徐氏通志堂刻本，於此序之末題『淳熙丙午暮春既望，雲臺真逸手記』，是顯著朱子之別號矣，而其標目乃稱〈易學啟蒙通釋序〉。淳熙丙午，下距至元己丑，凡一百一十三年，朱子安知有《通釋》乎！」（頁19）按：淳熙丙午，下距至元己丑，只一百三年，《總目》計數有誤。

春秋長曆論	春秋長曆說
曰:「閏以正時,時以作事,事以厚生,生民之道,於是乎在。」然陰陽之運,隨動而差,差而不已,遂與曆錯。故仲尼、丘明每於朔閏發文,蓋矯正得失,以宣明曆數也。	而差,差而不已,遂與曆錯。故仲尼、丘明每於朔閏發文,蓋矯正得失,因以宣明曆數也。
桓十七年,日食得朔,而史闕其日,單書朔。僖十五年,日食,而史闕朔與日,故傳因其得失,並起時史之謬,兼以明其餘日食,或曆失其正也。莊二十五年,經書「六月辛未朔,日有食之,鼓用牲於社」,周之六月,夏之四月,所謂正陽之月也,而時曆誤,實是七月之朔,非六月。故傳云「非常也。唯正月之朔,慝未作,日有食之,於是乎有用幣於社,伐鼓於朝」,此非用幣伐鼓常月,因變而起,曆誤也。文十五年經文皆同,而更復發。傳曰「非禮」,明前傳欲以審正陽之月,後傳發例,欲以明諸侯之禮也。此乃聖賢之微旨,先儒所未喻也。昭十七年夏六月,日有食之,而平子言非正陽之月,以誣一朝,近於指鹿為馬。故傳曰「不君矣」,且因以明此月為得天正也。	
劉子駿造《三統曆》以修《春秋》,《春秋》日食有甲乙者三十四,而《三統曆》唯一食,曆術比諸家既最疏,又六千餘歲輒益一日,凡歲當累日為次,而無故益之,此不可行之甚	劉子駿造《三正曆》以修《春秋》,日蝕有甲乙者三十四,而《三正曆》惟得一蝕,比諸家既最疏。又六千餘歲輒益一日,凡歲當累日為次,而故益之,此不可行之甚者。自古以來,諸論《春秋》者多述謬誤,或造家術,或用黃帝已來諸曆,以推經傳朔

春秋長曆論	春秋長曆說
者。班固前代名儒，而謂之最密。非徒班固也，自古以來，諸論《春秋》者，多述謬誤，或造家術，或用黃帝以來諸曆，以推經傳朔日，皆不得諧合。日食於朔，此乃天驗，經傳又書其朔食，可謂得天。而劉、賈諸儒之說，皆以為月二日或三日，公違聖人明文，其蔽在於守一元，不與天消息也。余感《春秋》之事，嘗著《曆論》，極言曆之通理。其大指曰：天行不息，日月星辰各運其舍，皆動物也。物動則不一，雖行度大量，可得而限。累日為月，以新故相序，不得不有毫毛之差，此自然之理也。故《春秋》日有頻月而食者，曠年不食者，理不得一，而算守恆數，故曆無不有差失也。始失於毫毛，而尚未可覺，積而成多，以失弦望朔晦，則不得不改憲以從之。《書》所謂「欽若昊天，曆象日月星辰」，《易》所謂「治曆明時」，言當順天以求合，非為求合以驗天者也。推此論之，《春秋》二百餘年，其治曆變通多矣。雖數術絕滅，還尋經傳微旨，大量可知，時之違謬，則經傳有驗，學者固當曲循經傳月日之食，以考朔晦也，以時推驗。而皆不然，各據其學，以推《春秋》，此無異度己之跡，而欲削他人之足也。余為《曆論》之後，	日，皆不諧合。日蝕於朔，此乃天驗，經傳又書其朔蝕，可謂得天。而劉、賈諸儒說，皆以為月二日或三日，公違聖人明文，其弊在於守一元，不與天消息也。余感《春秋》之事，嘗著《曆論》，極言曆之通理。其大指曰：天行不息，日月星辰各運其舍，皆動物也。物動則不一，雖行度有大量，可得而限。累日為月，累月為歲，以新故相涉，不得不有毫末之差，此自然之理也。故《春秋》日有頻月有蝕者，有曠年不蝕者，理不得一，而算守恆數，故曆無不有先後也。始失於毫毛，而尚未可覺，積而成多，以失弦望晦朔，則不得不改憲以從之。《書》所謂「欽若昊天，曆象日月星辰」，《易》所謂「治曆明時」，言當順天以求合，非為合以驗天者也。推此論之，《春秋》二百餘年，其治曆變通多矣。雖數術絕滅，遠尋經傳微旨，大量可知，時之違謬，則經傳有驗，學者固當曲循經傳月日、日蝕，以考晦朔，以推時驗。而皆不然，各推其學，以推《春秋》，此異於度己之跡，而欲削他人足也。余為曆諸論之後，至咸寧中，善算者李修、卜顯，依論體為術，名《乾度曆》，表上朝廷。其術合日行四分數，而微增月術，用三百歲改憲

春秋長曆論	春秋長曆說
至咸寧中，善算李修、夏顯，依論體為術，名《乾度曆》，表上朝廷。其術合日行四分之數，而微增月行，用三百歲改憲之意，二元相推，七十餘歲，承以強弱，強弱之差蓋少，而適足以遠通盈縮。時尚書及史官以《乾度》與《太始曆》參校古今記注，《乾度曆》殊勝，今其術具存。時又并考古今十曆以驗《春秋》，知《三統曆》之最疏也。 今具列其時得失之數，又據經傳微旨證據及失閏旨，考日辰朔晦，以相發明，為《經傳長曆》，諸經傳證據及失閏時，文字謬誤，皆甄發之。雖未必其得天，蓋《春秋》當時文曆也，學者覽焉。	之意，二元相推，七十餘歲，承以強弱，強弱之差蓋少，而適足以遠通盈縮。時尚書及史官以《乾度》與《泰始曆》參校古今記注，《乾度曆》殊勝《泰始曆》，上勝官曆四十五事。今其術具存，又并考今古十曆以驗《春秋》，知《三統》之最疏也。

上舉兩段引文，最大的差異，在於〈春秋長曆說〉較〈春秋長曆論〉闕去首尾一節各數十字，並「桓十七年，日食得朔」以下至「且因以明此月為得天正也」二百四十四字。編者在〈春秋長曆說〉引文篇末，註云：「按此兩篇，並載《百三名家・杜征南集》。今考此篇，即前篇（筆者按：指〈春秋長曆論〉）刪其首尾，餘止移易數字，仍並存俟考。」（卷197，頁2）意思是說：〈春秋部〉所引杜預此二篇論說，均採自明張溥（1601-1641）《漢魏六朝百三名家集》中的《杜征南集》，因文字差異頗多，不敢斷其是非，因此仍依張溥的做法，將此兩篇同時存錄。

　　忠實記錄文句異同，以供後世學者考較，雖不失為保存文獻的嚴

謹做法。但如果只是徒據前人已有之書，綴輯成篇，輾轉稗販，訛以傳訛，不加考證，反而有損自身的學術價值。以往類書之所以為人詬病，最大原因，正在於此。以〈經籍典〉徵引〈春秋長曆論〉、〈春秋長曆說〉二篇文字為例，〈春秋長曆論〉一節，蓋張溥鈔自《續漢書‧律曆志》劉昭《注》；〈春秋長曆說〉一節，則引自《晉書》卷十八〈律曆下〉。而〈春秋部〉「藝文」又輾轉自張溥《百三名家集》中迻錄。考《晉書》卷十八〈律曆下〉，原作：「武帝侍中平原劉智，以斗曆改憲，推四分法，三百年而減一日，以百五十為度法，三十七為斗分。推甲子為上元，至泰始十年，歲在甲午，九萬七千四百一十一歲，上元天正甲子朔夜半冬至，日月五星始于星紀，得元首之端。飾以浮說，名為《正曆》。當陽侯杜預著《春秋長曆》，說云：日行一度，月行十三度十九分之七有奇，……」是《晉書》所引，為杜預《春秋長曆》之說，而非杜預〈春秋長曆說〉。此其一。《續漢書‧律曆志》劉昭《注》原作「杜預《長曆》曰：《書》稱『期三百六旬有六日，以閏月定四時成歲……』」，絕無〈春秋長曆論〉之名。此其二。據《晉書》卷三十四〈杜預傳〉，云「（預）敏於事而慎於言，既立功之後，從容無事，乃耽思經籍，為《春秋左氏經傳集解》。又參考眾家譜第，謂之《釋例》。又作《盟會圖》、《春秋長曆》，備成一家之學，比老乃成」，似預於《釋例》之外，別有《盟會圖》、《春秋長曆》之作。然而杜預在〈春秋經傳集解自序〉中，自言「又別集諸例及地名、譜第、曆數，相與為部，凡四十部，十五卷，皆顯其異同，從而釋之，謂之《釋例》」，尋繹〈序〉意，是《長曆》、《盟會》之篇，並與諸例及地名、譜第合帙，統謂之《釋例》，非謂《釋例》之外，別有《盟會圖》與《春秋長曆》。[13]且乾隆時纂修《四庫全書》，

---

13 關於《春秋釋例》的內容，可參閱簡博賢：《今存三國兩晉經學遺籍考》（臺北：三民書局，1986年），第5章，〈三傳之會通及杜范注之集成〉，頁525-527。

自《永樂大典》中輯錄出《春秋釋例》三十篇，其編排次序，同樣依
照〈集解序〉述《長曆》在地名、譜第後，及孔穎達《春秋左傳正
義》所述《釋例》大旨[14]，於是將《長曆》一篇，次之《春秋釋例》
卷第十。[15]此其三。根據以上三點論證，可見《晉書》卷十八〈律曆
下〉及《續漢書‧律曆志》劉昭《注》所引杜預說，均是節取自《春
秋釋例》而來，而張溥輯《漢魏六朝百三名家集》，又從《晉書》、
《續漢書注》輾轉錄出，只是最初張氏採錄《晉書》卷十八〈律曆
下〉「當陽侯杜預著《春秋長曆》，說云……」一語時，誤以「說」字
屬上讀，於是自為擬定「春秋長曆說」之名，又因《續漢書‧律曆
志》劉昭《注》所引增多數百字，不敢遽然判定兩者是否出自同篇文
字，於是將此兩篇同時存錄，並且為與〈春秋長曆說〉相區別，另起
篇名曰「春秋長曆論」，而特別標註說：「〈春秋長曆說〉，與〈論〉略
同。」[16]乍看之下，張氏的處置似乎甚是合理，但事實上並無所謂
「春秋長曆論」、「春秋長曆說」之名。

---

14 《正義》曰：「《春秋》，記事之書。前人後人，行事相類，書其行事，不得不有比
例。而散在他年，非相比校，則善惡不章，褒貶不明。故杜別集諸例，從而釋之，
將令學者觀其所聚，察其同異，則於其學易明故也。言諸例及地名、譜第、曆數三
者，雖《春秋》之事，於經傳無例者繁多，以特為篇卷，不與諸例相同，故言
『及』也。事同則為部，小異則附出，孤經不及例者，聚於《終篇》，故言『相與
為部』也。其四十部次第，從隱即位為首，先有其事，則先次之。唯世族、土地，
事既非例，故退之於後。《終篇》宜最處末，故次《終篇》之前，《終篇》處其終
耳。土地之名，起於『宋衛□遇于垂』，世族譜起於『無駭卒』，無駭卒在遇垂之
後，故地名在世族之前也。」〔周〕左丘明傳，〔晉〕杜預注，〔唐〕孔穎達正義：
《春秋左傳正義》（臺北：藝文印書館影印清嘉慶二十年江西南昌府學刊本，1993
年），卷1，頁21。

15 《四庫全書總目》，卷26，〈經部‧春秋類一〉，「春秋釋例十五卷提要」條，頁
211。

16 〔明〕張溥輯：《杜征南集》，《漢魏六朝百三名家集》（揚州：江蘇廣陵古籍刻印
社，1990年），第2冊，頁327。

　　〈春秋部〉「藝文」自張溥《漢魏六朝百三名家集》中採錄杜征南遺文兩節，張溥當時既不注明採擷文獻的出處，而〈經籍典〉編者也不思探本溯源，考證此兩段引文究竟是一是二，未免過於疏忽。

六　各部編輯時據以鈔錄的資料來源不同

　　如《韓詩外傳》卷一〈孔子南遊適楚至於阿谷之隧〉章，首見於〈經籍典‧詩經部〉「彙考五」，再見於〈經籍典‧詩經部〉「雜錄一」。前者未註明採擷出處，而後者則轉引自宋洪邁《容齋續筆》卷八。[17]又〈經濟彙編‧樂律典‧琴瑟部〉「紀事一」亦載此章，同樣沒有註明徵引出處或所依據的底本。

　　據屈守元（1913-2001）《韓詩外傳箋疏》書前凡例，「《韓詩外傳》之有版刻，始於宋慶曆中。當時既無好本，刊者又有所雌黃，創痏滋多，實基於此。及今宋刻既亡，世傳惟重元本。元本乃至正十五年海岱劉貞刊於嘉興路儒學者。……明代諸刻，嘉靖時則有蘇州蘇獻可通津草堂本、沈辨之野竹齋本（沈本即蘇本重印）、濟南薛來芙蓉泉書屋本，萬曆時則有新安程榮《漢魏叢書》本、錢塘胡文煥《格致叢書》本，天啟時則有杭州唐琳快閣藏書本，崇禎時則有虞山毛晉汲古閣《津逮祕書》本。毛刻出於蘇、沈，胡、唐諸刻皆本之薛氏。」[18]

　　《古今圖書集成》所錄〈孔子南遊適楚至於阿谷之隧〉章三處文字，內容差異甚多，究竟出於編者手自刪節，或鈔錄時所據底本即已不同，必須深入分析探討。以下先將〈詩經部〉「彙考五」、〈詩經部〉「雜錄一」、〈經濟彙編‧樂律典‧琴瑟部〉「紀事一」引文，並屈守元《箋疏》校本，逐錄如下，以便參照：

17　〔宋〕洪邁：《容齋續筆》（揚州：江蘇廣陵古籍刻印社，1995年），卷8，頁2。
　　按：《古今圖書集成‧經籍典‧詩經部》「雜錄一」引此文，註云採自《容齋隨筆》，有誤。
18　屈守元：《韓詩外傳箋疏》（成都：巴蜀書社，1996年），〈凡例〉，頁2-3。

孔子南遊適楚，至於阿谷之隧，有處子珮瑱而浣者。孔子曰：
「彼婦人，其可與言矣乎？」抽觴以女。不可求思，此之謂
也。（〈經籍典‧詩經部〉「彙考五」，卷137，頁18）

《前漢書‧儒林傳》敘詩云「漢興，申公作《魯詩》，后蒼作
《齊詩》，韓嬰作《韓詩》」，又云「申公為《詩訓故》，而齊轅
固、燕韓生皆為之傳，或取《春秋》，采雜說，咸非其本義。
與不得已，魯最為近之」。嬰為文帝博士，景帝時常山太傅，
推詩人之意，作《外傳》數萬言，其語頗與齊、魯間殊，然歸
一也。武帝時，與董仲舒論於上前，精悍分明，仲舒不能難。
其後韓氏有王吉、食子公、長孫順之學。〈藝文志〉韓家《詩
經》二十八卷，《韓故》三十六卷，《內傳》四卷，《外傳》六
卷，《韓說》四十一卷，今惟存《外傳》十卷。慶曆中，將作
監主簿李用章序之，命工刊刻於杭，其末又題云「蒙文相公改
正三千餘字」，予家有其書，讀首卷第二章曰「孔子南適楚，
至於阿谷，有處子佩瑱而浣者。孔子曰：『彼婦人，其可與言
矣乎？』抽觴以授子貢，曰：『善為之辭。』子貢曰：『吾將南
之楚，逢天暑，願乞一飲，以表我心。』婦人對曰：『阿谷之
水，流而趨海，欲飲何問婦人乎？』受子貢觴，迎流而挹之，
置之沙上，曰：『禮固不親授。』孔子抽琴去其軫，子貢往請
調其音。婦人曰：『吾五音不知，安能調琴？』孔子抽絺綌五
兩以授子貢，子貢曰：『吾不敢以當子身，敢置之水浦。』婦
人曰：『子年甚少，何敢受子？子不早去，今竊有狂夫守之者
矣。』《詩》曰『南有喬木，不可休息，漢有游女，不可求
思』，此之謂也」，觀此章，乃謂孔子見處女而教子貢以微辭三
挑之，以是說詩，可乎？其謬戾甚矣，他亦無足言。（〈經籍
典‧詩經部〉「雜錄一」引《容齋續筆》，卷163，頁54）

孔子南游適楚，至於阿谷之隧，有處女珮瑱而浣。孔子曰：
「彼婦人，可與言矣。」抽琴去其軫，以授子貢，曰：「善為
之辭，以觀其語。」子貢曰：「於此有琴而無軫，願借子以調
其音。」婦人對曰：「吾北鄙之人也，僻陋而無心，五音不
知，安能調琴？」子貢致其辭，孔子曰：「丘知之矣。」（〈經
濟彙編‧樂律典‧琴瑟部〉「紀事一」，卷109，頁17）

孔子南遊適楚，至於阿谷之隧，有處子佩瑱而浣者。孔子曰：
「彼婦人，其可與言矣乎？」抽觴以授子貢，曰：「善為之
辭，以觀其語。」子貢曰：「吾北鄙之人也，將南之楚，逢天
之暑，思心潭潭，願乞一飲，以表我心。」婦人對曰：「阿谷
之隧，隱曲之氾，其水載清載濁，流而趨海，欲飲則飲，何問
婦人乎？」受子貢觴，迎流而抑之，奐然而棄之，促流而抑
之，奐然而溢之，坐置之沙上，曰：「禮固不親授。」子貢以
告。孔子曰：「丘知之矣。」抽琴去其軫，以授子貢，曰：「善
為之辭，以觀其語。」子貢曰：「嚮子之言，穆如清風，不悖
我語，和暢我心。於此有琴而無軫，願借子以調其音。」婦人
對曰：「吾野鄙之人也，僻陋而無心，五音不知，安能調
琴？」子貢以告。孔子曰：「丘知之矣。」抽絺綌五兩，以授
子貢，曰：「善為之辭，以觀其語。」子貢曰：「吾北鄙之人
也，將南之楚。於此有絺綌五兩，吾不敢以當子身，敢置之水
浦。」婦人對曰：「客之行，差遲乖人，分其資財，棄之野
鄙。吾年甚少，何敢受子？子不早去，今竊有狂夫守之者
矣。」《詩》曰：「南有喬木，不可休思。漢有遊女，不可求
思。」此之謂也。（《韓詩外傳箋疏》，卷1，頁6-8）

按：洪邁生於宋徽宗宣和五年（1123），卒於宋寧宗嘉泰二年（1202），
《容齋續筆》所引李用章序本《韓詩外傳》，即屈守元所謂宋慶曆中
初刻本，後來亡佚者。邁記讀是書首卷第二章，有孔子見處女而教子
貢以微辭三挑之之事，與屈守元《箋疏》本同，唯文字稍有出入。當
是洪氏撰文時，隨手漫記，非據原書逐字逐句照抄。然而據篇中所云
「《外傳》十卷。慶曆中，將作監主簿李用章序之，命工刊刻於杭，
其末又題云『蒙文相公改正三千餘字』」，文彥博當時既已校改全書三
千餘字，可證屈氏所說「當時既無好本，刊者又有所雌黃，創痏滋
多」，誠非虛語。

　　至於〈經濟彙編‧樂律典‧琴瑟部〉「紀事一」所錄，與《容齋
續筆》「抽琴去其軫，以授子貢」一節略同而文字殊異，蓋取材自
《太平御覽》卷五百七十七。[19]

　　而〈詩經部〉「彙考五」引文，僅四十四字，與其餘兩段文字差
異甚大。「抽觴以女」四字，殊不可解，絕非出於〈經籍典〉編者的
刪節。許瀚《韓詩外傳校議》嘗云：「《韓詩外傳》一之第三章，自
『抽觴以授子貢』『授』字，至引《詩》『漢有遊女』『遊』字，共三
百六字，本多脫去。程榮、胡文煥、唐琳、鍾惺本皆然。其不脫者，
薛汝修芙蓉泉書屋本、沈辨之野竹齋本、毛子晉汲古閣本。薛本每葉
十八行，行十八字。每章首行頂格，次行以下皆低一格，故每葉實得
三百六字。此章所脫，乃薛本之第二葉也。……薛本既脫此葉，諸家
展轉傳刻，皆不之覺，變薛本之行款，而聊次其已脫之文，抑何可笑

---

19 「有處子佩瑱而浣者」一句，各本皆同。唯《藝文類聚》四、《事類賦》十一、《太
　　平御覽》卷七四、卷五七七、卷八一九「瑱」字作「璜」。而以上類書所引文字出
　　入頗多，僅《御覽》卷五七七與〈經濟彙編‧樂律典‧琴瑟部〉「紀事一」所錄悉
　　合。故可推知〈琴瑟部〉蓋取材於此。

也！」[20]屈守元《韓詩外傳箋疏》也說：「許校是也。元本不脫，脫者自程本始。程本從薛本出，薛本原亦不脫，惟程本所據薛本失去第二葉，又不細心審校，故致此誤。唐、胡諸本，皆翻程刻，遂以訛傳訛。」[21]據許氏、屈氏之說，可知〈詩經部〉「彙考五」所引〈孔子南遊適楚至於阿谷之隧〉章的底本，乃程（榮）、唐（琳）、胡（文煥）以來遞相沿訛的誤本，而〈詩經部〉「雜錄一」、〈經濟彙編‧樂律典‧琴瑟部〉「紀事一」轉引自洪邁《容齋續筆》、李昉《太平御覽》，洪、李等人所見，尚是薛汝修芙蓉泉書屋以前刊本，因此未脫「授子貢曰」以下三百六字。

　　〈經籍典〉中，援引同一文獻資料，而篇幅字句之所以參差不一的幾項主要原因，大致如前所述。其中為符合全書分類體例、各部內容需要，或為避免篇幅過於龐雜，而對文獻予以刪繁去贅，並且又能利用按語註釋，清楚標識說明刪節的狀況，相較以往類書政書漫無標準的芟夷翦截，〈經籍典〉的做法，實屬罕見。至於編輯過程當中，因據以鈔錄的資料來源不同，或文多歧互，或真贗難分，編者不能用心考較，以致錯訛叢出，則但凡大型圖書，多有此弊，亦不必深責其過。但更常見的文字歧異狀況，卻是出自編者隨心肆意的割裂裁截，如王履〈大易緝說序〉「嘗觀魏鶴山〈答蔣得之書〉及史學齋臨汝《講義》，皆祖張觀物語，以九其《圖》者，見後天八卦之象，十其《書》者，具洪範五行之數，謂晦庵不及見是書，故謂十《圖》而九《書》。余雖不敢以其說為然，然亦無以正其說之不然。蓋二圖無一相合，而縱橫十五，乃髣髴八卦之位，然卦位雖見，而除四正外，至補四隅空處，老師宿儒，復不敢伸一喙，此誠宇宙間一大疑事。及分

---

20 〔清〕許瀚：《韓詩外傳校議》，載《攀古小廬雜著》（上海：上海古籍出版社《續修四庫全書》影印清刻本，1997年），卷2，〈孔子南游適楚〉章，頁657。

21 屈守元：《韓詩外傳箋疏》，卷1，頁10。

教澧陽，時丁石潭遞至沅陽書院，策題以《易圖》、《書》數偕《春秋》「王正月」為問，所疑正與前合。余謂十《圖》九《書》，本體也，九《圖》十《書》，經緯也，擬書答之，未果，而石潭已矣，至今抱此一恨。忽南陽學正李君章袖編《易》見示，讀之，則吾巽卿所著《緝說》補說也。巽卿生諸老後，乃能力探其原而正之，取十其《圖》者，分緯之以畫先天，取九其《書》者，錯綜之以位後天，自我作古，無一毫之穿鑿，有理致之自然，真可以斷千百年未了底公案。昔蔣得之指先天為《河圖》，鶴山猶喜之，今巽卿正二圖，且緯《河》、《洛》以為文王全《易》，意見卓然，勝得之遠矣。巽卿，鶴山桑梓，使鶴山見此，其喜又將何如邪？數年來，經生學士，晨星落落，吞三爻於天上，留七分於人間，孰謂天門十六峰下，尚有斯人為斯學乎？蓋二圖於《易》，猶河之崑崙，源委正則下流正矣，故特拈出，以與世之知《易》者道。時大德辛丑日長至，昌元王履序」一文，〈經籍典・河圖洛書部〉「藝文一」（卷58，頁62）、〈易經部〉「彙考六」（卷64，頁33）載有全文，至於〈河圖洛書部〉「彙考四」（卷52，頁33）徵引此篇序，則於「然亦無以正其說之不然」下，刪「蓋二圖無一相合，而縱橫十五，乃髣髴八卦之位，然卦位雖見，而除四正外，至補四隅空處，老師宿儒，復不敢伸一喙，此誠宇宙間一大疑事」五十四字；於「策題以《易圖》、《書》數為問」，「數」下刪「偕《春秋》『王正月』」六字，「問」下刪「所疑」二字；於「擬書答之，未果」下，刪「而石潭已矣，至今抱此一恨」十一字；於「則吾巽卿所著《緝說》也」，「說」下刪「補說」二字；於「巽卿取十其《圖》者」，「卿」下刪「生諸老後，乃能力探其原而正之」一十三字；於「有理致之自然」下，刪「真可以斷千百年未了底公案。昔蔣得之指先天為《河圖》，鶴山猶喜之，今巽卿正二圖，且緯《河》、《洛》以為文王全《易》，意見卓然」四十七字；於「以與世之知

《易》者道，王履序」下，刪「時大德辛丑日長至，昌元」十字。總計王〈序〉通篇四百三十七字，而〈河圖洛書部〉「彙考四」徵引時刪棄了一百四十三字，超過全文的三分之一。諸如此類，例證甚多，勉強只能以貴簡淨而省縶蕪，為當時編者揜藏文飾。

　　近代學者劉文典曾說：「類書引文，實不可盡恃。往往有數書所引文句相同，猶未可據以訂正者。蓋最初一書有誤，後代諸書亦隨之而誤也。如宋之《太平御覽》，實以前代《修文御覽》、《藝文類聚》、《文思博要》諸書，參詳條次修纂而成，其引用書名，特因前代諸類書之舊，非宋初尚有其書。陳振孫言之詳矣。若《四民月令》一書，唐人避太宗諱，改『民』為『人』，《御覽》亦竟仍而不改，書名如此，引文可知。故雖隋、唐、宋諸類書引文并同者，亦未可盡恃。講校勘者，不可不察也。」[22]引文并同，猶不可恃，何況文字前後歧異，是非參錯，真偽難辨者，時時可見，豈能不特意留心？總而言之，細心核校書中徵引的任何一則文獻資料，是利用〈經籍典〉時必須具備的基本知識。

第四節　查核〈經籍典〉引文出處與原書是否相合

　　《三國志‧吳志》卷五十三〈闞澤傳〉云「澤好學，居貧無資，常為人傭書，以供紙筆，所寫既畢，誦讀亦遍」[23]，又葉少蘊《石林燕語》謂「唐以前，凡書籍皆寫本，未有模印之法，人以藏書為貴，人不多有，而藏者精於讎對，故往往皆有善本。學者以傳錄之艱，故

---

22 劉文典：《三餘札記》（合肥：黃山書社，1990年），卷1，「類書」條，頁6-7。

23 〔晉〕陳壽撰，〔劉宋〕裴松之注：《三國志》（臺北：鼎文書局，1990年），頁1249。

其誦讀亦精詳」[24]，古時書少不易得，學者「幸而得之，皆手自書寫，日夜誦讀，惟恐不及」。[25]即使晚唐五代以後，雕版流行，而學者鈔書背書習慣仍舊未改[26]，因此對於著述中凡引用文獻出處的著錄方式，不甚措意。況且類書彙纂古今諸書，所須採錄門類頗廣，為簡省篇幅，勢必無法將引文出處，一一畢載。類書不注引文出處，自然增加讀者查核原文時的困擾。然而只要所引作者、書名、篇名註明精確，尚且能夠按圖索驥，查知其原來出處。唯一的問題是，類書中時有引文出處與原書不能相合的情況，即使精審如《古今圖書集成》，仍有同樣的問題。

例如，〈經籍總部〉「總論一」引有《荀侍中集‧經籍論》「經稱：『立天之道，曰陰與陽；立地之道，曰柔與剛；立人之道，曰仁與義。』陰陽之節，在於四時五行；仁義之大體，在於三綱六紀。上下咸序，五品有章，淫則荒越，民失其性。於是在上者，則天之經，因地之義，立度宣教，以制其中。施之當時，則為道德，垂之後世，則為典經，皆所以總統綱紀，崇立王業。及至末俗，異端並生，諸子造誼，以亂大倫，於是微言絕，羣議繆焉。故仲尼畏而憂之，詠歎斯文，是聖人篤文之至也。若乃季路之言『何必讀書然後為學』，棘子成曰『君子質而已矣，何以文為』。夫潛地窟者而不睹天明，守冬株

---

24 〔宋〕葉夢得：《石林燕語》（北京：中華書局，1984年），卷8，頁116。

25 〔宋〕蘇軾撰，傅成、穆儔標點：〈李氏山房藏書記〉，《蘇軾全集》（上海：上海古籍出版社，2000年），卷11，頁881。

26 清代學者錢灃在〈綱鑑輯略序〉中嘗云：「古書無刻本，好古積學之士，於書皆手寫成編，雖由得書之難，亦所以讀書者與後世異。古人讀一書，必求竟乎一書之蘊，使記憶尚不能熟，則書自書而我自我，雖嘗識面，轉盼已若秦越，一旦索之，里一漏萬，怳恍不敢能自信，則亦何益之有哉！故手寫一，敵口誦十，視僅一過目，有不可道里計者。」《錢南園先生遺集》（上海：上海古籍出版社《續修四庫全書》影印清同治十一年劉崐長沙刻本，1997年），卷4，頁31。由此可見，古人讀書習慣，也影響了古代書籍著錄引文出處方式的發展。

者而不識夏榮，非通炤之術也。然博覽之家，不知其穢，兼而善之，是大田之莠，與苗並興，則良農之所悼也。質樸之士，不擇其美，兼而棄之，是崑山之玉，與石俱捐，則卞和之所痛也。故孔子曰：『博學於文，約之以禮，亦可以弗畔矣。』夫孝武皇帝時，董仲舒推崇孔氏，抑絀百家，至劉向父子典校經籍，而新義分方，九流區別，典籍益彰矣。自非至聖之崇，孰能定天下之疑？是以後賢異心，各有損益。中興之後，大司農鄭眾、侍中賈逵，各為《春秋左氏傳》作解注。孝桓帝時，故南郡太守馬融著《易解》，頗生異說。及臣悅叔父，故司徒爽，著《易傳》，據爻象，承應陰陽變化之義，以十篇之文解說經意，繇是兗、豫之言《易》者，咸傳荀氏學。而馬氏亦頗行於世。爽又著《詩傳》，皆附正義，無他說。又去聖久遠，道義難明，而古之《尚書》、《毛詩》、《左氏春秋》、《周官》，通人學者多尚好之，然希各得立於學官也」（卷33，頁42）一節。按：荀侍中即荀悅，字仲豫，潁川人。《後漢書》卷六十二〈荀韓鍾陳列傳〉載悅「年十二，能說《春秋》。獻帝頗好文學，悅與彧及少府孔融侍講禁中，且夕談論。累遷祕書監、侍中」，後世因稱之曰「荀侍中」。「嘗依《左氏傳》體，以為《漢紀》三十篇，又著〈崇德〉、〈正論〉及諸論數十篇。年六十二，建安十四年卒」。〈經籍總部〉「總論」所引荀悅〈經籍論〉，蓋鈔錄自張溥《漢魏六朝百三名家集》中《荀侍中集》[27]，張氏不言採摭出處，經比較核對，知出於《漢紀》卷二十五〈孝成皇帝紀二〉。[28]「荀侍中集」、「經籍論」，皆張溥所擬定，明代以前，原無此篇名，《古今圖書集成》編者不察，又未能尋出此段文字最初的出處，僅能因循張氏後出之輯本，而採入〈經籍典〉中。

27　張溥輯：《荀侍中集》，《漢魏六朝百三名家集》，第1冊，頁34-35。

28　見〔東漢〕荀悅撰，張烈點校：《漢紀》，收入《兩漢紀》（北京：中華書局，2006
　　年2月），上冊，卷25，〈孝成皇帝紀二〉，頁437-438。

　　除了沿襲前人誤題書名之誤外，〈經籍典〉中似乎也有書名、篇
名標註不一的現象。如引「晉、唐至今，諸儒訓釋六經，否則自立佳
名，蓋各以百數。其書曰『傳』、曰『解』、曰『章句』而已。若戰國
迨漢，則其名簡雅。一曰『故』，故者，通其指義也。《書》有《夏侯
解故》，《詩》有《魯故》、《后氏故》、《韓故》也。《毛詩故訓傳》，顏
師古謂流俗改『故訓傳』為『詁』字，失真耳。小學有杜林《倉頡
故》。二曰『微』，謂釋其微指。如《春秋》有《左氏微》、《鐸氏微》、
《張氏微》、《虞卿微》。三曰『通』，如洼丹《易通論》名為《洼
君通》，班固《白虎通》、應劭《風俗通》、唐劉知幾《史通》、韓滉
《春秋通》。凡此諸書，唯《白虎通》、《風俗通》僅存耳。又如鄭康
成作《毛詩箋》，申明其義，他書無用此字者。《論語》之學，但曰
《齊論》、《魯論》、《張侯論》，後來皆不然也」一節，〈經籍典‧經學
部〉「藝文一」題為洪邁〈跋白虎通德論〉（卷361，頁44），而其實出
自《容齋五筆》卷八[29]，「跋白虎通德論」一名，為編者所竄亂。[30]

　　又如〈經籍典‧經籍總部〉「總論四」引有《洞天書錄》「論
書」、「獻售」、「刻地」、「印書」、「書直」、「讎對」、「藏書」、「觀書」
等八節（卷36，頁60），《洞天書錄》不知何書，《古今圖書集成》一
萬卷，僅此處一見。經核對，蓋編者鈔自明屠隆（1542-1605）《考槃
餘事》卷一及胡應麟（1551-1602）《經籍會通》卷四而隱其名[31]，並

29 〔宋〕洪邁：《容齋五筆》（臺北：新文豐出版公司《叢書集成三編》影印《筆記小
　　說大觀續編》本，1997年），卷8，「承習用經語誤」條，頁5-6。

30 〈經學部〉「總論四」亦引洪氏《容齋五筆》此文（卷325，頁44），即依原書題作
　　「承習用經語誤」。

31 「論書」、「藏書」、「觀書」三節，出自〔明〕屠隆：《考槃餘事》（臺南：莊嚴出版
　　社《四庫全書存目叢書》影印明萬曆繡水沈氏《寶顏堂祕笈》本，1998年），卷1，
　　頁1-2。「獻售」、「刻地」、「印書」、「書直」、「讎對」等五節，則引自〔明〕胡應
　　麟：《經籍會通》，《少室山房筆叢》（上海：上海書店出版社，2001年），「甲部」，
　　卷4，頁41-48。

妄題「論書」、「獻售」、「刻地」、「印書」、「書直」、「讎對」、「藏書」、「觀書」等節目。

　　至於《古今圖書集成》中引用宋章如愚《山堂考索》，著錄最為複雜。有題為「章俊卿集」者（〈經籍典・河圖洛書部〉「總論一」，卷55，頁46），有題為「章俊卿文集」者（〈經籍典・春秋部〉「總論五」，卷187，頁23），有題為「章俊卿詩序論」者（〈經籍典・詩經部〉「藝文二」，卷158，頁32），有題為「山堂考索」者（如〈乾象典・七政部〉「總論」，卷28，頁19），有題為「群書考索」者（如〈經籍典・易經部〉「總論十一」，卷85，頁26；〈春秋部〉「總論十二」，卷194，頁62），……不一而足，其實皆同出於宋溫陵呂中增廣二百一十二卷本《山堂先生群書考索》一書[32]，而詭稱「章俊卿文

---

32 《山堂考索》，又名《群書考索》，南宋章如愚編。該書傳世有宋本及元明本兩個系統，宋本分甲、乙、丙、丁、戊、己、庚、辛、壬、癸十集，凡一百卷。元明本系統，分前集六十六卷，後集六十五卷，別集二十五卷，凡二百一十二卷，蓋出於宋溫陵呂中增廣重編。有關《山堂考索》宋本與元明本之異同，請參閱陳先行：〈山堂考索影印說明〉，《山堂考索》（北京：中華書局，1992年），頁1-4。〈經籍典・河圖洛書部〉「總論一」引章俊卿集「河圖洛書之數」，蓋出於《山堂考索・別集》卷二〈經籍門・易類〉「河圖之太極」條（總頁1275）。〈經籍典・春秋部〉「總論五」引章俊卿文集「齊人歸田辯」，見《山堂考索・別集》卷十一〈經籍門・春秋類〉「齊人歸田」條（總頁1340-1341）；「三家隳都辯」，見同卷「孔子隳三都」條（總頁1341）；「程沙隨辨春秋之疑」，亦見同卷「程沙隨辨春秋之疑」條（總頁1344）。〈經籍典・詩經部〉「藝文二」引「章俊卿詩序論一」，見《山堂考索・別集》卷七〈經籍門・詩類〉「詩序乖亂」條（總頁1305-1306）；「章俊卿詩序論二」，見同卷「詩序非止於一人」條（總頁1306-1307）；「序詩之次論」，見《山堂考索・前集》卷三〈六經門・詩類〉「序詩之次」條（總頁29）。〈乾象典・七政部〉「總論」引《山堂考索》「總論七政之運行」，見《山堂考索・別集》卷十七〈曆門・渾象疏〉「總論七政之運行」條（總頁1383）。〈經籍典・易經部〉「總論十一」引《群書考索》「章俊卿論卦變」，見《山堂考索・續集》卷三〈經籍門〉「六十四卦相生」條及「辨六十四卦相變」（總頁921）；「章俊卿論連山歸藏之名」，見《山堂考索・別集》卷二〈經籍門・易類〉「連山歸藏之名」條（總頁1276-1277）；「章俊卿論四營成易之說」，見同卷「四營成易之說」條（總頁1278）。〈春秋部〉「總論十二」引

集」，不知何故。

第五節　判斷〈經籍典〉按註是否真確

　　《古今圖書集成》通例，凡文獻之間彼此有牴牾不可通者，多以
按語方式，註其異同。如〈經籍典‧書經部〉「彙考一」，「天漢□
年，孔安國得《古文尚書》獻之」條下，引《漢書‧魯恭王傳》「魯
恭王餘，孝景前二年立為淮陽王，三年徙王魯。王好治宮室，壞孔子
舊宅以廣其宮，聞鐘磬琴瑟之音，遂不敢復壞，於其壁中得古文經
傳」，又引〈劉歆傳〉「歆移博士書曰：漢興已七八十年矣，離於全
經，固已遠矣。及魯共王壞孔子宅，欲以為宮，而得古文於壞壁之
中，逸禮有三十九，書十六篇。天漢之末，孔安國獻之，遭巫蠱倉卒
之難，未及施行」，編者註云：「按〈恭王傳〉經傳得于景帝前三年，
而〈藝文志〉又稱武帝末，〈劉歆傳〉又稱天漢末者，殆景帝時恭王
始得之，武帝時安國始獻之耳，並存以俟考。」（卷111，頁27）觀書
中按語，大抵考證精確，足以啟人深思。然而尚有一二考證未稱精核
之處，讀者仍須小心留意。

　　如宋高宗紹興九年書《孝經》賜秦檜事，《宋史‧高宗本紀》不
載，〈經籍典‧孝經部〉「彙考一」引《玉海》「紹興九年六月辛丑，
書《孝經》賜秦檜。十三日庚戌，秦檜乞以上所賜御書真草《孝經》
刻之金石，以扶翼世教。上曰『十八章，乃聖人精微之學』，從之」，
又「紹興九年六月十二日辛酉，宰臣檜乞言上所賜御書真草《孝經》
刻之金石，上曰：十八章，世以為童蒙之書，不知聖人精微之學，不

　　《群書考索》「春秋何以不取隱」，見《山堂考索‧續集》卷十二〈經籍門‧春秋之
　　隱公〉「春秋何以不取隱」條（總頁984）。

出乎此」二節以為佐證。然而〈經籍典〉編者以為《玉海》年月有誤，因此特加註語說：「《宋史‧本紀》紹興九年六月甲辰朔，十二為乙卯，十三為丙辰。今《玉海》云『十三日庚戌』，又云『十二日辛酉』，皆不合。古人著書之誤如此，並存之以俟考。」（卷301，頁39）按：此則考證不確。《宋史》卷二十九〈高宗本紀〉載「六月甲辰朔，以韓世忠太保、張俊少師、岳飛少保並兼河南北諸路招討使」，此高宗紹興十年（1140）事，〈孝經部〉「彙考」云「《宋史‧本紀》紹興九年六月甲辰朔」，與史傳不合，顯然是誤讀〈高宗本紀〉文。又考宋高宗紹興九年六月朔日當為己酉，以次推之，二日為庚戌（〈高宗本紀〉「六月庚戌，皇后邢氏崩于五國城」），三日為辛亥（〈高宗本紀〉「辛亥，夏國主乾順卒」），四日為壬子（〈高宗本紀〉「壬子，樓炤以東京見卒四千四百人為忠銳三將」），十二日為庚申（〈高宗本紀〉「庚申，盜入邵武軍」），十三日為辛酉。《玉海》云「紹興九年六月辛丑」、「紹興九年六月十二日辛酉」，誠為誤記，〈孝經部〉「彙考」以「紹興九年六月甲辰朔，十二為乙卯，十三為丙辰」，亦誤。

又〈經籍典‧經籍總部〉「紀事七」引《宋史》卷三百六十三〈李光傳〉「孟傳字文授，光幼子，以朝請大夫、直寶謨閣致仕，年八十。有《磐溪詩》二十卷，《文藁》三十卷，《宏辭類藁》十卷，《左氏說》十卷，《讀史》十卷，《雜志》十卷」，以下續引《宋史》卷四百一〈李孟傳傳〉「孟傳年八十四，有《磐溪集》、《宏詞類藁》、《左氏說》、《讀史》、《雜記》、《記善》、《記異》等書行世」，同一李孟傳，一附〈李光傳〉，一獨立成傳，於史例不合，因此〈經籍典〉編者認為：「按李孟傳既附〈光傳〉，不應又有本傳，且小有互異，此《宋史》未暇詳審，亦不自知其重出耳。」（卷45，頁52）所言甚確。然而《宋史》尚有一人重複立傳，如程師孟已見列傳第九十卷，

而〈循吏傳〉又有程師孟，兩篇無一異字。今〈經籍典‧地志部〉
「紀事」引有〈程師孟傳〉「師孟提點夔路刑獄，徙河東路。晉地多
土山，旁接川谷，春夏大雨，水濁如黃河，俗謂之天河，可溉灌。師
孟勸民出錢，開渠築堰，淤良田萬八千頃，哀其事為水利圖經，頒之
州縣」（卷429，頁63）一節，卻不出示按語，云「程師孟既入〈循吏
傳〉，不應又有本傳，此《宋史》未暇詳審，亦不自知其重出耳」，可
見各部編者用心有所不同。

除此之外，〈經籍典〉編者尚有襲用他人註語以充己說的情況，
讀者若非細察，往往誤為編者按語。如〈經籍典‧詩經部〉「彙考
九」引范處義〈逸齋詩補傳自序〉，文末註云：「《詩補傳》舊傳抄本
但題逸齋，初不著名，西亭王孫《聚樂堂目》直書處義名。考《宋‧
藝文志》有『范處義《詩補傳》三十卷』，卷數與逸齋本相符，則
《聚樂堂目》所書，當有證據，而逸齋蓋其字也，今從之。」（卷
141，頁42）按：《經義考》卷一百六「詩補傳」後有朱彝尊按語，
云：「按《詩補傳》抄本但題逸齋而不著名，考《宋‧藝文志》有
『范處義《詩補傳》三十卷』，卷數與逸齋本相符，西亭王孫《聚樂
堂目》直書處義名，當有證據。處義，金華人，紹興中登張孝祥榜進
士。」[33]與〈詩經部〉「彙考九」此則註語略同，應是〈經籍典〉編者
襲用朱彝尊之說，又刪削其文字，冀掩人耳目，殊不可取。

---

33 〈經籍典‧詩經部〉「彙考十六」載彝尊《經義考》（卷148，頁63），亦有此段文
字。

第五章
結論

　　張滌華說：「類書之裨於人者，約有五端。便省覽，利尋檢，供采撷，存遺佚，資考證。」[1]如何而能便省覽，利尋檢，供采撷？有賴於完善詳密的類例，分類愈精，則檢索愈便，效用愈大；如何而能存遺佚，資考證？有賴於周備豐贍的資料，蒐錄愈廣，引據愈詳，則愈足以廣異聞，資多識。唯豐富的文獻資料需要完密的類例來規範，否則勢成滿屋散錢，無從聯貫；完密的類例需要豐富的文獻資料來充實，才能達到考察文獻異同、覘知事物原委的功用。過去因偏執於類書的「書距律」，只著重探究《古今圖書集成》類例，而忽略《古今圖書集成》所收文獻資料的價值，以致利用《古今圖書集成》進行考證者並不常見。胡道靜指出：

> 從類書中搜輯佚文，要認識一條規律，叫作「書距律」。從唐宋時編的類書像《藝文類聚》、《太平御覽》中能輯唐以前的逸書，從南宋時編的類書像《錦繡萬花谷》、《事文類聚》中能輯建炎南渡前後的逸書，從明初編的類書像《永樂大典》中能輯宋、金、元人的逸著。很明顯，《古今圖書集成》中也一定保存著好些明代以及金、元的逸著。可惜對於最後這個礦床，治理古籍者給予的注意還是不夠的。[2]

1　張滌華：《類書流別》（臺北：大立出版社，1985年），〈利病第五〉，頁38-42。
2　胡道靜：〈古今圖書集成的情況、特點及其作用〉，收入《中國古代典籍十講》（上海：復旦大學出版社，2004年），頁201-202。

林邵庵云「一代之興，必有一代之絕藝」[3]，《古今圖書集成》雖因成
書稍晚，缺少像《續資治通鑑長編》[4]、《宋會要》[5]、《舊五代史》[6]、
《直齋書錄解題》[7]這類，可供擷祕佚、資考證的陳編舊籍，但古與
今，本不定之名，「三代為古，則漢為今；漢、魏、晉為古，則唐、
宋以下為今」[8]，可以想見，在《永樂大典》成書之後，至清雍正初
年所刊行的圖書，保存於《古今圖書集成》當中，足供參驗采擷者，
肯定不少。張金吾《金文最》、唐圭璋（1901-1990）《全宋詞》、隋樹
森（1906-1989）《全元散曲》、陳尚君《全唐詩補編》、李修生《全元

---

3 借〔元〕孔齊：《靜齋至正直記》（上海：上海古籍出版社《續修四庫全書》影印北
   京圖書館藏清毛氏鈔本，1997年），卷3，頁363引林邵庵語。林氏原曰：「一代之
   興，必有一代之絕藝，足稱于後世者：漢之文章，唐之律詩，宋之道學。國朝之今
   樂府，亦開于氣數音律之盛。」

4 《續資治通鑑長編》980卷，宋李燾（1115-1184）撰。仿司馬光（1019-1086）《資
   治通鑑》之例，備採北宋九朝一百六十八年（起宋太祖趙匡胤建隆元年〔960〕，迄
   宋欽宗趙桓靖康二年〔1127〕）間事。原書已亡佚，四庫館臣從《永樂大典》「宋」
   字韻中輯出，定著為520卷。

5 《宋會要輯稿》，清嘉慶年間徐松（1781-1848）自《永樂大典》輯錄而成，全書366
   卷，分為〈帝系〉、〈后妃〉、〈樂〉、〈禮〉、〈輿服〉、〈儀制〉、〈瑞異〉、〈運曆〉、〈崇
   儒〉、〈職官〉、〈選舉〉、〈食貨〉、〈刑法〉、〈兵〉、〈方域〉、〈蕃夷〉、〈道釋〉等十七
   門。書中保留大量詔令、法令、奏議，大多為《宋史》各志所無，是研究宋朝法律
   典制的重要資料。

6 《舊五代史》，北宋薛居正（912-981）等撰。凡150卷，〈目錄〉2卷，為〈紀〉61，
   〈志〉12，〈傳〉77，多據累朝實錄及范質（911-964）《五代通錄》。原本已佚，邵
   晉涵（1743-1796）等四庫館臣自《永樂大典》等文獻中輯出，是《二十四史》中唯
   一輯本。

7 《直齋書錄解題》，南宋陳振孫（1179-1262）撰。其例以歷代典籍分為五十三類，
   各詳其卷帙多少、撰人名氏，而品題其得失。原書已佚，四庫館臣自《永樂大典》
   中輯出22卷。乾隆四十三年（1704年），盧文弨以四庫本為基礎，校以「元本」殘
   卷兩種，恢復原書次第，定為56卷。

8 〔清〕段玉裁（1735-1815）：〈王懷祖廣雅注序〉，《經韻樓集》（臺北：大化書局，
   1977年），卷8，頁3。

文》等，均從《古今圖書集成》中摘取許多珍貴資料。此為《古今圖書集成》能在當前學術研究中佔有重要地位的原因之一。

再者，《永樂大典》燬於戰火，至今仍流傳於世的，不及原書百分之四。而《古今圖書集成》保存完整，坊間不斷複製翻印，如一九七○年臺灣中華書局出版《中國歷代經籍典》、《中國歷代食貨典》，一九八九年至一九九一年北京人民衛生出版社出版《古今圖書集成醫部全錄》，一九八九年揚州江蘇廣陵古籍刻印社出版《中國歷代食貨典》，一九九二年出版《中國歷代文學典》，一九九三年出版《中國歷代經籍典》，二○○二年出版《中國歷代藝術典》、《中國歷代禮儀典》，二○○三年南京江蘇古籍出版社出版《中國歷代考工典》，二○○八年揚州廣陵書社出版《中國歷代醫學典》，都是從《古今圖書集成》中擷取某典某部獨立成書。古書得以流通，方可帶動相關學術研究，此為《古今圖書集成》能在當前學術研究中佔有重要地位的原因之二。

一九九九年東吳大學與臺北故宮博物院合力製作電子化版本，將《古今圖書集成》的檢索與利用，帶進全新的階段，此為《古今圖書集成》能在當前學術研究中佔有重要地位的原因之三。自此以後，海峽兩岸投入電子資料庫開發漸多，重要的有一九九八年北京超星電子技術公司、一九九九年廣西金海灣電子音像出版社、二○○四年深圳科信源實業發展有限公司設計的電子版，及二○○三年聯合百科的「標點古今圖書集成」、得泓資訊的「古今圖書集成全文電子版」。各種版本電子資料庫，功能、介面、畫質不甚相同，但在檢索的效用上，都能提供使用者絕大的便利。

然而無論《古今圖書集成》版本形態如何進化，書中徵引的文獻資料的完整性與真確性，才是使用者與研究者最需留心的重點。正如胡道靜〈類書的源流和作用〉所說：

類書上的資料是第二手的，還需要用原始資料來加以核對。但是它們已將一定門目的資料輯集在一起，起著「索引」的作用，比我們自己一開始就直接從散漫無邊而又浩若煙海的文獻中去尋第一手資料，其效果自大不相同。[9]

又說：

利用類書來校勘古籍和做輯佚工作，絕大部分是依賴於古類書本身的完善，若其本身已錯謬脫落，又怎能憑之以做好校勘古籍和輯佚的工作呢？[10]

胡道靜又列舉乾隆季年以降，索覓古類書善本和校勘古類書的工作，如：

1. 乾隆四十九年（1784），金壇段玉裁得宋槧《白氏六帖事類添注出經》，後來贈給青浦王昶。

2. 乾隆五十九年（1794），吳門黃丕烈得朱彝尊舊藏原本《北堂書鈔》。

3. 乾隆末，吳門周錫瓚自同郡朱文游家得宋閩刊《太平御覽》殘本，又自王昶家得宋槧《白氏六帖事類添注出經》。

4. 嘉慶初，王昶得宋槧（實係元刻）《初學記》。

5. 嘉慶六年（1801），蘭陵孫星衍得陶宗儀鈔原本《北堂書鈔》。

6. 嘉慶七年（1802），孫星衍在金陵五松書屋開館校《北堂書鈔》，先後參加者有王石華、嚴可均、王引之、錢東垣、洪頤

9　胡道靜：〈類書的源流和作用〉，收入《中國古代典籍十講》，頁99。
10　胡道靜：〈類書的源流和作用〉，收入《中國古代典籍十講》，頁94。

軒、顧廣圻等，以嚴為主力。錢塘何元錫合宋槧等三本影鈔
《太平御覽》全部。

7. 嘉慶九年（1804），海虞張海鵬校刊《太平御覽》。黃丕烈自周
錫瓚得宋閩槧《太平御覽》。

8. 嘉慶十年（1805），儀徵阮元聚友人在杭州雷塘庵，依宋本校
《太平御覽》。孫星衍撰〈募啟〉，勸捐擬刊何元錫影鈔本《太
平御覽》。

9. 嘉慶十一年（1806），孫星衍自王昶借得宋槧《初學記》，嚴可
均據以校明寧壽堂刻本。

10. 嘉慶十二年（1807），歙縣鮑崇城在揚州校刊《太平御覽》，以
阮元校宋本為底。

11. 嘉慶間，海虞陳揆校《藝文類聚》，廬江胡稷出貲刻嚴可均校
《北堂書鈔》。[11]

唐、宋類書傳世久遠，善本難於索覓，清代類書版本相對單純，但增
刪改竄、訛脫誤倒，勢所難免。若不先行勘正，將難以從中簡擇出完
備的資料。幸喜前賢對於類書的特質、功用、體裁、缺失，以及校
勘、輯佚條例方法等領域，考證精審，釋例詳明，本文在其基礎上，
針對《古今圖書集成‧經籍典》之編纂緣起、體制架構與徵引文獻狀
況進行考察分析，約可探得如下結論：

一　就查檢〈經籍典〉徵引之資料而言

　　本文以〈經籍典〉為主要探討對象，一則因〈經籍典〉徵引文獻
資料最多，能充分展現此書的文獻價值，一則因〈經籍典〉中編者自
註按語最多，按語的功用，大致用以說明立部分類的原則、文字段落
的調整與刪節、同類文獻資料的參見互見、以及引文的版本、補充與

---

11 胡道靜：〈類書的源流和作用〉，收入《中國古代典籍十講》，頁95-97。

注釋，使用者必先熟諳〈經籍典〉的編輯體例及收錄文獻資料的原則，纔能避免挂一漏百之虞。

此外，還必須留意〈經籍典〉與其他各部資料的連結。如〈經籍典‧經籍總部〉「彙考八」至「彙考十二」，既收錄《隋書‧經籍志》全文，其後又依經史子集四部次序，將〈隋志〉所著錄的各類圖書，分別鈔入〈河圖洛書部〉「彙考二」、〈易經部〉「彙考十三」、〈書經部〉「彙考七」、〈詩經部〉「彙考十三」、〈春秋部〉「彙考六」、〈禮記部〉「彙考五」、〈儀禮部〉「彙考三」、〈周禮部〉「彙考五」、〈三禮部〉「彙考三」、〈論語部〉「彙考三」、〈中庸部〉」彙考三」、〈孟子部〉「彙考三」、〈孝經部〉「彙考三」、〈爾雅部〉「彙考三」、〈小學部〉「彙考三」、〈經學部〉「彙考五」、〈讖緯部〉「彙考二」……等篇。〈隋志〉的編排，原本是將爾雅及五經總義類著述併附於論語類當中，與《古今圖書集成‧經籍典》分類稍有不同，為避免文獻資料糾結紊亂，於是〈經籍典〉編者將漢中散大夫樊光《爾雅注》以下爾雅類及五經總義相關著述資料，自〈論語部〉「彙考三」中刪去，並於所引〈隋志〉論語類小序「《爾雅》諸書，解古今之意，并五經總義，附于此篇」下，注云：「按爾雅今歸〈爾雅部〉，經總今歸〈經學總部〉，故不重載於此。」因此，讀者如須利用《古今圖書集成‧經籍典》查索〈隋志〉著錄的圖書資料，就應該以〈經籍總部〉所收的《隋書‧經籍志》為準，不宜根據〈論語部〉「彙考」。

諸如此類，例證甚多，必須對《古今圖書集成‧經籍典》通編之中的常例、變例，進行深入分析歸納，然後才能突破各編各典各部的藩籬，將星散於全書的相關文獻資料，纖悉貫串，漸次融會，以收相互參校之效。

二 就斠訂〈經籍典〉徵引之資料而言

張舜徽論校書的依據，特別重視依據本書內在的聯系，發現問

題，訂正訛誤。曾說：

> 校勘書籍，有求證於本書以外的，叫做「外證」，也稱「旁
> 證」；有求於本書以內的，叫做「內證」，也稱「本證」。凡屬
> 本書以外的一切實物或記載，直接間接可以訂正本書謬誤、補
> 綴本書遺佚的材料，都是「外證」。至於「內證」，便在於從本
> 書的文字、訓詁、語法，以及前後文氣、全書義例各方面找線
> 索，來證明哪些地方有錯字、有脫文，雖沒有他書可資佐證，
> 但也有足夠的理由說明其所以然，使所提出的論斷，可以成
> 立。這便十分需要在讀書時仔細從各方面體會，做一番融會貫
> 通的工夫，才能抽出一些規律性的條理來，更好地處理本書中
> 文字和內容方面的有關問題。[12]

〈經籍典〉輯錄各種文獻資料，首先視文獻的內容與文獻所呈現的形
式體裁，而後決定取捨及歸類。有些學者批評這樣的做法，沒有統一
的標準，容易產生繁亂的弊病。如梁啟超說：

> 《圖書集成》不過一類書耳，其體例且為類書中之最濫劣者。
> 內中〈經籍〉一典，其性質與列朝官錄全異，因其為官撰書而
> 與簿錄有連，始附其目於此。此書於清初書籍存亡狀況，無足
> 資考證者，因其大部分乃迻錄舊史或專書之全文，無組織，無
> 別擇，所列之目並非現存，現存之書而前人無述者，則並不搜
> 錄也。每類之書，率分彙考、總論、藝文、紀事、雜錄五目。
> 所引書間有希見本，且宋、元、明人筆記文集中資料，為近人

---

12 張舜徽：《中國古代史籍校讀法》（臺北：里仁書局，1988年），頁122。

不甚注意者，往往採入，是其一節可取者。然因編纂體例凌亂，檢查亦殊不易也。[13]

黃剛〈從類書看古代分類法及主題法〉一文也說：

> （《集成》）每一部之下，把資料分入彙考、總論、圖表、紀事、雜錄、藝文等類目中時，分類標準發生了混亂。彙考與總論兩部分基本上以文獻內容決定取捨，但既依學術內容，又有政治內容，沒有統一標準。彙考中收編有關該主題的一般性資料，如釋義、考證起源等，總論則收錄與該主題相關的別的方面的材料，還依政治「純正」與否決定棄取。圖表、紀事、雜錄和藝文，傾向於依文獻體裁或內容統一與否分類，標準尤其混亂。[14]

陳夢雷最初與皇三子胤祉談論古今類書體例，認為「《三通》、《衍義》等書，詳於政典，未及蟲魚草木之微；《類函》、《御覽》諸家，但資詞藻，未及天德王道之大。必大小一貫，上下古今，類列部分，有綱有紀，勒成一書，庶足以大光聖朝文治」[15]，顯然帶有濃厚政治意涵在內。在實際擘畫《集成》綱目時，刻意將〈經籍〉、〈學行〉、〈文學〉、〈字學〉四典，統攝於〈理學彙編〉之下，並在〈古今圖書集成凡例〉中闡釋說：「理莫備于六經，故首尊經籍；學成行立，倫類判矣，故學行次之；文以載道，其緒餘也，故文學又次之；書契之

13 梁啟超：《圖書大辭典簿錄之部》（臺北：臺灣中華書局，1958年），頁37。

14 黃剛：〈從類書看古代分類法及主題法〉，《四川圖書館學報》第2期（1982年），頁46。

15 陳夢雷：〈進彙編啟〉，《松鶴山房文集》，卷2，頁38。

作，典籍之權輿也，故字學亦及之。」大有承續宋學「道沿聖以垂
文，聖因文以明道」的寓意。黃剛指責〈經籍典〉既依學術內容，又
有政治內容，取捨欠缺統一標準，實則是對《古今圖書集成》編輯思
想不甚明瞭。

　　對現今研究及使用者來說，所引錄文獻資料的完整性與真確性，
是評騭類書優劣的首要標準。〈經籍典〉依照文獻的內容與形式決定
棄取，「其在十三經、二十一史者，隻字不遺；其在稗史子集者，十
亦只刪一二」[16]，既顯現尊經崇史的編輯思想，也為斠訂〈經籍典〉
的研究者提供一條「內證」的重要準則。

　　龍繼棟《古今圖書集成考證》，是最早針對〈經籍典〉進行大規
模校勘的著作。龍氏的校勘方式，僅只於本書之外的旁證，未能遵循
《集成・凡例》與按註的指引，從本書的文字、訓詁、語法，以及前
後文氣、全書義例各方面找線索，因此許多〈經籍典〉採摭疏漏、著
錄淆亂、傳寫錯訛、考證粗率、編次失當、重沓繁冗、刪削改竄的部
分，也就無從加以糾正。本書第四章，從〈經籍典〉編輯體例，按註
的作用，〈經籍典〉與各部引述資料的對應，及文獻資料本身的訛誤
等方向，試圖紬繹規律性之條理，冀能填補龍氏《集成考證》之不足。

　三　就考證〈經籍典〉分纂人員而言

　　康熙朝「古今圖書集成館」纂修人員，往昔因文獻資料闕如，無
從勾稽其組織輪廓及分工情況。一九三二年，王重民（1903-1975）
發表〈金門詔別傳〉，指稱：「清聖祖集天下儒士修《古今圖書集
成》，門詔以經籍素所熟諳，獨任〈經籍典〉。書成，凡五百卷。」[17]
二〇一四年，項旋根據顧諄量乾隆四十一年序《金東山文集》謂：

16　陳夢雷：〈進彙編啟〉，《松鶴山房文集》，卷2，頁38。
17　王重民：〈金門詔別傳〉，收入《冷廬文藪》（上海：上海古籍出版社，1992年），頁
　　217。

「聖祖朝，命大臣開館輯《古今圖書集成》，招試輦下諸生，先生首列，獨纂〈經籍書〉凡五百卷，藏之冊府，登之琬琰，以垂萬世。」再次確認金門詔（1673-1752）「領袖纂修」及獨立撰成〈經籍典〉之地位，並進一步指出：「不少研究者認為，萬卷《集成》的編纂，是以陳夢雷《彙編》為底本，集成館開館後，在不觸動《彙編》的原有典部基礎上，增補少數資料，而最後成書。纂修人員的工作，主要是負責增補、校對和刷印工作。實際上，《集成》雖然保留了《彙編》的三級類目體系，但其中各典部，基本上都經過了重新編輯，皆有專人負責分纂。」[18]

最初，學者懷疑上萬卷的《古今圖書集成》，卷帙繁富，絕非陳夢雷一人可獨力完成。[19]這樣的說法，揆諸常理，自無疑義。但〈經籍典〉五百卷，金門詔能否獨任其事，則有待商榷。因為從〈經籍典〉徵引文獻時有牴牾的情況來看，其分纂者似乎不僅止一人。

首先是對文獻歧異之處的判斷標準不同。如宋真宗咸平年間，詔邢昺校定群經義疏一事，《宋史・邢昺傳》作「咸平二年，始置翰林侍講學士，以昺為之。受詔與杜鎬、舒雅、孫奭、李慕清、崔偓佺等，校定《公羊》、《穀梁春秋》等義疏。及成，並加階勳」，而王應麟《玉海》則作「李至請命李沆、杜鎬等校定《周禮》、《儀禮》、《公羊》、《穀梁》傳疏，及別纂《孝經》、《論語》正義。咸平三年三月癸巳，命祭酒邢昺代領其事，杜鎬、舒雅、李維、孫奭、李慕清、王煥、崔偓佺、劉士元預其事，凡賈公彥《周禮》、《儀禮疏》各五十卷，《公羊疏》三十卷，楊士勛《穀梁疏》十二卷，皆校舊本而成之」。〈經籍典・春秋部〉「彙考一」、〈爾雅部〉「彙考一」同時徵引這

兩段文字，而前者自註云：「按《傳》稱二年者，是年昺為侍講學士，明年始受詔校定耳。但《傳》于『明年』字略而未書。今從《玉海》，以其有月日可稽也。」後者自註乃云：「按《傳》作二年，此作三年，今從《傳》。」

其次是引用文獻的來源不同。如〈詩經部〉「彙考五」引《韓詩外傳》卷一〈孔子南遊適楚至於阿谷之隧〉章，作「孔子南遊適楚，至於阿谷之隧，有處子珮瑱而浣者。孔子曰：『彼婦人，其可與言矣乎？』抽觴以女。不可求思，此之謂也」，而〈詩經部〉「雜錄一」引此文，作「孔子南適楚，至於阿谷，有處子佩瑱而浣者。孔子曰：『彼婦人，其可與言矣乎？』抽觴以授子貢，曰：『善為之辭。』子貢曰：『吾將南之楚，逢天暑，願乞一飲，以表我心。』婦人對曰：『阿谷之水，流而趨海，欲飲何問婦人乎？』受子貢觴，迎流而挹之，置之沙上，曰：『禮固不親授。』孔子抽琴去其軫，子貢往請調其音。婦人曰：『吾五音不知，安能調琴？』孔子抽絺綌五兩以授子貢，子貢曰：『吾不敢以當子身，敢置之水浦。』婦人曰：『子年甚少，何敢受子？子不早去，今竊有狂夫守之者矣。』《詩》曰『南有喬木，不可休息，漢有游女，不可求思』，此之謂也」。〈詩經部〉「彙考五」所據底本，乃程（榮）、唐（琳）、胡（文煥）以來遞相沿訛的誤本，而〈詩經部〉「雜錄一」則轉引自洪邁《容齋續筆》，尚是薛汝修芙蓉泉書屋以前刊本，因此未脫「授子貢曰」以下三百六字。

其三是對文獻資料的采錄及歸部原則不一致。如〈經籍總部〉「彙考五」引《玉海》「咸淳甲戌，表題代經筵官為進讀《大學衍義》、《資治通鑑綱目》終篇，謝賜笏帶鞍馬香茶，并賜祕書省御筵」，此段引文，事涉《大學衍義》、《資治通鑑綱目》，按全書體例，應互見於〈大學部〉及〈通鑑部〉。經查對，〈大學部〉「彙考一」確實徵引了這段文字，而〈通鑑部〉則未見著錄。

　　諸如此類的例證，為數尚多，可以證明〈經籍典〉的纂修工作，並非出自一人之手。

　　四　就使用〈經籍典〉電子資料庫的態度而言

　　隨著各種電子資料庫的相繼問世，必然很大程度提升《古今圖書集成》的實用性與便利性。然而在便利查索資料的同時，卻容易讓使用者產生電子版可以全面取代紙本的錯誤觀念。舉例來說：〈經籍典・詩經部〉「彙考」收錄有宋人熊克所撰唐成伯瑜《毛詩指說》跋文一篇，篇末有雙行小字註語，云：「按《毛詩指說》四篇，唐成伯瑜撰。一興述，二解說，三傳受，四文體，合為一卷。至宋乾道中，建安熊子跋其尾，刊于京口。唐以詩取士，而三百篇者，詩之源也，宜一代論說之多。乃見于〈藝文志〉者，自《毛詩正義》及陸德明《釋文》而外，惟成氏二書及許叔牙《纂義》而已。今成氏《斷章》二卷，並許氏《纂義》十卷，俱無復存，惟是編尚在，學者可考而知也。」此段文字，實際上是納蘭成德所撰〈書成氏毛詩指說後〉，讀者若不細細查考，極有可能將此段文字誤認為〈經籍典〉編者所加的按語。

　　至於〈經籍典〉中六十六部收錄文獻資料的狀況為何？徵引文獻的特色及價值何在？引用文獻時，編者做了哪些的裁截或切割？其裁截的情況如何？應用哪些方式檢索，才能得到最真確、完整的的資料？這些對於閱讀〈經籍典〉時甚為重要的問題，即使透過電子資料庫，仍是無法得到解答。

　　戴建國《淵鑑類函研究》指出：「古籍數字化的性質，應該由古籍用戶來明確，而不是由技術服務一方來規定。古籍用戶的基本訴求決定了古籍數字化的性質：古籍數字化屬於古籍整理和學術研究（或稱校讎學）的範疇。既如此，只不過是文獻文本呈現的轉換的所謂古籍數字化，自然無法遵循古籍整理研究的基本思維與處理文獻的方

式，承擔著學術任務。」[20]經過本文的實際運用，證明除了便於查檢文獻資料外，電子資料庫對於辨明句讀、校勘異同、辨正疑偽、蒐討遺佚確實有所幫助，然而要使電子資料庫發揮最大的作用，設計者必須先對文獻本身缺謬及文字的理解判斷進行有效的處理；要對文獻本身缺謬及文字的理解判斷進行有效的處理，則必須先對古書徵引文獻的狀況進行考察。由此來看，確實如同戴建國所說，現有電子資料庫大多仍處於文獻文本的轉換階段，它在文獻層面最多只是簡單化處理，沒有深層次地揭示文獻信息。[21]

---

20 戴建國：《淵鑑類函研究》（上海：東方出版中心，2014年），頁323。
21 戴建國：《淵鑑類函研究》，頁323。

參考書目

〔清〕陳夢雷（等）：《古今圖書集成》，臺北：鼎文書局影印民國二十三年上海中華書局影清雍正間內府銅活字本，1977年。

古代專著

〔東漢〕荀悅（撰），張烈（點校）：《漢紀》，收入《兩漢紀》，北京：中華書局，2006年。

〔西晉〕陳壽（撰）、〔劉宋〕裴松之（注）：《三國志》，臺北：鼎文書局，1990年。

〔唐〕虞世南：《北堂書鈔》，上海：上海古籍出版社《續修四庫全書》影印清光緒十四年孔氏三十三萬卷堂刻本，1997年。

〔後晉〕劉昫（等）：《舊唐書》，北京：中華書局，1975。

〔北宋〕蘇軾（撰），傅成、穆儔（標點）：《蘇軾全集》，上海：上海古籍出版社，2000年。

〔南宋〕邵博：《邵氏聞見後錄》，北京：中華書局，1997年。

〔南宋〕洪邁：《容齋隨筆》、續筆、三筆、四筆、五筆，揚州：江蘇廣陵古籍刻印社，1995年。

〔南宋〕章如愚：《山堂考索》，北京：中華書局，1992年。

〔南宋〕黃震：《黃氏日鈔》，臺北：臺灣商務印書館《景印文淵閣四庫全書》，1983年。

〔南宋〕葉夢得：《石林燕語》，北京：中華書局，1984年。

〔元〕脫脫（等）：《宋史》，北京：中華書局，1985年。

〔明〕胡廣（等）：《明實錄》，臺北：中央研究院歷史語言研究所，1966年。

〔明〕胡應麟：《少室山房類稿》，臺北：新文豐出版公司《叢書集成續編》影印《續金華叢書》本，1989年。

〔明〕胡應麟：《經籍會通》，上海：上海書店出版社《少室山房筆叢》，2001年。

〔明〕屠隆：《考槃餘事》，臺南：莊嚴出版社《四庫全書存目叢書》影印明萬曆繡水沈氏《寶顏堂祕笈》本，1998年。

〔明〕張溥：《重校精印漢魏六朝百三名家集》，臺北：文津出版社，1979年。

〔明〕楊慎：《升菴集》，臺北：臺灣商務印書館《景印文淵閣四庫全書》本，1983年。

〔明〕解縉（等）：《重編影印永樂大典八百四十卷》，臺北：大化書局影印明嘉隆間內府重抄本，1985年。

〔明〕詹景鳳：《詹氏性理小辨》，濟南：齊魯書社《四庫全書存目叢書》影印明萬曆刻本，1995年。

〔清〕太祖（等）、趙之恒（等主編）、王偉（等標點）：《大清十朝聖訓》，北京：北京燕山出版社，1998年。

〔清〕文廷式：《純常子枝語》，上海：上海古籍出版社《續修四庫全書》影印民國三十二年刻本，1997年。

〔清〕王士禛《池北偶談》，北京：中華書局，1989年。

〔清〕王鳴盛：《王西莊先生詩文集》，清刻本。

〔清〕皮錫瑞（撰）、周予同（注）：《經學歷史》，臺北：藝文印書館，1987年。

〔清〕全祖望（撰）、朱鑄禹（彙校集注）：《全祖望集彙校集注》，上海：上海古籍出版社，2000年。

〔清〕朱一新：《無邪堂答問》，上海：上海古籍出版社《續修四庫全書》影印清光緒二十一年廣雅書局刻本，1997年。

〔清〕朱筠：《笥河文集》，上海：上海古籍出版社《續修四庫全書》影印嘉慶二十年椒華吟舫刻本，1995年。

〔清〕朱彝尊（撰）、許維萍（等點校）：《點校補正經義考》，臺北：中央研究院中國文哲研究所，1997年。

〔清〕江藩：《漢學師承記》，北京：三聯書店，1998年。

〔清〕佚名、王鍾翰（點校）：《清史列傳》，北京：中華書局，1987年。

〔清〕吳其濬：《植物名實圖考》，上海：上海古籍出版社《續修四庫全書》影印清道光二十八年陸應穀刻本，1997年。

〔清〕汪中（撰）、葉純芳（等點校）：《汪中集》，臺北：中央研究院中國文哲研究所，2000年。

〔清〕法式善：《存素堂文集續集》，上海：上海古籍出版社《續修四庫全書》影印清嘉慶十二年程邦瑞揚州刻增修本，1995年。

〔清〕法式善：《陶廬雜錄》，北京：中華書局，1997年。

〔清〕姚永概：《慎宜軒文集》，上海：上海古籍出版社《清代詩文集彙編》影印民國排印本，2010年。

〔清〕昭槤（撰）、何英芳（點校）：《嘯亭雜錄》，北京：中華書局，1980年。

〔清〕段玉裁：《經韻樓集》，臺北：大化書局，1977年。

〔清〕紀昀（等）：《四庫全書總目》，北京：中華書局，1965年。

〔清〕徐乾學：《憺園集》，濟南：齊魯書社《四庫全書存目叢書》影印清康熙間冠山堂刻本，1997年。

〔清〕浦銑（輯）：《歷代賦話》，上海：上海古籍出版社《續修四庫全書》影印清乾隆五十八年刻本，1995年。

〔清〕秦蕙田：《五禮通考》，中壢：聖環圖書影印味經窩初刻試本，1994年。

〔清〕翁方綱：《經義考補正》，臺北：廣文書局，1991年。

〔清〕高得貴（修）、〔清〕張九徵（等纂）、〔清〕朱霖（等增纂）：《（乾隆）鎮江府志》，南京：鳳凰出版社《中國地方志集成‧江蘇府縣志輯》影印乾隆十五年增刻本，2008年。

〔清〕崔述：《考信錄提要》，臺北：藝文印書館《百部叢書集成》影印清光緒定州王氏謙德堂刊本，1966年。

〔清〕張廷玉（等）：《明史》，北京：中華書局，1974年。

〔清〕張金吾：《金文最》，上海：上海古籍出版社《續修四庫全書》影印光緒二十一年江蘇書局重刻本，1995年。

〔清〕張金吾：《愛日精廬藏書志》，臺北：文史哲出版社，1982年。

〔清〕章宗源：《隋書經籍志考證》，上海：開明書局《二十五史補編》，1936年。

〔清〕章學誠（撰）、葉瑛（校注）：《文史通義校注》，北京：中華書局，1985年。

〔清〕許瀚：《攀古小廬雜著》，上海：上海古籍出版社《續修四庫全書》影印清刻本，1997年。

〔清〕陳喬樅：《韓詩遺說考》，上海：上海古籍出版社《續修四庫全書》影印《左海續集》本，1995年。

〔清〕陳夢雷：《松鶴山房文集》，上海：上海古籍出版社《續修四庫全書》影印北京圖書館藏清康熙銅活字本，1997年。

〔清〕陸以湉：《冷廬雜識》，北京：中華書局，1997年。

〔清〕嵇璜、〔清〕劉墉（等）：《續文獻通考》，臺北：臺灣商務印書館《文淵閣四庫全書》，1983年。

〔清〕惠棟：《松崖文鈔》，上海：上海古籍出版社《續修四庫全書》影印光緒劉氏刻《聚學軒叢書》本，2002年。

〔清〕鄂爾泰（等）：《大清世宗憲皇帝實錄》，臺北：華聯出版社，1964年。

〔清〕鄂爾泰（等）：《詞林典故》，臺北：臺灣商務印書館《景印文淵閣四庫全書》，1983年。

〔清〕鄂爾泰（等），左步青（點校）：《國朝宮史》，北京：北京古籍出版社，1994年。

〔清〕臧庸：《韓詩遺說》，臺北：新文豐出版公司《叢書集成新編》影印《靈鶼閣叢書》本，1985年。

〔清〕趙翼：《廿二史劄記》，臺北：洪氏出版社，1974年。

〔清〕蔣良麒（原纂）、王先謙（續纂）：《東華錄》，臺北：文海出版社，1963年。

〔清〕震鈞：《天咫偶聞》，上海：上海古籍出版社《續修四庫全書》影印清光緒三十三年甘棠轉舍刻印本，1995年。

〔清〕盧文弨：《抱經堂文集》，臺北：新文豐出版公司《叢書集成新編》，1985年。

〔清〕錢謙益（撰）、錢曾（箋注）、錢仲聯（點校），《牧齋有學集》，上海：上海古籍出版社，1996年。

〔清〕錢澧：《錢南園先生遺集》，上海：上海古籍出版社《續修四庫全書》影印清同治十一年劉崑長沙刻本，1997年。

〔清〕戴震：《東原文集》，合肥：黃山書社《戴震全書》，1995年。

〔清〕嚴可均：《鐵橋漫稿》，上海：上海古籍出版社《續修四庫全書》影印清道光十八年四錄堂刻本，1995年。

近人專著

中國第一歷史檔案館（編）：《雍正朝漢文硃批奏摺彙編》，南京：江蘇古籍出版社，1991年。

中國第一歷史檔案館（編）：《纂修四庫全書檔案》，上海：上海古籍出版社，1997年。

方師鐸：《傳統文學與類書之關係》，臺中：東海大學，1971年。

王俊義、黃愛平：《清代學術文化史論》，臺北：文津出版社，1999年。

王俊義：《清代學術探研錄》，北京：中國社會科學出版，2002年。

王重民：《冷廬文藪》，上海：上海古籍出版社，1992年。

王瑞明：《文獻通考研究》，香港：學峰文化事業有限公司，1994年。

田甜：《《古今圖書集成‧樂律典》的編纂研究》，武漢：武漢音樂學院音樂學碩士論文，2010年。

石海英：《陳夢雷研究》，福州：福建師範大學碩士論文，2008年。

何新文：《中國文學目錄學通論》，南京：江蘇教育出版社，2001年。

余嘉錫：《古書通例》，臺北：臺灣古籍出版社，2003年。

吳承仕：《經典釋文序錄疏證》，臺北：崧高書社，1985年。

李致忠（等）：《中國典籍史》，上海：上海人民出版社，2004年。

李修生（主編）：《全元文》，南京：鳳凰出版社，1998年。

李修生：《古籍整理與傳統文化》，瀋陽：遼寧大學出版社，1991年。

沈家本：《歷代刑法考》，北京：中華書局，1985年。

來新夏：《中國地方志》，臺北：臺灣商務印書館，1995年。

周傑生：《太平御覽研究》，成都：巴蜀書社，2008年。

尚小明：《學人游幕與清代學術》，北京：社會科學文獻出版社，1999年。

屈守元：《韓詩外傳箋疏》，成都：巴蜀書社，1996年。

林慶彰：《明代考據學研究》，臺北：臺灣學生書局，1986年。

林慶彰：《清代經學研究論集》，臺北：中央研究院中國文哲研究所，2002年。

林慶彰：《清初的羣經辨偽學》，臺北：文津出版社，1990年。

姚玉：《《古今圖書集成‧箏部》研讀》，西安：西安音樂學院碩士論文，2010年。

胡道靜：《中國古代典籍十講》，上海：復旦大學出版社，2004年。

倪曉建：《目錄學與文獻利用》，北京：國家圖書館出版社，2008年。

唐光榮：《唐代類書與文學》，成都：巴蜀書社，2008年。

孫永忠：《類書淵源與體例形成之研究》，新北：花木蘭文化工作坊，2007年。

徐珂：《清稗類鈔》，臺北：臺灣商務出版社，1966年。

徐麗娟：《《古今圖書集成‧樂律典‧歌部》初探》，天津：天津音樂學院碩士論文，2012年。

翁連溪（編）：《清內府刻書檔案史料彙編》，揚州：廣陵書社，2007年。

翁連溪：《清代內府刻書研究》，北京：故宮出版社，2013年。

馬敘倫：《讀書續記》，北京：中國書店，1986年。

張三夕：《中國古典文獻學》，武漢：華中師範大學出版社，2003年。

張宗友：《《經義考》研究》，北京：中華書局，2009年。

張昇（編）：《《永樂大典》研究資料輯刊》，北京：北京圖書館出版社，2005年。

張圍東：《宋代類書之研究》，新北：花木蘭文化工作坊，2005年。

張湧泉、傅傑：《校勘學概論》，南京：江蘇教育出版社，2007年。

張舜徽：《中國古代史籍校讀法》，臺北：里仁書局，1988年。

張舜徽：《清人文集別錄》，臺北：明文書局，1982年。

張舜徽：《廣校讎略》，臺北：鼎文書局《校讎學系編》，1977年。

張滌華：《類書流別》，臺北：大立出版社，1985年。

張瀾：《中國古代類書的文學觀念——《事文類聚翰墨全書》與《古今圖書集成》》，北京：九州出版社，2013年。

戚志芬：《中國的類書政書與叢書》，臺北：臺灣商務印書館，1994年。

曹之：《中國古籍編撰史》，武昌：武漢大學出版社，2006年。

曹紅軍：《康雍乾三朝中央機構刻印書研究》，南京：南京師範大學博士論文，2006年。

曹書杰：《中國古籍輯佚學論稿》，長春：東北師範大學出版社，1998年。

梁啟超：《中國近三百年學術史》收入朱維錚（校注）：《梁啟超論清學史二種》，上海：復旦大學出版社，1985年。

梁啟超：《清代學術概論》收入朱維錚（校注）：《梁啟超論清學史二種》，上海：復旦大學出版社，1985年。

郭永振：《陳夢雷易學思想研究》，濟南：山東大學碩士論文，2010年。

郭伯恭：《《永樂大典》考》，臺北：臺灣商務印書館，1967年。

陳仕華：《王伯厚及其玉海藝文部研究》，臺北：臺灣商務出版社，1993年。

陳祖武：《清代學術源流》，北京：北京師範大學出版社，2012年。

陳祖武：《清初學術思辨錄》，北京：中國社會科學出版，1992年。

陳捷先：《清代臺灣方志研究》，臺北：臺灣學生書局，1996年。

陳惠美：《清代輯佚學》，臺北：中國文化大學中國文學研究所博士論文，2004年。

馮浩菲：《文獻學理論研究導論》，濟南：山東大學出版社，2009年。

黃季剛：《文心雕龍札記》，上海：上海古籍出版社，2000年。

黃眉雲（等）：《明史編纂考》，臺北：臺灣學生書局，1968年。

黃愛平（等）：《中國歷史文獻學》，北京：中國人民大學出版社，2010年。

楊果霖：《《經義考》著錄「春秋類」典籍校訂與補正》，臺北：臺灣學生書局，2013年。

楊琳：《古典文獻及其利用》，北京：北京大學出版社，2010年。

楊菁：《清初理學思想研究》，臺北：里仁書局，2008年。

葉德輝：《書林清話》，北京：北京燕山出版社，1999年。

詹惠媛：《《古今圖書集成·經籍典》體制研究》，新北：花木蘭文化工作坊，2009年。

雷敦淵：《隋代以前類書之研究》，新北：花木蘭文化工作坊，2011年。

管錫華：《校勘學》，合肥：安徽教育出版社，1991年。

管錫華：《漢語古籍校勘學》，成都：巴蜀書社出版，2003年。

裴芹：《《古今圖書集成》研究》，北京：北京圖書館出版社，2001年。

齊秀梅、韓錫鐸：《亙古盛舉：《古今圖書集成》與《四庫全書》》，瀋陽：遼海出版社，1997年。

劉天振：《明代通俗類書研究》，濟南：齊魯書社，2006年。

劉文典：《三餘札記》，合肥：黃山書社，1990年。

劉兆祐：《文獻學》，臺北：三民書局，2007年。

劉承幹：《明史例案》，北京：北京出版社《四庫未收書輯刊》影印民國四年劉氏嘉業堂刻本，1997年。

劉咸炘：《目錄學》，臺北：鼎文書局《校讎學系編》，1977年。

劉咸炘：《續校讎通義》，上海：上海科學技術文獻出版社《推十書
　　　　（增補全本丁輯）》，2009年。

劉剛：《隋唐時期類書的編纂及分類思想研究》，長春：東北師範大學
　　　碩士論文，2005年。

劉葉秋：《類書簡說》，臺北：萬卷樓，1993年

劉緯毅（等）：《中國方志史》，太原：三晉出版，2010年。

劉聲木：《萇楚齋隨筆》、續筆、三筆、四筆、五筆，北京：中華書
　　　　局，1998年。

滕黎君：《論《古今圖書集成》及其索引的應用價值》，南寧：廣西大
　　　　學碩士論文，2004年。

蔣元卿：《校讎學史》，安徽：黃山書社，1985年。

鄧嗣禹：《燕京大學圖書館目錄初稿：類書之部》，臺北：古亭書屋，
　　　　1970年。

鄧瑞：《馬端臨與文獻通考》，太原：山西古籍出版社，2003年。

鄭良樹：《古籍辨偽學》，臺北：臺灣學生書局，1986年。

鄭鶴聲：《中國史部目錄學》，臺北：臺灣商務印書館，1966年。

賴玉芹：《博學鴻儒與清初學術轉變》，北京：中國社會科學出版社，
　　　　2010年。

戴克瑜、唐建華：《類書的沿革》，成都：四川省圖書館學會，1981年。

戴建國：《淵鑑類函研究》，上海：東方文化出版中心，2014年。

韓建立：《《藝文類聚》纂修考論》，新北：花木蘭文化工作坊，2012
　　　　年。

簡博賢：《今存三國兩晉經學遺籍考》，臺北：三民書局，1986年。

魏隱儒：《中國古籍印刷史》，北京：印刷工業出版社，1984年。

蘇同炳：《歷史廣角鏡》，臺北：臺灣商務出版社，1996年。

顧力仁：《《永樂大典》及其輯佚書研究》，臺北：文史哲出版社，
　　　1995年。

單篇論文

丁原基：〈宋代類書的文獻價值〉，《應用語文學報》第4期，2002年。

巴兆祥：〈論《大清一統志》的編修對清代地方志的影響〉，《寧夏社
　　　會科學》2004年第3期，2004年。

方任：〈《古今圖書集成》的編者陳夢雷〉，《辭書研究》1983年6期，
　　　1983年。

毛建軍：〈兩種《古今圖書集成》電子版的比較——兼談古籍電子索
　　　引的標準與規範〉，《圖書館理論與實踐》2008年3期，2008
　　　年。

王雪梅、翟敬源：〈流人陳夢雷與李光地的「蠟丸案」〉，《前沿》2011
　　　年22期，2011年。

王德明：〈論清代臨桂龍氏家族的文化與文學〉，《南方文壇》2012年
　　　第4期，2012年。

古成：〈廣西大學編出電子版《古今圖書集成索引》〉，《廣西大學學報
　　　（哲學社會科學版）》2000年1期，2000年。

申紅星：〈明代婦女生活問題探析——以《古今圖書集成》記載為中
　　　心〉，《遼寧行政學院學報》2010年6期，2010年。

白玉霞、裴芹：〈《古今圖書集成》成書考略〉，《內蒙古民族師院學報
　　　（漢文版：哲學社會科學版）》2000年4期，2000年。

任寶楨、徐瑛：〈《古今圖書集成》編排體例簡析〉，《高校圖書館工
　　　作》1983年2期，1983年。

衣若蘭：〈從萬斯同《明史稿》到四庫本《明史》〉，臺北：中國明代
　　　研究學會「明代典籍研讀活動」報告，2004年3月12日。

何志華:〈古籍校讎機讀模式初探──兼論中國文化研究所「漢達文庫」的另類功能〉,新竹:國立清華大學出版社《語言‧文學與資訊》,2004年。

何玲:〈光緒朝石印《古今圖書集成》的流傳與分佈〉,《中國典籍與文化》2015年4期,2015年。

吳承學:〈論《古今圖書集成》的文學與文體觀念──以《文學典》為中心〉,《文學評論》2012年3期,2012年。

吳明德、黃文琪、陳世娟:〈人文學者使用中文古籍全文資料庫之研究〉,《圖書資訊學刊》第4卷第1、2期,2006年。

宋建昃:〈描潤本《古今圖書集成》述介〉,《文獻》1997年3期,1997年。

李善強:〈《古今圖書集成》石印本與銅活字本考異〉,《圖書館界》2014年1期,2014年。

李善強:〈一部光緒御賜《古今圖書集成》的遞藏始末〉,《湖北廣播電視大學學報》2014年6期,2014年。

李善強:〈光緒石印本《古今圖書集成》諸說辨誤〉,《湖北廣播電視大學學報》2014年7期,2014年。

李善強:〈華東師範大學圖書館光緒禦賜《古今圖書集成》遞藏源流考述〉,《科技情報開發與經濟》2014年10期,2014年。

李惠玲:〈臨桂龍氏父子與晚清詞壇〉,《廣西民族大學學報,哲學社會科學版)》第30卷第2期,2008年。

李智海、楊春曉:〈《古今圖書集成》體例探析〉,《赤峰學院學報(漢文哲學社會科學版)》2015年2期,2015年。

李開升:〈《古今圖書集成》銅活字校樣本考述〉,《中國典籍與文化》2014年4期,2014年。

李曉丹、王其亨、金瑩：〈17-18世紀西方科學技術對中國建築的影
　　　響——從《古今圖書集成》與《四庫全書》加以考證〉，《故
　　　宮博物院院刊》2011年3期，2011年。

杜學知：〈《古今圖書集成》如何得到充分的利用〉，《中華文化復興月
　　　刊》19卷2期，1986年。

周采良：〈《古今圖書集成》淺說〉，《百科知識》1981年11期，1981
　　　年。

林仲湘（等）：〈《古今圖書集成》及其索引的編寫〉，《廣西大學學
　　　報》1985年1期，1985年。

林仲湘：〈編制《古今圖書集成索引》的實踐和理論〉，《廣西大學學
　　　報（哲學社會科學版）》1994年2期，1994年。

姜淑芸：〈《古今圖書集成》及其「索引」〉，《成都大學學報（社會科
　　　學版）1992年3期，1992年。

段秀芝：〈《古今圖書集成》使用解析〉，《圖書館建設》1993年第5
　　　卷，1993年。

段偉、周禕：〈《古今圖書集成・藝術典・畫部》史料揭引〉，《蘭臺世
　　　界》2013年11期，2013年。

段偉、趙連朋：〈《古今圖書集成・字學典・書畫部》文獻揭引〉，《渤
　　　海大學學報（哲學社會科學版）》2014年3期，2014年。

段偉：〈《古今圖書集成》的檢索方法〉，《圖書館學刊》2012年1期，
　　　2012年。

洪閩華、劉雲：〈唐山路礦學堂受藏《古今圖書集成》考略〉，《大學
　　　圖書館學報》2015年4期，2015年。

胡成立：〈《古今圖書集成》編輯思想探析〉，《出版發行研究》2008年
　　　1期，2008年。

范玉廷：〈《古今圖書集成‧神異典‧妖怪部》中的引書初探〉，《東吳中文研究集刊》第17卷，2011年。

唐天堯：〈陳夢雷與《古今圖書集成》〉，《福建師範大學學報》1981年2期，1981年。

唐建設：〈古今合璧《古今圖書集成》電子版〉，《重點工程》1999年4期，1999年。

唐述壯、魏剛：〈《古今圖書集成‧妖怪部》引書考證分析〉，《昆明學院學報》2015年1期，2015年。

孫金花、張秀玲：〈古典文獻檢索的一件利器——評光碟版「《古今圖書集成》索引」〉，《圖書館建設》2003年3期，2003年。

徐瑛、任寶楨：〈《古今圖書集成》的分類體系〉，《四川圖書館學報》1985年4期，1985年。

桂勤：〈集古書之大成展科技之新姿——漫話《古今圖書集成》及其電子版〉，《閱讀與寫作》2000年7期，2000年。

袁同禮：〈關於《圖書集成》之文獻〉，圖書館學季刊》6卷3期，1932年。

袁逸：〈《古今圖書集成》中的人物〉，《圖書館研究與工作》1983年1期，1983年。

袁逸：〈我國大百科全書《古今圖書集成》〉，《圖書館學刊》1983年1期，1983年。

袁逸：〈珍貴的《古今圖書集成》〉，《辭書研究》1983年6期，1983年。

袁逸：〈陳夢雷和《古今圖書集成》〉，《文史知識》1985年12期，1985年。

馬克昌：〈略論《古今圖書集成》〉，《古籍論叢》1982年12期，1982年。

馬莎：〈《古今圖書集成》研究思路略論〉，《圖書館》2009年6期，2009年。

崔文印：〈說《古今圖書集成》及其編者〉，《史學史研究》1998年2期，1998年。

常江：〈陳夢雷編輯思想研究〉，《遼寧大學學報（哲學社會科學版）》2008年26卷3期，2008年。

張河清：〈從《古今圖書集成》看中國類書特點〉，《河南師大學報》1990年1期，1990年。

張春輝：〈類書的範圍與發展〉，《文獻》1987年第1期，1987年。

張琪玉：〈古籍索引的一個範例——介紹《古今圖書集成》電子版的索引數據庫〉，《圖書館雜誌》2000年5期，2000年。

張新民：〈《古今圖書集成》之特徵及其編者〉，《農業圖書情報學刊》2006年11期，2006年。

張毅志：〈談《古今圖書集成》的使用〉，《圖書館學研究》1990年3期，1990年。

張毅志：〈談古代類書《古今圖書集成》的使用〉，《圖書館學研究》1991年3期，1991年。

張毅志：〈類書《古今圖書集成》的使用〉，《圖書與情報》1990年3期，1990年。

張學軍：〈《古今圖書集成》原文電子版及其對圖書館古籍工作的影響〉，《聊城師範學院學報》2000年4期，2000年。

戚志芳：〈《古今圖書集成》及其編者〉，《文獻》1983年17輯，1983年。

曹紅軍：〈《古今圖書集成》版本研究〉，《故宮博物院院刊》2007年3期，2007年。

曹瑛：〈《古今圖書集成》文獻學價值評析〉，《中醫藥學刊》2001年19卷2期，2001年。

曹鐵娃、劉江峰、曹鐵錚：〈「以類相從」文獻學視角下有關古代陵墓的資訊考略——以《古今圖書集成》等類書為例〉，《圖書館工作與研究》2013年4期，2013年。

梁文：〈古籍整理與現代科技的成功結合 ── 電子版《古今圖書集成》及其索引〉，《出版廣角》2000年5期，2000年。

許結：〈論漢賦類書說及其文學史意義〉，《社會科學研究》2008年第5期，2008年。

陳一弘：〈類書的體式、編輯作用、侷限與普遍性〉，《國立編譯館館刊》29卷1期，2000年。

陳仕華：〈類書的流變與世變〉，臺北：臺灣學生書局《昌彼得教授八秩晉五壽慶論文集》，2005年。

陳長：〈從文獻學看《古今圖書集成》中反映的「重陽節」文化特徵〉，《長春教育學院學報》2013年8期，2013年。

陳香：〈萬卷類書《古今圖書集成》〉，《中華文化復興月刊》18卷10期，1985年。

陳惠美：〈《古今圖書集成‧經籍典‧詩經部》徵引文獻之探討〉，《遠東通識學報》4卷1期，2010年。

陳惠美：〈《古今圖書集成‧經籍典》中的文獻資料及其運用〉，《中國文哲研究通訊》，16卷4期，2006年。

陳福季：〈《古今圖書集成》一錯三百年〉，《河北科技圖苑》2012年2期，2012年。

彭志雄：〈《古今圖書集成索引》的編制及其訓詁運用〉，《桂林市教育學院學報》1998年3期，1998年。

測海：〈最大類書與傑出索引的合璧 ── 《古今圖書集成》及其索引簡介〉，《閱讀與寫作》2011年11期，2011年。

項旋：〈古今圖書集成館纂修人員考實〉，《文史》2014年4期，2014年。

項旋：〈康雍朝古今圖書集成館考析〉，《歷史文獻研究》2015年2期，2015年。

項旋：〈雍和宮三世佛與《古今圖書集成》銅活字板〉，《北京印刷學院學報》2012年5期，2012年。

馮曉庭：〈《古今圖書集成‧經籍典‧經學部》初探〉，《中國文哲研究通訊》16卷4期，2006年。

黃沛榮：〈古籍文獻資訊化之現況與檢討〉，《國家圖書館館刊》86年第1期，1997年。

黃秀政：〈類書的大成《古今圖書集成》〉，《書評書目》57期，1978年。

黃俊霞：〈《古今圖書集成》綜述〉，《學理論》2010年30期，2010年。

黃智明：〈《古今圖書集成‧經籍典‧爾雅部》的文獻價值〉，《中國文哲研究通訊》16卷4期，2006年。

黃智信：〈《古今圖書集成‧經籍典‧三禮部》的文獻價值〉，《中國文哲研究通訊》16卷4期，2006年。

黃彰健：〈明外史考〉，《中央研究院史語所集刊》24本，1953年。

楊玉良：〈《古今圖書集成》考證拾零〉，《故宮博物院院刊》1985年1期，1985年。

楊虎：〈乾隆朝《古今圖書集成》之銅活字銷毀考〉，《歷史檔案》2013年4期，2013年。

楊貴嬋、王可：〈《古今圖書集成》中藝術文獻的分布〉，《設計藝術》2003年3期，2003年。

萬國鼎：〈《古今圖書集成》考略〉，《圖書館學季刊》4卷2期，1928年。

葉乃靜：〈明清類書、叢書與法國十八世紀百科全書之比較研究〉，《圖書資訊學刊》1999年14期，1999年。

葉純芳：〈古今圖書集成‧經籍典‧周禮部〉的文獻價值〉，《中國文哲研究通訊》16卷4期，2006年。

葉程義：〈古今圖書集成博物彙編藝術典漁部引書考〉，《中華學苑》第38卷，1989年。

裴芹、李智海：〈《古今圖書集成》與地方志〉，《內蒙古民族師院學報（漢文版：哲學社會科學版）》1999年1期，1999年。

裴芹：〈《古今圖書集成》同文版小考〉，《內蒙古民族師院學報（漢文版：哲學社會科學版）》1992年4期，1992年。

裴芹：〈《古今圖書集成》與《四庫全書》〉，《內蒙古民族師院學報》1990年1期，1990年。

裴芹：〈陳夢雷「校正銅版」釋考〉，《文獻》2009年4期，2009年。

裴芹：〈談《古今圖書集成》的「參見」〉，《內蒙古民族師院學報（漢文版：哲學社會科學版）》1994年2期，1994年。

趙長海：〈《古今圖書集成》版本考〉，《古籍整理研究學刊》，2004年3期，2004年。

趙桂珠：〈試論《古今圖書集成索引》人物傳記索引中同姓名人物的甄別問題〉，《廣西大學學報（哲學社會科學版）》1998年3期，1998年。

趙崔莉、毛立平：〈《古今圖書集成・閨媛典》的編纂體例及價值〉，《安慶師範學院學報（社會科學版）》2011年1期，2011年。

趙榮蔚：〈《古今圖書集成》對我國傳統學術文化的整合〉，《圖書館理論與實踐》2004年5期，2004年。

趙曉星：〈與《古今圖書集成》〉，《劇影月報》2006年6期，2006年。

趙贇：〈《古今圖書集成》土地數據的價值及存在問題〉，《中國地方志》2010年3期，2010年。

趙鐵銘：〈古今圖書集成與陳夢雷〉，《故宮文物月刊》3卷8期，1985年。

劉千惠：〈《古今圖書集成・經籍典・禮記部》的文獻價值〉，《中國文哲研究通訊》16卷4期，2006年。

劉康威：〈《古今圖書集成・經籍典・儀禮部》的文獻價值〉，《中國文哲研究通訊》16卷4期，2006年。

劉楊：〈《古今圖書集成》文學典總部的文學文獻學價值——以魏晉時人品評選文為例〉，《文學界（理論版）》2012年9期，2012年。

歐七斤、張愛華：〈三部同文版《古今圖書集成》的收藏與流傳〉，《圖書館理論與實踐》2015年2期，2015年。

蔣復璁：〈《古今圖書集成》前因後果〉，《文星》14卷5期，1964年。

鄭淑君：〈突破類書之分類與應用：「數位《古今圖書集成》」〉，《國文天地》23卷4期，2007年。

鄭麥：〈《永樂大典》與《古今圖書集成》〉《歷史教學問題》1982年1期，1982年。

盧雪燕：〈古今圖書集成——現存中國史上規模最大的類書〉，《故宮文物月刊》第321卷，2009年。

穎峰：〈電子版《古今圖書集成》問世〉，《閱讀與寫作》2000年7期，2000年。

聶家昱：〈《古今圖書集成》及其編纂者陳夢雷〉，《圖書與情報》2003年3期，2003年。

羅威、賀雙非：〈《古今圖書集成》的編纂、刻印及影響〉，《高等函授學報》2005年3期，2005年。

龐月光：〈康熙皇帝與《古今圖書集成》〉，《外交學院學報》2003年1期，2003年。

文獻研究叢書・圖書文獻學叢刊　0901001

《古今圖書集成・經籍典》徵引文獻考論

作　　者	陳惠美
責任編輯	蔡雅如
特約校對	林秋芬

發 行 人	陳滿銘
總 經 理	梁錦興
總 編 輯	陳滿銘
副總編輯	張晏瑞
編 輯 所	萬卷樓圖書股份有限公司
排　　版	林曉敏
印　　刷	森藍印刷事業有限公司
封面設計	斐類設計工作室

發　　行　萬卷樓圖書股份有限公司
　　　　　臺北市羅斯福路二段 41 號 6 樓之 3
　　　　　電話 (02)23216565
　　　　　傳真 (02)23218698
　　　　　電郵 SERVICE@WANJUAN.COM.TW
大陸經銷　廈門外圖臺灣書店有限公司
　　　　　電郵 JKB188@188.COM
香港經銷　香港聯合書刊物流有限公司
　　　　　電話 (852)21502100
　　　　　傳真 (852)23560735

ISBN 978-986-478-028-0

2017 年 3 月初版

定價：新臺幣 380 元

如何購買本書：

1. 劃撥購書，請透過以下郵政劃撥帳號：
　帳號：15624015
　戶名：萬卷樓圖書股份有限公司

2. 轉帳購書，請透過以下帳戶
　合作金庫銀行　古亭分行
　戶名：萬卷樓圖書股份有限公司
　帳號：0877717092596

3. 網路購書，請透過萬卷樓網站
　網址　WWW.WANJUAN.COM.TW

大量購書，請直接聯繫我們，將有專人為
您服務。客服：(02)23216565 分機 10

如有缺頁、破損或裝訂錯誤，請寄回更換

國家圖書館出版品預行編目資料

<<古今圖書集成.經籍典>>徵引文獻考論 / 陳
惠美著. -- 初版. -- 臺北市 ：萬卷樓, 2017.3
　面 ；　公分. -- (文獻研究叢書. 圖書文獻學
叢刊)
ISBN 978-986-478-028-0(平裝)
1.古今圖書集成　2.圖書文獻學　3.研究考訂
041.7　　　　　　　　　　　　　105016698